Kohlhammer

Die Autoren

Prof. Dr. Jan Rummel, Arbeitsgruppe Allgemeine Psychologie und Kognitive Selbstregulation an der Universität Heidelberg. Jan Rummel ist seit 2019 Professor für Allgemeine Psychologie und Kognitive Selbstregulation an der Universität Heidelberg. Davor forschte und lehrte er an der Universität Marburg, der Furman University, Greenville, South Carolina (USA) und der Universität Mannheim. Seine Forschungsschwerpunkte liegen in den Grundlagenbereichen Aufmerksamkeitskontrolle, Langzeitgedächtnis und zukunftsgerichtete Kognition. Zudem beschäftigt er sich mit angewandten Fragestellungen in diesen Bereichen, wie etwa den psychologischen Faktoren des erfolgreichen Textverständnisses oder des Pro-Klima-Handelns.

Prof. Dr. Markus Janczyk, Arbeitsgruppe Psychologische Forschungsmethoden und Kognitive Psychologie an der Universität Bremen. Markus Janczyk studierte Psychologie an der Universität Halle-Wittenberg und der University of Nevada at Reno (USA). Nach weiteren Stationen in Dortmund, Würzburg und dem schönen Tübingen, ist er derzeit Professor für Psychologische Forschungsmethoden und Kognitive Psychologie an der Universität Bremen. Seine Forschungsschwerpunkte liegen in den Bereichen Handlungssteuerung, Multitasking und Sprachverstehen sowie Methoden der mathematischen Modellierung kognitiver Prozesse.

Jan Rummel
Markus Janczyk

Angewandte Kognitionspsychologie

Ein Lehrbuch

Verlag W. Kohlhammer

Dieses Werk einschließlich aller seiner Teile ist urheberrechtlich geschützt. Jede Verwendung außerhalb der engen Grenzen des Urheberrechts ist ohne Zustimmung des Verlags unzulässig und strafbar. Das gilt insbesondere für Vervielfältigungen, Übersetzungen und für die Einspeicherung und Verarbeitung in elektronischen Systemen.

Pharmakologische Daten verändern sich ständig. Verlag und Autoren tragen dafür Sorge, dass alle gemachten Angaben dem derzeitigen Wissensstand entsprechen. Eine Haftung hierfür kann jedoch nicht übernommen werden. Es empfiehlt sich, die Angaben anhand des Beipackzettels und der entsprechenden Fachinformationen zu überprüfen. Aufgrund der Auswahl häufig angewendeter Arzneimittel besteht kein Anspruch auf Vollständigkeit.

Die Wiedergabe von Warenbezeichnungen, Handelsnamen und sonstigen Kennzeichen berechtigt nicht zu der Annahme, dass diese frei benutzt werden dürfen. Vielmehr kann es sich auch dann um eingetragene Warenzeichen oder sonstige geschützte Kennzeichen handeln, wenn sie nicht eigens als solche gekennzeichnet sind.

Es konnten nicht alle Rechtsinhaber von Abbildungen ermittelt werden. Sollte dem Verlag gegenüber der Nachweis der Rechtsinhaberschaft geführt werden, wird das branchenübliche Honorar nachträglich gezahlt.

Dieses Werk enthält Hinweise/Links zu externen Websites Dritter, auf deren Inhalt der Verlag keinen Einfluss hat und die der Haftung der jeweiligen Seitenanbieter oder -betreiber unterliegen. Zum Zeitpunkt der Verlinkung wurden die externen Websites auf mögliche Rechtsverstöße überprüft und dabei keine Rechtsverletzung festgestellt. Ohne konkrete Hinweise auf eine solche Rechtsverletzung ist eine permanente inhaltliche Kontrolle der verlinkten Seiten nicht zumutbar. Sollten jedoch Rechtsverletzungen bekannt werden, werden die betroffenen externen Links soweit möglich unverzüglich entfernt.

1. Auflage 2024

Alle Rechte vorbehalten
© W. Kohlhammer GmbH, Stuttgart
Gesamtherstellung: W. Kohlhammer GmbH, Stuttgart

Print:
ISBN 978-3-17-42015-1

E-Book-Formate:
pdf: ISBN 978-3-17-42016-8
epub: ISBN 978-3-17-42017-5

Inhalt

1	**Einleitung**		**7**
	1.1	Was ist »Angewandte Kognitionspsychologie«?	7
		1.1.1 Das (vermeintliche) Spannungsfeld von Grundlagen- und Anwendungsforschung	7
		1.1.2 Was ist Angewandte Kognitionspsychologie (nicht)	12
		1.1.3 Zielsetzungen des vorliegenden Buches	14
	1.2	Methodische Vorüberlegungen	16
		1.2.1 Prüfung wissenschaftlicher Hypothesen	16
		1.2.2 Experimentelle Versuchspläne und deren statistische Auswertung	18
		1.2.3 Die Frage nach der Validität der empirischen Untersuchung	25
		1.2.4 Die Frage nach der Repräsentativität der Stichprobe	30
	1.3	Überblick über die Inhalte des Buches	33
2	**Lernen und Gedächtnis**		**34**
	2.1	Relevante Grundlagen	34
		2.1.1 Gedächtnistheorien und -systeme	34
		2.1.2 Messung von Gedächtnisleistung	38
	2.2	Beispiele anwendungsorientierter Forschung	44
		2.2.1 Gedächtnisleistung in Lehr-Lern-Kontexten	44
		2.2.2 Autobiographisches Gedächtnis	49
		2.2.3 Prospektives Gedächtnis	53
		2.2.4 Augenzeugengedächtnis	56
		2.2.5 Gedächtnisstörungen und Gedächtnistraining	60
	2.3	Abschließende Bemerkungen	63
3	**Aufmerksamkeit und Handeln**		**64**
	3.1	Relevante Grundlagen	64
		3.1.1 Handlungsauswahl, Ideomotorik und Kompatibilitätseffekte	64
		3.1.2 Wahrnehmung, selektive Aufmerksamkeit und visuelle Suche	68
		3.1.3 Geteilte Aufmerksamkeit und Multitasking	71
	3.2	Beispiele anwendungsorientierter Forschung	73
		3.2.1 Kompatibilitätseffekte in Anwendungsfeldern	73

		3.2.2	Radiologie und Gepäckkontrollen als Anwendungsbeispiele visueller Suche	80
		3.2.3	Multitasking in angewandten Kontexten	85
	3.3	Abschließende Bemerkungen		92
4	**Schlussfolgern, Urteilen und Entscheiden**			**94**
	4.1	Relevante Grundlagen		94
		4.1.1	Rationalität und logisches Schließen	94
		4.1.2	Denkfehler und Heuristiken.........................	101
	4.2	Beispiele anwendungsorientierter Forschung		109
		4.2.1	Schlussfolgern im Alltag: Fehlinformationen und Selbsttäuschung	110
		4.2.2	Umgang mit Fehlinformationen	113
		4.2.3	Irrglaube	116
		4.2.4	Urteilen und Entscheiden in Alltag und Beruf: Beispiele aus der juristischen und medizinischen Praxis	118
	4.3	Abschließende Bemerkungen		122
5	**Abschließende Überlegungen**			**123**
	5.1	Angewandte Kognitionspsychologie: Ein Fach mit zwei Forschungsperspektiven?.....................................		123
	5.2	Kognitionspsychologie im öffentlichen Interesse............		124

Literaturverzeichnis **127**

Stichwortverzeichnis **157**

1 Einleitung

1.1 Was ist »Angewandte Kognitionspsychologie«?

Für viele Psychologiestudierende und auch für diejenigen, die es einmal waren oder vielleicht werden wollen, stehen die Begriffe »Anwendung« und »Kognitionspsychologie« scheinbar in einem direkten Widerspruch zueinander. Dies mag mit dem traditionellen Selbstverständnis von Forscherinnen und Forschern in den Grundlagenfächern zu tun haben, welches historisch über die letzten 70 Jahre primär durch die Vorstellung geprägt wurde, dass sich die Wissenschaft frei und unabhängig von wirtschaftlichen und politischen Interessen entfalten können sollte, also auch frei von jedem Anspruch auf Anwendbarkeit sein kann. Was zählt, ist der Erkenntnisfortschritt. Als Grundlagenforscher vertreten auch wir diese Auffassung und sind der Meinung, dass grundlagenorientierte Forschung, in unserem Fall im Bereich der Kognitionspsychologie, als solche ihre Berechtigung hat und einen wichtigen Bestandteil der Wissenschaftsdisziplin Psychologie darstellt. Wir wollen mit diesem Buch aber nichtsdestotrotz aufzeigen, dass Grundlagenforschung und deren Anwendung weniger als Widerspruch, sondern vielmehr als komplementäre Aspekte des wissenschaftlichen Fortschritts aufgefasst werden können.

In Kapitel 1 werden wir zunächst das (vermeintliche) Spannungsfeld zwischen Grundlagen- und Anwendungsforschung kurz historisch aufarbeiten und dann einige methodische Grundlagen der Kognitionspsychologie dahingehend beleuchten, inwieweit sie für eine Angewandte Kognitionspsychologie von besonderer Bedeutung sein könnten. Wir hoffen, dass wir unsere Leserinnen und Leser dabei davon überzeugen können, dass Erkenntnisse der kognitionspsychologischen Grundlagenforschung auch aus einer Anwendungsperspektive interessant und informativ sein können.

1.1.1 Das (vermeintliche) Spannungsfeld von Grundlagen- und Anwendungsforschung

Traditionell standen (und stehen für einige Personen auch heute noch) grundlagenorientierte und angewandte Forschung in vielen Teilen der wissenschaftlichen Welt in einer Art Spannungsverhältnis zueinander. Historisch geht diese Trennung stark auf Vannevar Bush, einen ehemaligen Direktor des amerikanischen Ministeriums für wissenschaftliche Forschung und Entwicklung, zurück. Dieser wurde nach Beendigung des Zweiten Weltkriegs vom damaligen amerikanischen Präsidenten aufgefordert ein Konzept zu entwickeln, das die Rolle der Wissenschaft für die Gesellschaft in Friedenszeiten definiert. In seinem Bericht grenzte Bush den wissenschaftlichen Fortschritt klar vom technologischen Fortschritt ab, indem er betonte, dass Grundlagenforschung ohne Gedanken an ihre praktische Nutzbarkeit betrieben werden müsse (Bush & Holt, 1945). Bushs Ziel war es, eine Forschungslandschaft nach dem Humboldt'schen Ideal der Freiheit für Forschung in den USA zu etablieren und zu institutionalisieren. Inspiriert durch Bushs Bericht wurde 1950 die *National Science Foundation* (*NSF*) gegründet, die bis heute das primäre Ziel hat, exzellente Grundlagenforschung zu identifizieren und finanziell zu fördern, ohne dabei die mögliche Verwertbarkeit der wissenschaftlichen Erkenntnisse in den Blick zu nehmen.

Mehr als 50 Jahre nach Erscheinen des Berichts von Bush und Holt (1945), nahm das Frascati-Handbuch der *Organisation für wirtschaftliche Zusammenarbeit und Entwicklung* (*OECD*), der die meisten europäischen Länder, aber auch Australien, Chile, Costa Rica, Großbritannien, Israel, Kanada, Mexiko, Neuseeland, Japan, Südkorea, die USA und mehrere weitere Länder, angehören, eine ähnliche Abgrenzung zwischen Grundlagenforschung und angewandter Forschung vor (OECD, 2002). Nach Vorstellung der OECD ziele die Grundlagenforschung auf ein besseres beziehungsweise tieferes Verständnis weltlicher Phänomene ab. Die Forschungsinhalte seien oft abstrakt und die Forschung selbst sei motiviert durch die Neugierde der forschenden Personen. Die Grundlagenforschung baue inkrementell auf bestehendem Wissen auf. Ein erfolgreiches grundlagenwissenschaftliches Forschungsprogramm zeichne sich entsprechend dadurch aus, dass es ein besseres Verständnis bestimmter weltlicher Phänomene bewirkt habe. Die angewandte Forschung hingegen ziele auf die praktische Nutzbarkeit wissenschaftlicher Erkenntnisse ab. Die Forschungsinhalte seien konkret und die Forschung selbst sei motiviert durch aktuelle gesellschaftliche Probleme, die es zu lösen gelte. Die angewandte Forschung baue auf dem aktuellen technologischen Stand auf. Erfolgreiche Anwendungsforschung zeichne sich entsprechend dadurch aus, dass sie technische Neuerungen oder gesellschaftliche Verbesserungen bewirke (siehe auch Falk, 1973).

Auch in der deutschen Forschungslandschaft hat die Kontrastierung der Grundlagen- und Anwendungsforschung eine lange Tradition. Gerade in der Nachkriegszeit wurde die grundlagenwissenschaftliche Forschung vor allem in der ehemaligen Bundesrepublik Deutschland nach dem Humboldt'schen Bildungsideal als »frei« idealisiert und von der Anwendungsforschung abgegrenzt, die oft mit wirtschaftlicher oder industrieller Auftragsforschung gleichgesetzt wurde (vgl. Lax, 2015). Diese »Aufwertung« der Grundlagen- gegenüber der Anwendungsforschung prägte lange Zeit das Selbstverständnis der Wissenschaftlerinnen und Wissenschaftler in Deutschland, die sich häufig als Grundlagenforscherinnen und -forscher verstanden wissen wollten. Auch die Wissenschaftspolitik und die wissenschaftliche Förderlandschaft in Deutschland wurden durch die traditionelle Trennung von Grundlagen- und Anwendungsforschung geprägt. Ein substantieller Anteil des Förderetats deutscher Steuergelder, der jährlich für Grundlagenforschung bereitgestellt wird, wird seit 1951 durch die *Deutsche Forschungsgemeinschaft* (*DFG*) verwaltet, die als gemeinnütziger Verein auf Basis eines Peer-Review-Verfahrens auch entscheidet, welche Forschungsvorhaben gefördert werden und welche nicht. Die

DFG fördert aktuell, laut ihrer Satzung vom April 2023, explizit »Forschung von höchster Qualität. Der Schwerpunkt liegt dabei in der Förderung von aus der Wissenschaft selbst entwickelten Vorhaben im Bereich der erkenntnisgeleiteten Forschung« (DFG, 2023, §1(1)), also im Bereich der Grundlagenforschung.

Es gibt jedoch auch zur strikten Trennung von Grundlagen- und Anwendungsforschung alternative Sichtweisen. So schlug Stokes (1997) vor, Grundlagen- und Anwendungsforschung nicht als zwei Pole eines Kontinuums zu betrachten, sondern vielmehr als zwei orthogonale Dimensionen (▶ Abb. 1.1). Nach Stokes gibt es entsprechend nicht eine einzelne Dimension, auf der Forschungsprogramme sich verorten lassen, sondern es resultieren vier Quadranten aus der Kombination zweier Dimensionen. Um die Verortung vorzunehmen, lassen sich unabhängig voneinander zwei Fragen an ein Forschungsprogramm stellen, die jeweils mit ja oder mit nein beantwortet werden können. Diese lauten:

(1) Hat die Forschung direkte Relevanz für Anwendung?
(2) Hat die Forschung Relevanz für Fortschritt im Grundlagenwissen?

Direkte Relevanz für Anwendung?

	Nein	Ja
Ja	Von Neugier getriebene reine Grundlagenforschung Bsp.: Niels Bohr	Von Anwendung getriebene Grundlagenforschung Bsp.: Louis Pasteur
Nein		(Pure) Angewandte Forschung Bsp.: Thomas Edison

Relevanz für Fortschritt im Grundlagenwissen?

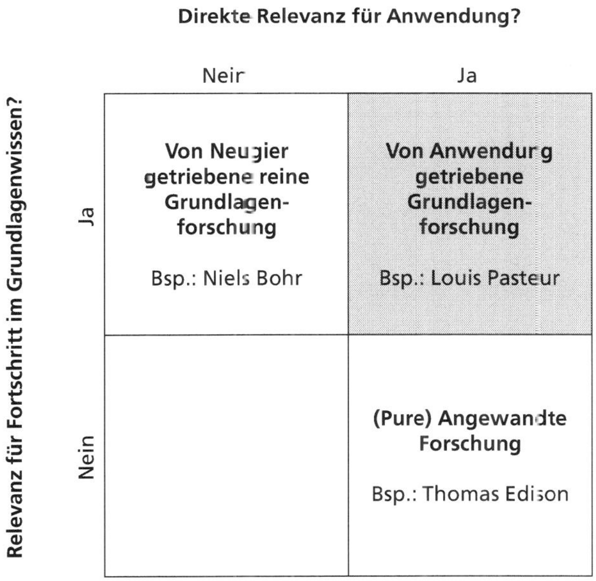

Abb. 1.1: Die vier Quadranten zur Charakterisierung von Forschungsprogrammen nach der Konzeptualisierung von Stokes (1997).

Forschung, die in den linken oberen Quadranten fällt, ist laut Stokes (1997) *reine Grundlagenforschung*. Stokes bezeichnet diesen Quadranten als den »Bohr-Quadranten«, da für den Physiker Niels Bohr, zum Beispiel bei der Entwicklung seines Atommodells (vgl. Bohr, 1921), der reine Erkenntnisgewinn im Mittelpunkt stand und er sich (soweit sich das historisch rekonstruieren lässt) keinerlei Gedanken über die praktische Nutzbarkeit seiner Erkenntnisse machte. Dies illustriert aber auch, dass ein rein grundlagenwissenschaftlicher Forschungsansatz nicht ausschließt, dass andere Forscherinnen und Forscher die Erkenntnisse der zunächst rein grundlagenwissenschaftlichen Forschung später in verschiedenster Weise für die praktische Anwendung nutzbar machen können.

Forschung, die in den rechten unteren Quadranten fällt, ist *reine Anwendungsforschung*. In Anlehnung an den Erfinder der Glühlampe, Thomas Edison, bezeichnet Stokes diesen Quadranten als den »Edison-Quadranten«. Gemeinsam mit seinen Kolleginnen und Kollegen arbeitete Edison in dem ersten von der Industrie finanzierten Forschungslabor in Menlo Park, New Jersey (USA), an der Forschungsfrage, wie man amerikanische Haushalte wirtschaftlich profitabel mit elektrischem Licht versorgen könnte. Bei der Patentierung der Glühlampe im Jahr 1883, beschrieben Edison und sein Team den sogenannten glühelektrischen Effekt, das Phänomen, dass der Draht in der Glühlampe um den positiven Pol herum blau leuchtet und um den negativen Pol herum schwarz anläuft. Dieses Phänomen war durch die damals vorherrschenden physikalischen Theorien nicht erklärbar, was Edison aber angeblich nicht weiter interessierte. Erst mehrere Jahre später, im Jahre 1897, konnte der Physiker J. J. Thomson diesen Effekt erklären, indem er die Existenz subatomarer Teilchen, der sogenannten Elektronen, postulierte (vgl. Smith, 1997). Auch an diesem Beispiel sieht man, dass die reine Anwendungsforschung durchaus in einem wechselseitigen Verhältnis zur Grundlagenforschung steht, also zum einen auf deren Erkenntnissen aufbaut, aber auch neue Phänomene hervorbringen kann, die eventuell zur Modifikation von bestehendem Grundlagenwissen führen können.

Es resultiert aber nach Stokes (1997) noch ein weiterer wichtiger Quadrant, nämlich derjenige, der oben rechts in Abbildung 1.1 zu finden ist. Stokes bezeichnet diesen Quadranten als den »Pasteur-Quadranten«, da Louis Pasteur laut den entsprechenden historischen Berichten in seiner Forschung stets ein tieferes Verständnis weltlicher Phänomene zum Ziel hatte, ohne dabei die praktische Nutzbarkeit seiner Erkenntnisse außer Acht zu lassen. Für Forschung, die in diesen Quadranten fällt, gilt: Phänomene und Probleme, die aus »Anwendungsfällen« resultieren beziehungsweise dort erkannt werden, werden vor dem Hintergrund von Grundlagenerkenntnissen behandelt und mit Methoden der Grundlagenforschung analysiert und im Idealfall gelöst. Man könnte hier von *anwendungsorientierter Grundlagenforschung* (engl. use-inspired basic research) sprechen.

Schließlich zeichnet sich Forschung, die in den Quadranten links unten fallen würde, dadurch aus, dass sie weder einen grundlagenwissenschaftlichen Erkenntnisbeitrag leistet noch eine technische oder gesellschaftliche Innovation darstellt. Sie kann eventuell neue Fragen aufwerfen, beantwortet aber keine Fragen und liefert auch keine Lösungen für bekannte Probleme. Stokes (1997) bezeichnet diesen Quadranten daher als den Quadranten der *naiven Neugierde*. Jeremy Wolfe, der Gründungsherausgeber der Zeitschrift *Cognitive Research: Principles & Implications*, bezeichnete diesen Quadranten mit einem Augenzwinkern als »the sad place« oder auch »the place you do not want to be« (Wolfe, 2023).

Nach dem Quadrantenkonzept sind also primär die Forschungsziele, die Wissenschaftlerinnen und Wissenschaftler für ihre eigene Forschung definieren, verantwortlich dafür, in welchem Quadranten ein Forschungsprogramm zu verorten wäre. Laut Stokes (1997) hat aber die Akzeptanz eines Quadranten für anwendungsorientierte Grundlagenforschung auch direkte gesellschaftliche Implikationen:

- Die Abgrenzung der Grundlagenforschung von Bemühungen um gesellschaftlichen Fortschritt muss überwunden werden.
- Anwendungsorientierte Grundlagenforschung kann eine wichtige Rolle im Dialog zwischen Wissenschaftlerinnen und Wissenschaftlern und Politikerinnen und Politikern einnehmen.
- Anwendungsorientierte Grundlagenforschungsprogramme können dann entstehen, wenn ein wissenschaftliches Streben nach neuen/besseren Erkenntnissen in einem bestimmten Forschungsbereich mit einem gesellschaftlichen Bedürfnis nach Neuerung zusammentrifft.

Auch wenn Stokes (1997) Auffassung große Beachtung fand, erscheint aktuell die eindimensionale Sichtweise, mit Grundlagen- und Anwendungsforschung als Extrempole, nach wie vor vorherrschend. Sie wird aber durchaus auch an der einen oder anderen Stelle langsam aufgeweicht. So ist in der aktuellen Auflage des Frascati-Handbuchs der OECD (2015), das auch in einer deutschen Übersetzung vorliegt, zwar die Trennung von Grundlagen- und Anwendungsforschung weiterhin klar zu erkennen. Die beiden Konzepte werden dort aber durch ein drittes Konzept, die sogenannte *experimentelle Entwicklung*, komplementiert, die man als praktisch nutzbare Grundlagenforschung verstehen könnte:

»Der Begriff FuE [Forschung und Entwicklung] umfasst drei Tätigkeitsbereiche: Grundlagenforschung, angewandte Forschung und experimentelle Entwicklung. Bei der Grundlagenforschung handelt es sich um experimentelle oder theoretische Arbeiten, die primär der Erlangung neuen Wissens über die grundlegenden Ursachen von Phänomenen und beobachtbaren Fakten dienen, ohne dabei eine bestimmte Anwendung oder Nutzung im Blick zu haben. Bei der angewandten Forschung handelt es sich um originäre Arbeiten, die zur Aneignung neuen Wissens durchgeführt werden, aber primär auf ein spezifisches praktisches Ziel oder Ergebnis ausgerichtet sind. Bei der experimentellen Entwicklung handelt es sich um systematische, auf vorhandenen Kenntnissen aus Forschung und praktischer Erfahrung aufbauende und ihrerseits zusätzliches Wissen erzeugende Arbeiten, die auf die Herstellung neuer Produkte oder Verfahren bzw. die Verbesserung existierender Produkte oder Verfahren abzielen.« (OECD, 2018, Seite 29).

Auch wenn das Konzept der experimentellen Entwicklung sich wiederum primär auf eine Grundlagenforschung bezieht, die gleichzeitig technologische Innovationen zum Ziel hat und nicht unbedingt Anwendungsforschung im Allgemeinen, ist hier doch erkennbar, dass die strikte Trennung zwischen Grundlagen- und Anwendungsforschung aufgegeben wurde.

Auch die *National Academy of Sciences*, die die US-Regierung bei wissenschaftlichen Fragen berät, hat in ihrem jüngsten, gemeinsam mit der *Academy of Engineering* und der *Academy of Medicine* verfassten Bericht darauf hingewiesen, dass neben der Forderung nach der unbedingten Freiheit der Forschenden bei der Wahl ihres Forschungsgegenstands auch ein sozialer Vertrag zwischen Wissenschaft und Gesellschaft dahingehend bestünde, dass die Wissenschaft im Gegenzug für die finanzielle Unterstützung bemüht sein sollte, gesellschaftlichen, ökonomischen oder medizinischen Nutzen zu generieren (National Academies of Sciences, 2020).

Im Sinne von Stokes (1997) wäre es wünschenswert, dass Wissenschaftlerinnen und Wissenschaftler sich auch zu gesellschaftlichen Fragen und Problemen äußern, sofern sie etwas Substantielles zum Sachverhalt beitragen können. In Deutschland berät der *Wissenschaftsrat* als feste Institution die Regierung in wissenschaftspolitischen Fragen. Die *Nationale Akademie der Wissenschaften (Leopoldina)* wiederum bearbeitet unabhängig von Politik und Wirtschaft gesellschaftliche Fragen aus einer wissenschaftlichen Sicht und vermittelt ihre Ergebnisse an die Politik und die Öffentlichkeit. Verschiedene wissenschaftliche Interessensgemeinschaften wie etwa die *Helmholtz-Gesellschaft*, die *Leibniz-Gemeinschaft* und die *Max-Planck-Gesellschaft*, die nach ihrem Selbstverständnis primär exzellente Grundlagenforschung vorantreibt, verfassen regelmäßig Stellungnahmen, in denen das wissenschaftliche Selbstverständnis dargelegt wird. Zudem fungieren verschiedene Interessensverbände (für die Psychologie etwa die *Deutsche Gesellschaft für Psychologie*; DGPs) als Ansprechpartner für die Politik und vermitteln zum Beispiel Expertinnen und Experten für die Erstellung von Gutachten an politische Entscheidungsgremien. Eine wissenschaftliche Beratung der Politik im Umgang mit gesellschaftlichen Fragen ist jedoch in Deutschland immer noch deutlich weniger fest institutionalisiert als in anderen Ländern. In Großbritannien gibt es etwa klare Bestrebungen, die Beratung der Politik durch die Wissenschaft zu institutionalisieren, wie am Beispiel der während der Corona-Pandemie eingerichteten *Scientific Advisory Group of Emergencies (SAGE)* deutlich wird.

Ein übergeordnetes Ziel des vorliegenden Buches ist es aufzuzeigen, in welchen gesellschaftlichen Bereichen Theorien und Methoden der (grundlagenorientierten) Kognitionspsychologie aktuell genutzt werden oder zukünftig genutzt werden können, um »realen« Phänomenen näher zu kommen, sie zu erklären oder Lösungen für gesamtgesellschaftliche Probleme anzubieten.

1.1.2 Was ist Angewandte Kognitionspsychologie (nicht)

Mit der sogenannten *Kognitiven Wende*, die sich innerhalb der Psychologie langsam ab zirka dem Jahre 1950 vollzog, fand in der experimentellen Psychologie ein Umdenken statt (Miller, 2003). Viele Forscherinnen und Forscher beschränkten sich in ihrer experimentellen Forschung nicht mehr auf die reine Verhaltensbeobachtung, sondern versuchten, mit experimentellen Methoden Rückschlüsse auf die hinter dem beobachtbaren Verhalten liegenden Kognitionen zu ziehen. Ab diesem Zeitpunkt ist die Kognitionspsychologie und das ihr zugrundeliegende Wissen stetig weiter angewachsen. Das kognitionspsychologische Wissen ist heute so umfangreich, dass Forscherinnen und Forscher in einem bestimmten Inhaltsbereich eine Expertise entwickeln und oftmals in ihrer Forschung mit anderen Inhaltsbereichen kaum mehr in Berührung kommen. Entsprechend gibt es auch Lehrbücher, die sich ausschließlich einem bestimmten Unterbereich der Kognitionspsychologie (z. B. Lernen und Gedächtnis) widmen.

Im vorliegenden Lehrbuch wird ein anderes Vorgehen gewählt. Es werden mehrere verschiedene Inhaltsbereiche berücksichtigt. Dies hat jedoch zur Folge, dass jeder Inhaltsbereich nicht in seiner vollen Breite abgedeckt werden kann. Konkret werden unter dem Begriff *Angewandte Kognitionspsychologie*, der titelgebend für das vorliegende Buch ist, in den folgenden Kapiteln verschiedene klassische Inhaltsbereiche der (grundlagenorientierten) Kognitionspsychologie dahingehend beleuchtet, inwieweit die jeweilige Grundlagenforschung einen Beitrag zur Lösung von realen Problemen und zur Beantwortung gesellschaftlicher Fragen verschiedenster Art liefern kann. Ein besonderes Augenmerk wird hierbei auf anwendungsorientierte Grundlagenforschung gelegt, also auf Grundlagenforschung, die einen Anwendungsbezug erkennen lässt. Demzufolge fällt Angewandte Kognitionspsychologie unseres Erachtens nach der Stoke'schen (1997) Terminologie in den Pasteur-Quadranten (▶ Abb. 1.1). Es sei an dieser Stelle explizit darauf hingewiesen, dass Leserinnen und Leser des vorliegenden Buches keine Zusammenstellung kognitiver Anwendungsforschung erwarten mögen. Forschung, die primär in den Edison-Quadranten fallen würde, wird in diesem Buch *nicht* berücksichtigt. Vielmehr versuchen wir, die Zusammenhänge zwischen grundlagenorientierter Kognitionspsychologie und einzelnen Anwendungsbereichen – und damit auch die Bedeutung von Grundlagenforschung – hervorzuheben. Entsprechend wird in den drei folgenden Kapiteln 2–4 zunächst immer der aktuelle grundlagenwissenschaftliche Erkenntnisstand gewürdigt, bevor auf Anwendungsaspekte des jeweiligen Inhaltsbereichs vertieft eingegangen wird. Eine ganz ähnliche inhaltliche Struktur hat im Übrigen auch eines der ersten einschlägigen Bücher mit dem Titel *Applied experimental psychology. Human factors in engineering designs* von Chapanis, Garner und Morgan (1949): Beispielsweise folgen dort dem Kapitel 4 *How we see* einige Kapitel über Displaygestaltung, Tabellen, Abbildungen oder Warnleuchten und dem Kapitel 10 *How we make movements* folgen Kapitel, die sich unter anderem mit Kontrollinstrumenten beschäftigen. Die Vorstellung, die Kognitionspsychologie aus einer anwendungsorientierten Perspektive zu betrachten, ist auch für den deutschen Sprachraum keinesfalls neu. Bereits in den 1970er und 1980er Jahren basierte zum Beispiel Winfried Hacker sein Forschungsprogramm in der Arbeitspsychologie klar auf allgemeinpsychologischer Grundlagenforschung (Hacker, 1979). Eine bereichsübergreifende Zusammenstellung anwendungsorientierter kognitionspsychologischer Forschung gibt es jedoch nach unserem besten Wissen noch nicht.

Auch wenn wir bei der Zusammenstellung der Themen für das vorliegende Buch bemüht waren, eine Themenvielfalt zu gewährleisten, werden die Leserinnen und Leser sicherlich den einen oder anderen Themenbereich vermissen. Die Auswahl der final in diesem Buch berücksichtigten Themen erfolgte sicherlich ein Stück weit subjektiv und geleitet von unseren eigenen inhaltlichen Interessen. Wir orientierten uns zudem bei der Auswahl stark an jüngeren Publikationen, die in wissenschaftlichen Zeitschriften erschienen sind, die für die anwendungsorientierte Kognitionspsychologie als am einschlägigsten gelten. Dies waren primär die Zeitschrift *Applied Cognitive Psychology*, die von der Psychonomic Society herausgegebene Zeitschrift *Cognitive Research: Principles & Implications* sowie die von der American Psychological Association herausgegebenen Zeitschriften *Journal of Experimental Psychology: Applied* und *Journal of Applied Research in Memory and Cognition*.

1.1.3 Zielsetzungen des vorliegenden Buches

Eines unserer Hauptziele beim Verfassen des vorliegenden Buches war es herauszuarbeiten, dass die Kognitionspsychologie – die zumindest unter einigen der Studierenden an den verschiedenen deutschen Universitäten, an denen wir bereits tätig waren, als trocken und alltagsfern aufgefasst wird – Antworten auf wichtige gesellschaftliche Fragen liefern kann und Phänomene und Probleme aus angewandten Kontexten vor dem Hintergrund kognitionspsychologischer Theorien besser verstanden und behoben werden können. Eventuell fühlt sich die eine Studentin oder der andere Student durch die Lektüre des Buches ja sogar inspiriert, sich vertiefter mit entsprechender Literatur zur Angewandten Kognitionspsychologie und deren Grundlagen auseinanderzusetzen. Darüber hinaus erleb(t)en wir immer wieder den Wunsch »nach mehr Anwendungsbezug« in der Lehre und glauben mitunter eine allgemeine Tendenz »weg von den Grundlagen« zu erkennen. Wir halten eine derartige Tendenz für nicht zielführend und glauben vielmehr, wie bereits in diesem Kapitel angeklungen ist, dass gute angewandte Forschung nicht ohne solide und gesicherte Kenntnisse aus der Grundlagenforschung auskommen kann. Insofern muss die Grundlagenforschung in der Psychologie immer ein zentraler Bestandteil der Forschung und der Lehre in psychologischen Studiengängen bleiben und kann nicht zugunsten genuin angewandter Fächer dezimiert werden. Dabei muss gute Grundlagenforschung nicht im Widerspruch zur Anwendung stehen, sondern kann auch (wie der Pasteur-Quadrant deutlich macht) anwendungsorientiert erfolgen; die Grenze zwischen den beiden Bereichen ist dann auch nicht eindeutig zu ziehen, wenngleich klar ist, dass die Erforschung und Lösung anwendungsorientierter Probleme die Theorien und Methoden der Grundlagenforschung benötigt. Dabei ist die Trennung zwischen Grundlagen und Anwendung gar nicht immer so klar zu ziehen und scheint zudem auch einem gewissen Zeitgeist unterworfen zu sein. So hieß die vom britischen *Medical Research Council* eingerichtete Sektion für Kognitionsforschung *Cognition and Brain Sciences Unit* ursprünglich *Applied Psychology Unit*. Ihre Mitglieder (unter anderem die weltweit bekannten Psychologen Frederic Bartlett, Donald Broadbent und Alan Baddeley) haben aber über die Jahre unabhängig vom Namen der Sektion wegweisende Grundlagenforschung betrieben.

Ein weiteres Ziel des vorliegenden Buches ist es, eine möglichst kompakte Übersicht über den aktuellen Forschungsstand zu gesellschaftlich relevanten Anwendungsbereichen der Kognitionspsychologie zu liefern. Hintergrund hierbei ist, dass in den letzten Jahren vermehrt die Verbreitung nicht-wissenschaftlicher Aussagen als sogenannte *alternative Fakten* in der breiten Öffentlichkeit zu beobachten war und ist. Zum Teil werden in der Öffentlichkeit und den Medien Aussagen getätigt, für die es (noch) nicht genügend belastbare empirische Evidenz gibt, als dass man sie als empirisch bewährt ansehen könnte. Werden diese Aussagen als vermeintliche wissenschaftliche Fakten kommuniziert, spricht man von *pseudowissenschaftlichen Aussagen*. Ein jüngeres Beispiel für eine pseudowissenschaftliche Aussage ist die in den Medien verbreitete Hypothese, dass das Aluminium in Antitranspirant-Sprays Alzheimer verursacht; eine Hypothese, für die es nach heutigem Stand keine belastbare empirische Evidenz gibt (Alzheimerforschung, 2019). Während sich pseudowissenschaftliche Aussagen später eventuell noch empirisch bewähren könnten (aber dies oft genug nicht tun), gibt es daneben auch noch die *unwissenschaftlichen Aussagen*, die in direktem Widerspruch zum aktuellen Forschungsstand stehen. Ein Beispiel hierfür wäre etwa, wenn ein Präsident der Vereinigten Staaten vorschlägt, sich Desinfektionsmittel injizieren zu lassen, um ein Virus abzutöten (BBC, 2020). Dieser Vorschlag steht mit etabliertem medizinischem Wissen in direktem Widerspruch, dass Desinfektionsmittel innerhalb des Körpers *nicht* wirkt, sondern stattdessen die Organe schädigen kann.

Lilienfeld, Lynn und Lohr (2015) weisen auf drei negative Konsequenzen (Kosten) hin, die die Verbreitung pseudowissenschaftlicher Aussagen mit sich bringt. Die Überlegungen und Beispiele von Lilienfeld et al. beziehen sich primär auf den Bereich der Klinischen Psychologie, lassen sich aber auch auf die Angewandte Kognitionspsychologie übertragen. Zum einen kann es zu direkten Kosten kommen, zum Beispiel wenn eine Maßnahme, die auf Basis pseudowissenschaftlicher Annahmen umgesetzt wird, unerwünschte Nebeneffekte hat. Ein Beispiel wäre ein Medikament, das sich bei gesunden Personen, laut pseudowissenschaftlicher Aussage, zur Steigerung der Konzentrationsleistung einsetzen lässt, aber auch Nebenwirkungen hat (z. B. Kopfschmerzen, Nervosität, Schlafstörungen). Nimmt eine Person dieses Medikament ein, dann ist der eigentlich gewünschte Effekt unwahrscheinlich, aber es ist wahrscheinlich(er), dass Nebenwirkungen bei ihr auftreten. Sie hat also direkte negative Konsequenzen dadurch, dass sie sich auf die pseudowissenschaftliche Aussage verlassen hat. Häufiger als zu solchen direkten Kosten kommt es im Bereich der Angewandten Kognitionspsychologie vermutlich zu sogenannten Opportunitätskosten. Damit ist gemeint, dass Menschen, die sich auf eine pseudowissenschaftliche Aussage verlassen und daraus bestimmte Maßnahmen ableiten und umsetzen, die tatsächlich als wirksam erwiesenen Maßnahmen nicht umsetzen. Ein Beispiel wäre eine Person, die davon gehört hat, es gäbe verschiedene Lerntypen und die in einem Onlinetest als »auditiver« Lerntyp identifiziert wurde. Diese Person bereitet sich nun eventuell überwiegend durch Zuhören auf ihre Prüfungen vor, im Glauben daran, die Existenz unterschiedlicher Lerntypen wäre wissenschaftlich erwiesen (was nicht der Fall ist, wie wir in Kapitel 2 erfahren werden). Dadurch entstehen ihr Opportunitätskosten, da sie in der begrenzten Lernzeit bis zur Klausur, im Vertrauen auf die Wissenschaftlichkeit ihrer Lerntyp-Diagnose, erwiesenermaßen wirksame Maßnahmen, wie etwa sich selbst zu testen, nicht umsetzt. Letztendlich wird diese Person dann vermutlich ein schlechteres Ergebnis erzielen, als es ihr möglich gewesen wäre. Schließlich kann durch die Verbreitung pseudowissenschaftlicher Aussagen, wenn diese sich später tatsächlich als nicht haltbar herausstellen, die Glaubwürdigkeit einer ganzen Wissenschaftsdisziplin als solche leiden. Die (experimentelle) Psychologie hat dies als sogenannte *Replikationskrise* schmerzhaft erlebt, als sich zeigte, dass eine Reihe der in wissenschaftlichen Zeitschriften veröffentlichen Ergebnisse nicht replizierbar waren (Open Science Collaboration, 2015). Eine gut nachvollziehbare und leicht verständliche Aufarbeitung der Replikationskrise und ihrer Folgen liefert Chambers (2017). Rückblickend kann man festhalten, dass die experimentelle Psychologie sich, angestoßen durch die Replikationskrise, intensiv mit der eigenen vorherrschenden Forschungspraxis auseinandergesetzt und diese auch durch verschiedene Maßnahmen verbessert hat (vgl. das Sonderheft »Open Science in Psychology« in der

Zeitschrift für Psychologie, das von Renkewitz & Heene, 2019, herausgegeben wurde). Zeitungsartikel mit Überschriften wie etwa »Wissenschaftliche Irrtümer in Serie« (Wagner, 2020) und auch weitere Medienberichte, in denen die fehlende Replizierbarkeit experimentalpsychologischer Befunde regelmäßig thematisch aufgegriffen wird, sind für das öffentliche Ansehen des Fachs sicher nicht förderlich. Wir hoffen daher, dass das vorliegende Buch dazu beiträgt, alle drei Kostenarten für die Kognitionspsychologie, die uns sehr am Herzen liegt, möglichst gering zu halten.

Probleme bei der Replikation bereits publizierter empirischer Befunde, die übrigens nicht nur in der Psychologie, sondern auch in einer Reihe weiterer Fächer wie etwa der Biologie, der Medizin und den Wirtschaftswissenschaften berichtet werden (Baker, 2016; Begley & Ellis, 2012; Camerer et al., 2016), können viele Ursachen haben, da Forschung nie unabhängig vom Kontext ist, in dem sie durchgeführt wird (Van Bavel et al., 2016). Zum einen darf nicht vergessen werden, dass aufgrund der verwendeten Methoden statistischer Inferenz (▶ Kap. 1.2.2) die Nicht-Replizierbarkeit mancher Studien ganz einfach eine notwendige Folge und daher erwartbar ist (siehe z. B. Ulrich & Miller, 2020). Zum anderen könnte aber ein Teil der in Fachzeitschriften publizierten und nicht replizierbaren Befunde den höchsten wissenschaftlichen Ansprüchen nicht genügen (Starbuck, 2016). Daher sollten die Leserinnen und Leser solcher Artikel auch in der Lage sein, die wissenschaftliche Güte der jeweiligen Forschungsarbeiten selbst kritisch zu hinterfragen. Zu diesem Zweck werden im Folgenden einige methodische Vorüberlegungen angestellt, die den Leserinnen und Lesern dabei helfen sollen, die Qualität wissenschaftlicher Arbeiten zu bewerten. Natürlich können wir im Rahmen des vorliegenden Buches keine vollumfassende Darstellung kognitionspsychologischer Forschungsmethoden und der statistischen Analyse bieten, sondern lediglich Teilaspekte herausgreifen, die bei der Bewertung der Güte wissenschaftlicher Arbeiten helfen können. Als vertiefende Lektüre seien an dieser Stelle daher die einschlägigen Lehrbücher empfohlen (z. B. Bröder, 2011; Huber, 2019; Westermann, 2017; Whitley & Kite, 2018).

1.2 Methodische Vorüberlegungen

1.2.1 Prüfung wissenschaftlicher Hypothesen

Die Kognitionspsychologie versteht sich selbst als eine empirische Wissenschaft. Dies bedeutet, dass Erkenntnisfortschritte üblicherweise dadurch erzielt werden, dass empirische Studien mit Untersuchungssubjekten (Menschen oder auch Tieren) durchgeführt werden, um Hypothesen über die Funktionsweise menschlicher Kognition zu testen. Im vorliegenden Buch berücksichtigen wir ausschließlich Studien, in denen Menschen untersucht wurden, daher werden wir die Untersuchungssubjekte im Folgenden als Versuchspersonen bezeichnen.

In der Idealvorstellung der meisten Forscherinnen und Forscher wird bei der empirischen Hypothesentestung falsifizierend im Sinne der Forschungslogik des sogenannten *Kritischen Rationalismus* nach Popper (1959) vorgegangen. Entsprechend sollte aus einer bereits existierenden kognitionspsychologischen Theorie zunächst eine inhaltswissenschaftliche Hypothese abgeleitet werden, die dann empirisch »an der Realität« überprüft wird. Eine wissenschaftliche Hypothese muss nach Popper vier Kriterien genügen:

- Die Hypothese muss sich auf reale Sachverhalte beziehen, die empirisch untersuchbar sind.
- Die Hypothese muss allgemeingültig sein, also eine über den Einzelfall oder singuläre Ereignisse hinausgehende Behauptung darstellen (ein sog. All-Satz).
- Die Hypothese muss die Formalstruktur eines sinnvollen Konditionalsatzes aufweisen (»Wenn-Dann-Satz« bzw. »Je-desto-Satz«).
- Der Konditionalsatz muss potentiell falsifizierbar sein.

In Lehrbüchern wird häufig zwischen drei verschiedenen Arten wissenschaftlicher Hypothesen unterschieden: *Zusammenhangshypothesen* postulieren einen Zusammenhang zwischen zwei Variablen (z. B.: »Die Konzentrationsleistung hängt mit der Schlafqualität zusammen.«). *Unterschiedshypothesen* postulieren einen Unterschied in der Ausprägung einer Variablen als Funktion der Ausprägung einer anderen Variablen (z. B.: »Blonde Männer sind besser in visuellen Suchaufgaben als dunkelhaarige Männer.«). *Veränderungshypothesen* postulieren eine Veränderung über die Zeit (z. B.: »Die Gedächtnisleistung nimmt mit zunehmendem Lebensalter ab.«). Wie bereits an diesen Beispielen erkennbar, ist die Unterscheidung in diese drei Hypothesenarten recht arbiträr. Letztendlich werden durch alle drei Arten von Hypothesen Annahmen über den Zusammenhang zweier Variablen ausgedrückt, etwa zwischen Schlafqualität und Konzentrationsleistung, Haarfarbe und visueller Suchleistung oder Lebensalter und Gedächtnisleistung. Somit könnten die letzteren beiden Hypothesenarten eigentlich auch als Sonderfälle einer Zusammenhangshypothese gesehen werden. Es hat jedoch technische Gründe, warum diese klassische Unterscheidung der Hypothesenarten trotzdem sinnvoll sein kann. Man kann dadurch nämlich anschaulich die verschiedenen Versuchspläne abgrenzen, die in der psychologischen Forschungspraxis realisiert werden. Will jemand untersuchen, ob zwischen zwei Variablen, die gemessen wurden, ein Zusammenhang besteht, spricht man von einem *korrelativen Versuchsplan*. Will jemand untersuchen, ob sich verschiedene Gruppen von Versuchspersonen in ihrer Ausprägung auf einer gemessenen Variablen unterscheiden, spricht man von einem *quasi-experimentellen* oder *experimentellen Versuchsplan*. Die Variable, nach der gruppiert wird, bezeichnet man dabei als *unabhängige Variable* und die gemessene Variable bezeichnet man als *abhängige Variable*.[1] Experimentell wird der Versuchsplan dadurch, dass die Abstufungen der unabhängigen Variablen (also die verschiedenen Bedingungen) künstlich hergestellt (manipuliert) und die Versuchspersonen dann zufällig den entstandenen Bedingungen zugeteilt werden. Ist dies nicht möglich (wie im Falle

---

1 Die Begriffe der unabhängigen und abhängigen *Variablen* dürfen nicht verwechselt werden mit denen der unabhängigen und abhängigen *Stichproben*, auf die wir gleich noch zu sprechen kommen.

der Haarfarbe, die genetisch festgelegt ist und sich daher in der entsprechenden Untersuchung nicht zufällig zuweisen lässt), ist der Versuchsplan lediglich quasi-experimentell. Ist man an der Veränderung einer gemessenen Variablen über die Zeit interessiert, dann müssen diese Variablen an denselben Versuchspersonen wiederholt gemessen werden. Man spricht in diesem Fall von einem *längsschnittlichen Versuchsplan*.

Im Rahmen aller drei Versuchspläne gilt es bei der statistischen Hypothesentestung wiederum, zwischen der (statistischen) Nullhypothese und der Alternativhypothese zu unterscheiden. Die Nullhypothese besagt, es gäbe keinen Unterschied beziehungsweise keinen Zusammenhang zwischen unabhängigen und abhängigen Variablen, während die Alternativhypothese einen Unterschied oder Zusammenhang postuliert. Diese Unterscheidung wird später noch einmal wichtig werden.

Allen Hypothesen gemeinsam ist, dass sie über sogenannte Populationsparameter formuliert sind. Etwas vereinfacht meint dies Folgendes: In empirischen Studien wird mit Stichproben gearbeitet, die aus einer Population gezogen werden. Die Stichprobe umfasst dabei eine begrenzte Menge an Versuchspersonen, von denen die entsprechenden Daten erhoben wurden. Wenngleich wir für diese Stichprobe dann zum Beispiel die Mittelwerte berechnen, sind wir weniger daran interessiert, ob sich die Mittelwerte der Stichproben unterscheiden. Viel interessanter ist, ob sich die Mittelwerte der Populationen unterscheiden, aus denen die Stichproben stammen.

Der experimentelle Versuchsplan nimmt für den wissenschaftlichen Erkenntnisgewinn einen besonderen Stellenwert ein, da er geeignet ist, Kausalhypothesen zu testen. Die Kovariation der unabhängigen und der abhängigen Variablen (also die Tatsache, dass eine Veränderung in der einen Variablen systematisch mit einer Veränderung in der anderen Variablen einhergeht) ist eine notwendige Voraussetzung dafür, dass eine Kausalbeziehung bestehen kann. Eine zweite notwendige Voraussetzung ist, dass das Auftreten der Veränderungen der unabhängigen Variablen dem Auftreten der Veränderung auf der abhängigen Variablen zeitlich vorausgeht. Die wichtigste Voraussetzung ist jedoch, dass die Veränderung auf der abhängigen Variablen *ausschließlich* durch die Veränderung der unabhängigen Variablen erklärt werden kann (siehe auch Shadish, Cook & Campbell, 2002). Diese lässt sich prinzipiell nur mit einem experimentellen Versuchsplan überprüfen. Aufgrund dieser besonderen Rolle, die der experimentelle Versuchsplan für die psychologische Forschung einnimmt, werden wir auf diesen im Folgenden noch einmal genauer eingehen.

1.2.2 Experimentelle Versuchspläne und deren statistische Auswertung

Das Experiment ist, wie gesagt, *die* Methode zur Prüfung kausaler Zusammenhänge. Grundvoraussetzung eines Experiments ist es, dass unterschiedliche experimentelle Bedingungen von den Forscherinnen und Forschern hergestellt (d. h. manipuliert) werden können und dann prinzipiell jede mögliche Versuchsperson unter diesen Bedingungen getestet werden kann. Darüber hinaus gibt es aber weitere wichtige

Konzepte und Begriffe im Kontext eines experimentellen Versuchsplans und dessen statistischer Auswertung, auf die wir in diesem Abschnitt kurz (und umfangsbedingt zuweilen auch oberflächlich) eingehen werden. Ein gewisses Grundverständnis ist aber zur Bewertung (und natürlich auch zur Durchführung) empirischer Forschung unabdingbar; wir legen den interessierten Leserinnen und Lesern aber nahe, sich ausgiebiger mit diesen Themen zu befassen.

Wird ein experimenteller Versuchsplan verwendet, dann kann die Manipulation der experimentellen Bedingungen *zwischen Versuchspersonen* (engl. *between-subjects*) oder *innerhalb der Versuchspersonen* (engl. *within-subjects*) realisiert werden (▶ Abb. 1.2). Im ersten Fall wird jede Versuchsperson in genau *einer* der Bedingungen getestet, während sie im letzteren Fall in *jeder* der Bedingungen getestet wird. Oft, aber nicht immer, können Fragestellungen mit beiden Versuchsplanvarianten untersucht werden. Dies illustrieren wir an einem Beispiel: Stellen wir uns dazu vor, es würde in einem Auto eine Standardanordnung von Warnsignalen geben, die der Fahrerin oder dem Fahrer mitteilen, dass Gefahr besteht und ein Ausweichen in eine bestimmte Richtung erforderlich ist. Eine psychologische Theorie besagt aber nun, dass eine andere Anordnung effektiver dafür wäre (wir werden in Kapitel 3.2.1 einen ähnlichen Fall kennenlernen). In einer entsprechenden Studie könnte man nun beide Anordnungen als unterschiedliche experimentelle Bedingungen implementieren und als abhängige Variable beispielsweise die Reaktionszeit (engl. *reaction time*; RT) des Ausweichens auf eine Gefahr messen. Bei einer Manipulation zwischen Versuchspersonen würde dann für jede Versuchsperson zufällig entschieden werden, ob sie mit der Standardanordnung oder der neuen Anordnung getestet wird. Die Zuteilung erfolgt also *randomisiert* und es resultieren zwei Bedingungen, wobei die erste Bedingung auch als Kontroll- und die zweite Bedingung auch als Experimentalbedingung bezeichnet wird. Von jeder Versuchsperson liegt am Ende eine RT als abhängige Variable vor. Man spricht in diesem Fall auch von *unabhängigen Stichproben* oder *Gruppen*, da die RTs in den beiden experimentellen Bedingungen von unterschiedlichen Personengruppen stammen. Eine andere Möglichkeit wäre es, die Versuchspersonen zunächst mit der Standardanordnung zu testen und im Anschluss daran mit der neuen Anordnung. Dies wäre eine Manipulation innerhalb der Versuchspersonen, da von jeder Versuchsperson am Ende zwei RTs als abhängige Variable vorliegen (eine pro Bedingung).[2] Man spricht in diesem Fall auch von *abhängigen Stichproben*.

---

2 In diesem Beispiel ist es prinzipiell möglich, die Manipulation zwischen oder innerhalb der Versuchspersonen zu realisieren. Welche Variante gewählt wird, hängt zum Beispiel von der Verfügbarkeit einer ausreichend großen Menge an Versuchspersonen oder auch Zeitfaktoren (d. h. wie lange das Experiment pro Versuchsperson dauert) ab. Es gibt aber viele Fälle, in denen dies nicht sinnvoll möglich ist. Muss beispielsweise vermieden werden, dass eine Versuchsperson bereits mit dem Material, den Reizen und so weiter eines Experimentes vertraut ist, kann nur eine Manipulation zwischen den Versuchspersonen sinnvoll sein. Andererseits gibt es gerade in der Kognitionspsychologie viele Fälle, bei denen die relevanten Effekte eher klein sind und dann die Variabilität zwischen den Versuchspersonen so groß ist, dass diese Effekte nicht mit statistischen Methoden aufgedeckt werden können. Dann spielt ein Versuchsplan mit einer Manipulation innerhalb der Versuchspersonen seine Stärke aus (wir kommen darauf noch einmal zurück). Um eine eindeutige Interpretation zu ermöglichen, müssen dann eine Reihe von Maßnahmen beachtet werden, zum Beispiel, dass

1 Einleitung

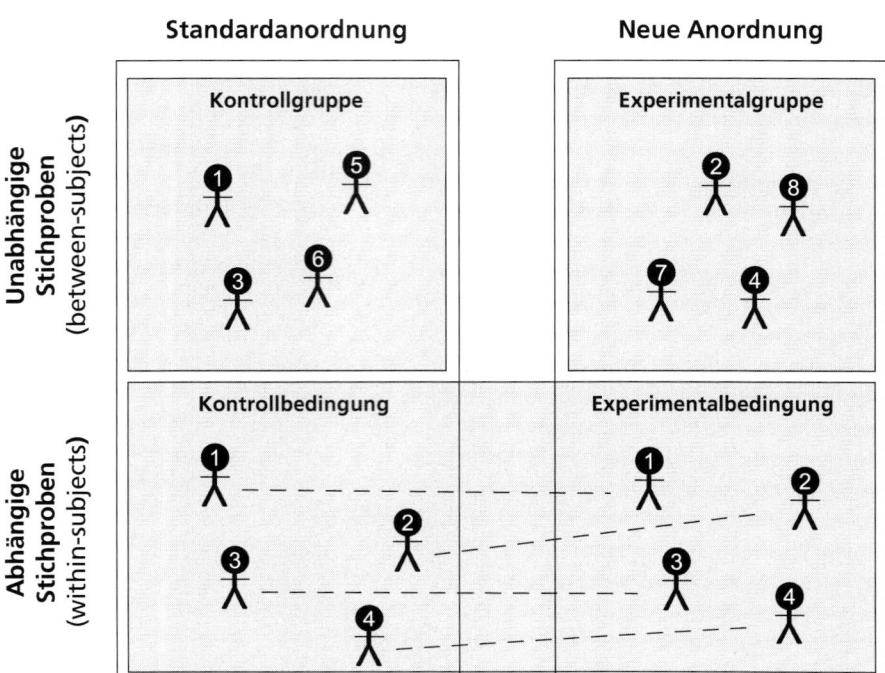

Abb. 1.2: Illustration einfacher Versuchspläne mit zwei Bedingungen. Versuchspläne mit zwei unabhängigen Stichproben arbeiten mit zwei Gruppen und die Versuchspersonen werden randomisiert den Gruppen zugeordnet. Bei Versuchsplänen mit abhängigen Stichproben wird hingegen nur eine Stichprobe gezogen, allerdings werden die Daten von jeder Versuchsperson in beiden Bedingungen erhoben.

Derartige Versuchspläne mit zwei Bedingungen sind die einfachsten Fälle, die auf zweierlei Arten erweitert werden können. Zum einen können mehr als zwei Bedingungen realisiert werden, zum Beispiel, wenn es noch eine weitere konkurrierende Theorie gäbe, nach der eine noch andere Anordnung das Ausweichen noch effektiver machen würde. Der Versuchsplan zur Testung dieser Theorien würde entweder drei Gruppen umfassen müssen oder jede Versuchsperson würde in allen drei Bedingungen getestet werden müssen. Zum anderen können aber auch komplexere Versuchspläne realisiert werden, indem weitere unabhängige Variablen aufgenommen werden. Zum Beispiel könnte eine Theorie vorhersagen, dass die neue Anordnung der Warnsignale vorrangig bei Dunkelheit effektiv ist, nicht aber tagsüber. Zur Testung müsste eine weitere unabhängige Variable mit den Bedingungen »hell« versus »dunkel« in den Versuchsplan integriert werden. Auch die Bedingungen dieser (zusätzlichen) unabhängigen Variablen können wieder zwi-

---

die Reihenfolge der Bedingungen *ausbalanciert* wird. Im Beispiel würde dies bedeuten, dass die eine Hälfte der Versuchspersonen mit der Standardanordnung und die andere Hälfte mit der neuen Anordnung beginnt (für mehr Informationen siehe auch die am Ende von Kapitel 1.1.3 genannten Lehrbücher).

schen oder innerhalb der Versuchspersonen implementiert werden. Die Besonderheit bei der Einführung einer weiteren unabhängigen Variablen ist, dass sie sich in der Regel orthogonal zu den bereits im Versuchsplan enthaltenen unabhängigen Variablen verhält. Das heißt im konkreten Beispiel, dass vier experimentelle Bedingungen entstehen würden (Anordnung 1 – hell vs. Anordnung 1 – dunkel vs. Anordnung 2 – hell vs. Anordnung 2 – dunkel). Mit der Hinzunahme jeder weiteren unabhängigen Variablen potenziert sich die Anzahl der Bedingungen entsprechend.

Die Anzahl der unabhängigen Variablen sowie die Anzahl der Bedingungsstufen je unabhängiger Variable haben auch Auswirkungen auf die statistische Auswertung der Daten eines Experimentes. Wir skizieren im Folgenden die Auswertungslogik des einfachsten Versuchsplans mit einer unabhängigen Variablen mit nur zwei Bedingungen (für weitere Details, die mathematischen Grundlagen und komplexere Versuchspläne siehe z. B. Janczyk & Pfister, 2020, oder auch https://www.uni-bremen.de/forschungsmethoden-und-kognitive-psychologie/lehre/stats-by-randolph).

Derartige Experimente werden mit dem sogenannten *t*-Test ausgewertet, wobei bereits zu beachten ist, dass im Fall einer Manipulation zwischen den Versuchspersonen der *t*-Test für zwei unabhängige Stichproben gewählt werden muss, während bei einer Manipulation innerhalb der Versuchspersonen entsprechend der *t*-Test für abhängige Stichproben verwendet werden muss.[3] Die weitere Logik ist dann aber relativ ähnlich: Die Mittelwerte und Maße für die Variabiliäten der Werte der abhängigen Variablen werden in einen sogenannten *t*-Wert verrechnet, der auch als *Teststatistik* oder *Prüfgröße* bezeichnet wird und zwei Eigenschaften erfüllt. Die Berechnung erfolgt derart, dass (1) der Betrag des *t*-Werts umso größer wird, je mehr die Daten gegen die Nullhypothese (»es gibt keinen Unterschied zwischen den Bedingungen«) sprechen. Dies ist zum Beispiel der Fall, wenn die Differenz der empirischen Mittelwerte der zu vergleichenden Bedingungen entsprechend groß wird. Darüber hinaus ist nun der Ausgangspunkt aller Überlegungen die Annahme (!), die Nullhypothese würde tatsächlich gelten. Dann kann man (2) mathematisch zeigen, dass das Auftreten bestimmter Werte(-bereiche), die der *t*-Wert annimmt, einer charakteristischen Form folgt, nämlich der sogenannten (zentralen) *t*-Verteilung (▶ Abb. 1.3a): Sie hat ein Maximum bei Null und ist um das Maximum herum symmetrisch. Die *t*-Verteilung ist ein Beispiel einer sogenannten Dichte (oder Dichtefunktion) und daher beträgt die Fläche unter ihr, berechnet von minus-unendlich bis plus-unendlich, genau Eins. Die Fläche zwischen zwei beliebigen Werten *a* und *b* unter einer Dichte kann weiter als Wahrscheinlichkeit interpretiert werden, mit der ein Experiment ein Ergebnis (hier: einen *t*-Wert) in genau dem Intervall [*a*;*b*] liefert. Entsprechend können wir auch einen sogenannten *kritischen t-Wert* bestimmen, rechts von dem noch, zum Beispiel, 5 % der Fläche liegen (technisch ist dies das Intervall vom kritischen *t*-Wert bis plus-unendlich; der grau gefärbte Bereich in Abb. 1.3a). Üblicherweise wird dieser Anteil α genannt und hier wäre also α = 0,05. *t*-

---

[3] Da die neue Theorie vorhersagt, die neue Anordnung wäre effektiver, würde also zu kürzeren RTs (und weniger Fehlern) in der Ausweichreaktion führen, arbeiten wir hier mit einer sogenannten gerichteten (oder einseitigen) Hypothese, die eine Richtung des Unterschieds postuliert. Die folgenden Ausführungen beziehen sich auch auf diesen Fall (wobei die Idee und Herangehensweise im Fall ungerichteter Hypothesen sehr ähnlich ist).

Werte, die diesen Wert überschreiten, kommen also bei Annahme der Gültigkeit der Nullhypothese zwar vor, aber eben nur sehr selten (d. h. mit einer kleinen Wahrscheinlichkeit, nämlich $p = \alpha$). Ergibt unser Experiment aber einen solchen seltenen t-Wert, dann wird dies als Indiz dafür genommen, an der Annahme der Gültigkeit der Nullhypothese zu zweifeln. Stattdessen wird dann davon ausgegangen, die Alternativhypothese würde gelten. Man spricht dann auch von einem *signifikanten Ergebnis*. In experimentellen Studien wird in der Regel der erzielte t-Wert gemeinsam mit einem p-Wert berichtet. Der p-Wert entspricht im Beispiel dann der Fläche ab dem empirisch ermittelten t-Wert bis plus-unendlich unter der entsprechenden Dichte. Bei signifikanten Ergebnissen ist der berichtete p-Wert entsprechend kleiner als α.

Unter der Nullhypothese waren wir davon ausgegangen, es gäbe keinen Unterschied zwischen den experimentellen Bedingungen. Stellen wir uns nun vor, es würde eine bestimmte Alternativhypothese gelten, die einen Unterschied zwischen den Bedingungen von spezifischer Größe postuliert (für mehr Details zu sog. Effektgrößen im hier betrachteten Fall, siehe z. B. Goulet-Pelletier & Cousineau, 2018). In diesem Fall wären die resultierenden t-Werte nicht mehr zentral, sondern nonzentral t-verteilt (▶ Abb. 1.3b): Das Maximum ist nun von Null verschieden und die Form der Verteilung ist auch nicht mehr um das Maximum herum symmetrisch. Der kritische t-Wert trennt aber auch hier wieder zwei Flächenanteile voneinander ab: Der rechts liegende (grau gefärbte) Teil ist die Menge aller t-Werte, bei denen wir uns bei Gültigkeit dieser bestimmten Alternativhypothese auch zugunsten ihrer entschieden hätten. Diese Fläche entspricht der Wahrscheinlichkeit, mit der wir uns tatsächlich für die Alternativhypothese entscheiden, wenn der untersuchte Effekt mit der angenommenen Größe tatsächlich existiert. Diese Wahrscheinlichkeit wird als *Teststärke* (engl. *Power*) bezeichnet und mit 1-β beschrieben (vgl. Cohen, 1988).[4] Der komplementäre Flächenanteil β spiegelt diejenigen t-Werte wider, bei denen wir uns, trotz (angenommener) Gültigkeit einer Alternativhypothese, für die Beibehaltung der Nullhypothese entschieden hätten.

Diese Entscheidungslogik hat zur Folge, dass eine Entscheidung zur Beibehaltung der Nullhypothese oder zugunsten der Alternativhypothese im Einzelfall nicht immer richtig sein muss. Gilt tatsächlich die Nullhypothese, sind dennoch t-Werte möglich, die zu einer Entscheidung für die Alternativhypothese führen (t-Werte im grau gefärbten Bereich in Abbildung 1.3a). Dies wird als Fehler 1. Art oder als α-Fehler bezeichnet. Gilt allerdings die Alternativhypothese, so erhalten wir dennoch auch t-Werte, aufgrund derer wir uns entscheiden, weiterhin an die Nullhypothese zu glauben (t-Werte im weißen Bereich in Abbildung 1.3b). Dies wird als Fehler 2. Art oder als β-Fehler bezeichnet.

Ein weiterer entscheidender Aspekt ist, dass die Größe der erhobenen Stichprobe(n) eine Wirkung auf die Teststärke eines statistischen Tests hat: Je größer die Stichprobe(n) ist (sind), desto höher ist auch die Teststärke. Im Wesentlichen wegen

---

4 Im Original von Cohen (1988, S. 4) wird die »Power« definiert als: »The power of a statistical test of a null hypothesis is the probability that it will lead to the rejection of the null hypothesis, i.e., the probability that it will result in the conclusion that the phenomenon exists.«

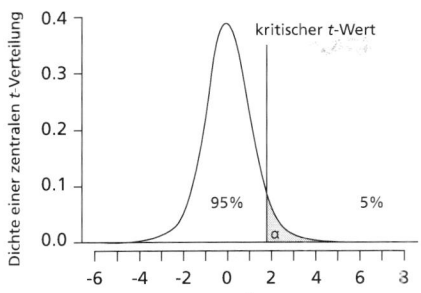 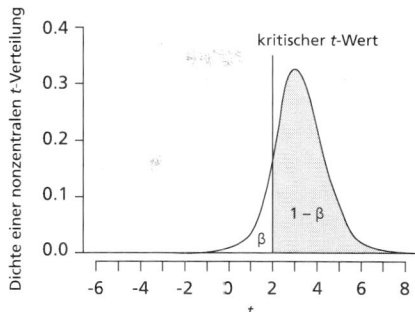

Abb. 1.3: Illustration der Verteilung der Prüfgröße t. (a) Beispiel einer zentralen t-Verteilung, die die Verteilung der t-Werte bei Annahme der Gültigkeit der Nullhypothese angibt, zusammen mit dem kritischen t-Wert, rechts von dem ein Anteil von $\alpha = 0{,}05$ der Fläche unter der t-Verteilung liegt (grau gefärbter Bereich). (b) Beispiel einer non-zentralen t-Verteilung, die die Verteilung der t-Werte bei Annahme der Gültigkeit einer bestimmten Alternativhypothese angibt. Der (grau gefärbte) Teil der Fläche rechts vom kritischen t-Wert unter dieser Annahme wird auch als Teststärke (oder Power) $1-\beta$ bezeichnet.

der Berechnung des *t*-Wertes ist die Teststärke des *t*-Tests für abhängige Stichproben bei gleicher Gesamtstichprobengröße größer als die des *t*-Tests für zwei unabhängige Stichproben. Eine Manipulation innerhalb der Versuchspersonen bringt also einen versuchsplanerischen Vorteil mit sich, da mit der erzielten Stichprobengröße eine höhere Teststärke erreicht wird. Bei der Planung einer Studie wird aber nicht unbedingt angestrebt, die Teststärke so groß wie möglich zu bekommen, sondern es wird eine optimale Stichprobengröße in dem Sinne angestrebt, dass eine erwünschte Teststärke von zuvor festgelegter Größe erreicht wird. Diese könnte zum Beispiel eine Teststärke von $1-\beta = 0{,}95$ sein. Da es in der Grundlagenforschung oft als weniger problematisch angesehen wird, einen β-Fehler (also die Nullhypothese beizubehalten, obwohl sie nicht gilt) als einen α-Fehler (die Alternativhypothese anzunehmen, obwohl sie nicht gilt) zu begehen, begnügt man sich hier oft gemäß einer Faustregel von Cohen mit $1-\beta = 0{,}80$ (Cohen, 1988). In der Angewandten Kognitionspsychologie kann es aber je nach Fragestellung auch wünschenswert sein, möglichst keinen β-Fehler zu begehen. Dann sollte man natürlich eine entsprechend große Teststärke anstreben. Möchte man etwa wissen, ob eine extrem unaufwändige und kostengünstige Umstellung des Fahrzeugdisplays kürzere RTs mit sich bringt, wäre dies selbst dann ein Fortschritt, wenn der Effekt auf die RT eine Verbesserung von eher geringer Größe darstellt.

Ein wichtiger Aspekt einer guten Versuchsplanung ist es in jedem Fall, die Stichprobe angemessen groß zu wählen. Wie groß diese jeweils sein sollte, hängt von der zu erwartenden Effektgröße und der erwünschten Teststärke ab. Prinzipiell können auch zu große Stichproben realisiert werden, so dass unbedeutend kleine Bedingungsunterschiede bereits statistisch signifikant werden. Der häufigere Fall ist jedoch, dass Stichproben zu klein gewählt werden. Wichtig ist in diesem Zusammenhang, die Frage der Stichprobengröße von der Frage der Stichprobenziehung (also welche Personen in eine Untersuchung aufgenommen werden sollen) zu trennen. Auf mögliche Besonderheiten bei der Stichprobenziehung im Kontext anwendungsorientierter Grundlagenforschung kommen wir in Kapitel 1.2.3 noch einmal zurück.

Komplexere Versuchspläne mit mehreren unabhängigen Variablen oder mehr als zwei Bedingungen werden zum Beispiel mit der sogenannten *Varianzanalyse* (ANOVA, von engl. *Analysis of Variance*) ausgewertet, die auch die Wechselwirkungen mehrerer unabhängiger Variablen berücksichtigen kann. Die generelle Logik der Entscheidungen, der Fehlermöglichkeiten sowie der Teststärke und der Stichprobengröße gelten dabei allerdings ebenso. Auch korrelative und längsschnittliche Versuchspläne verlangen jeweils wiederum unterschiedliche statistische Auswertungsverfahren. Die Überlegungen zur Entscheidungslogik, Teststärke und Stichprobengröße gelten hier aber ebenfalls.

Die Forderung nach einer angemessenen Stichprobengröße wurde auch im Zuge der Bemühungen, die psychologische Forschung replizierbarer zu machen, immer wieder laut (Button et al., 2013). Dies erscheint auch durchaus sinnvoll, da statistische Prüfgrößen auf Basis sehr kleiner Stichproben durch einzelne extreme Werte (bei RTs z. B. einzelne sehr langsame Personen) stark beeinflusst werden. Zudem ist bei kleinen Stichproben die Wahrscheinlichkeit relativ hoch, dass solche Ausreißer, wenn sie zufällig bei der Randomisierung derselben Bedingung zugeordnet werden, einen Effekt »vorgaukeln«, der in Wahrheit nur ein Phänomen ungünstiger Randomisierung ist. Es ist daher sicherlich ein Gütekriterium, wenn sich die Forscherinnen und Forscher im Vorfeld Gedanken darüber machen, wie groß sie ihre Stichprobe wählen wollen und dies, unter Berücksichtigung der Anforderungen des geplanten statistischen Auswertungsverfahrens, entsprechend rechtfertigen (Lakens, 2022). Dies kann beispielsweise in Form einer *Präregistrierung* der Studie erfolgen, bei der nicht nur die angestrebte Stichprobengröße, sondern auch die Hypothesen und die zur Auswertung geplanten Analysen festgelegt werden, *bevor* die Daten erhoben werden. Eine solche a-priori-Festlegung bewahrt die Forscherinnen und Forscher davor, später so lange mit den Daten »herumzuspielen« bis ein signifikantes Ergebnis zustande kommt (Neuroskeptic, 2012). Heutzutage nutzen Kognitionspsychologinnen und Kognitionspsychologen gern das kostenlose verfügbare *Open Science Framework* (*OSF*; https://osf.io/) oder andere Onlinerepositorien, um ihre geplanten Studien und Auswertungen mit Zeitstempel vor der Datenerhebung zu präregistrieren (eine andere Möglichkeit zur Präregistrierung bietet https://aspredicted.org/). Auf vielen dieser Repositorien können zudem auch Daten und Analyseprotokolle bereitgestellt werden, so dass andere Forscherinnen und Forscher die Daten nutzen und die Analysen überprüfen können.

Auch wenn diese Maßnahmen sicherlich dabei helfen, bestimmte Probleme in der vorherrschenden Forschungspraxis zu überwinden (vgl. Wicherts et al., 2016), bleiben Probleme der Theoriebildung trotz solcher methodischen Verbesserungen bestehen. Auf diesen Umstand wurde auch vermehrt hingewiesen (Eronen & Bringmann, 2021; Muthukrishna & Henrich, 2019; Oberauer & Lewandowsky, 2019) und theoriegeleitete Forschung kann auch einen Beitrag zur Erhöhung der Replizierbarkeit empirischer Studien leisten (Janczyk et al., 2023).

1.2.3 Die Frage nach der Validität der empirischen Untersuchung

Die Frage der Validität ist die generelle Frage danach, wie aussagekräftig eine bestimmte empirische Studie ist. Die Aussagekraft einer Studie ist abhängig davon, wie gut und sorgfältig diese konzeptualisiert, geplant und durchgeführt wurde. In ihrem Buch, das heute als Klassiker der Versuchsplanung gilt, unterscheiden Cook und Campbell (1979) vier Arten der Validität (siehe auch Shadish, Cook & Campbell, 2002). Die Autoren richten die Frage der Validität daran aus, ob auf Basis einer durchgeführten empirischen Studie davon auszugehen ist, dass ein angenommener (Kausal-)Zusammenhang zwischen zwei psychologischen Konstrukten in der Realität tatsächlich besteht.

Die erste Validitätsart, die Cook und Campbell (1979) in diesem Kontext diskutieren, ist die sogenannte *Schlussfolgerungsvalidität*. Mit der Frage der Schlussfolgerungsvalidität haben wir uns in Kapitel 1.2.2 bereits auseinandergesetzt. Sie bezieht sich auf die Frage, ob der statistische Schluss des Zusammenhangs zwischen der unabhängigen Variablen X und der abhängigen Variablen Y empirisch gerechtfertigt ist. Liegt in der Population *kein* Zusammenhang zwischen X und Y vor, dann sollte der statistische Test den Zusammenhang als nicht signifikant ausweisen. Mit der Wahrscheinlichkeit α wird der statistische Test aber auch ein signifikantes Ergebnis ausweisen, obwohl es in der Population keinen Zusammenhang gibt. Wenn in der Population ein Zusammenhang zwischen X und Y vorliegt, sollte der statistische Test das Ergebnis als signifikant ausweisen. Aber wie wir bereits gelernt haben, ist dies mit der Wahrscheinlichkeit β nicht der Fall. Beide Wahrscheinlichkeiten sollten so gewählt werden, dass sie für die jeweilige Forschungsfrage vertretbar groß beziehungsweise klein sind.

Die zweite Validitätsart ist die *interne Validität*. Diese ist laut Cook und Campbell (1979) von besonderer Bedeutung, da ihr Vorliegen Grundvoraussetzung dafür ist, dass sich die verbleibenden beiden Validitätsarten überhaupt sinnvoll bewerten lassen. Die Frage der internen Validität ist die Frage, inwieweit der Versuchsplan einer Studie geeignet ist, die angenommene (kausale) Wirkung der unabhängigen Variablen auf die abhängige Variable zu testen. Damit dies überhaupt möglich ist, müssen die unabhängige Variable und die abhängige Variable zunächst einmal zeitlich voneinander trennbar sein. Ist dies nicht der Fall, dann können unabhängige und abhängige Variable im Rahmen einer Korrelationsstudie gemessen werden, es kann aber keine Aussage über die Wirkrichtung des Zusammenhangs der beiden Variablen getroffen werden. Würde man zum Beispiel empirisch beobachten, dass blonde Personen größer sind als braunhaarige Personen, wäre die Wirkrichtung des Zusammenhangs beider Variablen nicht zu bestimmen, da beide Variablen (d. h. Haarfarbe und Körpergröße) genetisch bereits bei der Geburt festgelegt sind. Sind unabhängige und abhängige Variable prinzipiell zeitlich trennbar, dann ist die Frage, ob es möglich ist, die unabhängige Variable experimentell zu manipulieren, also verschiedene Ausprägungsstufen der unabhängigen Variablen herzustellen. Ist auch dies der Fall, dann stellt sich noch die Frage, ob es möglich ist, die Versuchspersonen randomisiert (also zufällig) den verschiedenen Ausprägungsstufen der unabhängigen Variablen zuzuweisen. Unter Umständen lässt sich die unabhängige Variable jedoch nicht experimentell variieren oder es könnte sich ethisch verbieten, dies zu tun. Würde jemand zum Beispiel die Wirkung einer Depression auf die Konzentrationsleistung untersuchen wollen, dann ist es nicht vertretbar, bei einer Gruppe von Versuchspersonen eine Depression experimentell zu induzieren. Dann können sich Forscherinnen und Forscher dadurch behelfen, dass sie auf bereits in der Welt existierende Abstufungen des interessierenden Merkmals bei der Stichprobengewinnung zurückgreifen (z. B. eine Gruppe von depressiven Personen und eine Gruppe von nicht-depressiven Personen erheben und die mittlere Konzentrationsleistung beider Gruppen vergleichen). Man spricht in diesem Fall von einem *Quasi-Experiment*. Ähnlich wie die Korrelationsstudie lässt aber auch eine quasi-experimentelle Studie lediglich den Rückschluss zu, dass unabhängige und abhängige Variable miteinander zusammenhängen, nicht aber, dass die unabhängige Variable einen *kausalen* Einfluss auf die abhängige Variable hat. Auch bei einem »echten« *Experiment*, bei dem durch systematische Manipulation Versuchsbedingungen hergestellt werden, die die unterschiedlichen Ausprägungen der unabhängigen Variablen darstellen und denen die Versuchspersonen dann randomisiert zugeteilt wurden, kann die interne Validität gefährdet sein. Für diese Gefährdungen sind in der Regel Probleme bei der Versuchsplanung verantwortlich, die zum Beispiel von Shadish, Cook und Campbell (2002) ausführlich beschrieben werden. Ein kritisches Problem ist dabei die Schwierigkeit, die unabhängigen Variablen experimentell isoliert zu manipulieren. Werden durch die Manipulation neben der unabhängigen Variablen auch noch weitere Variablen (sog. Störvariablen) mit beeinflusst, kann eine beobachtete Veränderung der abhängigen Variablen durch eben solche Variablen statt der unabhängigen Variablen verursacht worden sein. Es kann aber auch sein, dass eine solche Variable die Manipulation überlagert, also die Wirkung der unabhängigen Variablen auf die abhängige Variable aufhebt.

Störvariablen sind zunächst einmal Variablen, die ebenfalls einen Einfluss auf die abhängige Variable haben, aber in der jeweiligen Studie gerade nicht von theoretischem Interesse sind. Um sie in den Griff zu bekommen, gibt es kein Patentrezept. Generell bietet es sich an, Störvariablen so weit wie möglich auszuschalten. Dies gelingt besonders gut bei Laborexperimenten, denn im Labor können viele Störvariablen eliminiert werden, die im Alltag und selbst bei der Bearbeitung eines Onlineexperiments am heimischen Schreibtisch auftreten können (z. B. Straßenlärm durch die vorbeifahrende Müllabfuhr jeden Donnerstagvormittag, die Mitbewohnerin, die um 12:30 Uhr zum Essen ruft etc.). Andere Störvariablen, die nicht eliminiert werden können, sollten für alle Versuchsbedingungen konstant gehalten werden, damit sie ihre Wirkung konstant und auf alle Versuchsbedingungen gleichermaßen entfalten (z. B. sollte die Versuchsleitung in standardisierter Weise mit den Versuchspersonen interagieren). Besonders problematisch für die Interpretation sind konfundierende Störvariablen. Damit ist gemeint, dass die Ausprägungen einer Störvariablen systematisch mit den Ausprägungen der interessierenden unabhängigen Variable kovariieren. Das folgende Beispiel ist in Abbildung 1.4 illustriert: Angenommen, ein Forschungsteam will zwei Techniken vergleichen, mit denen sich neu Gelerntes besonders gut merken lässt. Die Versuchspersonen werden randomisiert auf zwei Gruppen aufgeteilt. Die eine Gruppe soll mit Technik A arbeiten

1.2 Methodische Vorüberlegungen

und die andere Gruppe mit Technik B. Die Hypothese ist, dass Technik B zu besseren Lernergebnissen führt als Technik A. Beide Techniken arbeiten mit einer Farbkodierung des gelernten Materials und das Farbschema dafür wurde vom Forschungsteam arbiträr vorab festgelegt, ohne dass sie sich darüber viel Gedanken gemacht haben. Daher arbeitet Technik A stets mit rot und grün, Technik B stets mit blau und gelb. Im Ergebnis zeigt sich, wie erwartet, eine bessere Leistung der Gruppe, die mit Technik B gelernt hatte. Während dieses Ergebnis zunächst also für die Theorie spricht, aus der die Erwartung abgeleitet wurde, macht die Kovariation »Technik – Farbschema« diese Interpretation logisch unmöglich: Es ist gut möglich, dass beide Techniken gleich wirken, das rot-grüne Farbschema aber die Leistung der Gruppe verringert hat, die mit Technik A arbeitete (etwa, weil farbfehlsichtige Versuchspersonen damit Probleme hatten). Gute Experimente zeichnen sich dadurch aus, dass derartige Konfundierungen vermieden werden, um eine klare Schlussfolgerung bezüglich der Kausalität zu ermöglichen. Allerdings sind Konfundierungen oft noch deutlich subtiler als die in unserem Beispiel. Daher ist es notwendig bei der Versuchsplanung die Gefahr einer Konfundierung stets möglichst gering zu halten. Dies gelingt dadurch, dass jede Art von Kovariation potentieller konfundierender Störvariablen mit der eigentlich interessierenden Manipulation vermieden wird. Im oben genannten Beispiel könnte etwa das Farbschema auch für jede Versuchsperson unabhängig von der Technik randomisiert festgelegt werden. Alternativ könnten die Farbschemata von Technik A und von Technik B auch für die Hälfte der Versuchspersonen vertauscht werden. Man spricht dann von der Ausbalancierung eines »Materialfaktors«.

Zusätzlich müssen Kontrollbedingungen im Experiment konzeptuell so beschaffen sein, dass sichergestellt werden kann, dass der beobachtete Effekt auf der abhängigen Variablen tatsächlich auf die Manipulation der unabhängigen Variablen rückführbar ist. Erwartet man etwa einen Effekt einer bestimmten Intervention (z. B. eines Arbeitsgedächtnistrainings) auf die kognitive Leistung, dann sollte man die Leistung einer Gruppe, die das Training erhalten hat (Experimentalgruppe) mit der Leistung einer Gruppe, die das Training nicht erhalten hat (Kontrollgruppe), vergleichen. Die Versuchspersonen sollten dann entweder zufällig auf beide Gruppen aufgeteilt werden oder hinsichtlich einer möglichen konfundierenden Störvariablen (etwa die Gedächtnisausgangsleistung vor dem Training) parallelisiert den Gruppen zugeordnet werden. Für letzteres müsste man die konfundierenden Variablen im Vorfeld erfassen und dann Paare mit möglichst ähnlichen Werten bilden (engl. *matching*). Die beiden Versuchspersonen solcher Paare werden dann wiederum zufällig auf die beiden Gruppen aufgeteilt.

In unserem Beispiel könnte es aber nun sein, dass nicht das Training an sich die beobachtete Steigerung der Arbeitsgedächtniskapazität in der Experimentalgruppe verursacht hat, sondern dass durch das Bewusstsein, ein Training erhalten zu haben, die Motivation, die Aufgabe gut zu bearbeiten, in der Experimentalgruppe höher war als in der Kontrollgruppe. Das heißt, die Zuteilung der Versuchspersonen zur Experimental- beziehungsweise Kontrollgruppe (Training vs. kein Training) geht eventuell unmittelbar mit einer, möglicherweise nicht vermeidbaren, Konfundierung »hohe Motivation« versus »wenig Motivation« einher. Um diese Möglichkeit auszuschließen, muss eine weitere Gruppe, die so genannte *Placebo-Gruppe*, realisiert

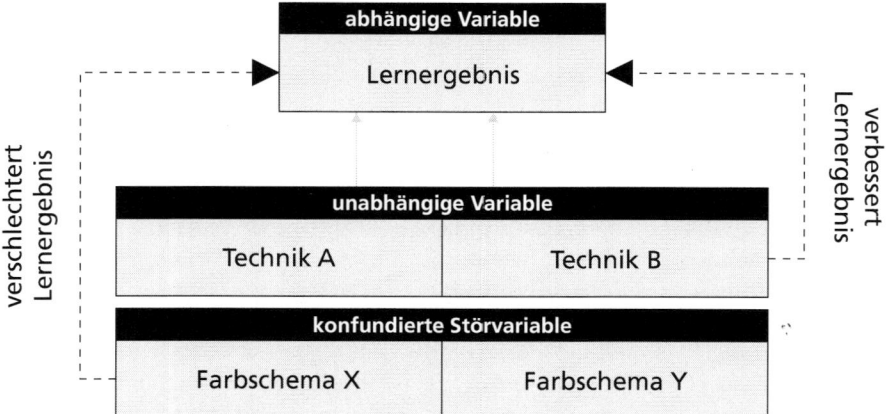

Abb. 1.4: Illustration konfundierender Variablen. Während die eigentlich interessierende unabhängige Variable die verwendete Lerntechnik (mit den Ausprägungen Technik A und B) ist, unterscheiden sich beide Techniken auch hinsichtlich des jeweils verwendeten Farbschemas. Die Konfundierung macht einen Kausalschluss unmöglich. Gute Experimente zeichnen sich daher dadurch aus, dass nicht nur die Versuchspersonen randomisiert Bedingungen zugeteilt werden, sondern auch sogenannte Materialfaktoren, wie etwa das verwendete Farbschema, randomisiert werden oder sogar zwischen den eigentlich interessierenden Bedingungen ausbalanciert werden (letzteres würde es ggf. erlauben, den Materialfaktor explizit bei der Auswertung mit zu berücksichtigen).

werden. Versuchspersonen dieser Gruppe erhalten ebenfalls eine Intervention, die für die Versuchspersonen wie ein Training anmutet, aber die Kernelemente des Trainings tatsächlich nicht beinhaltet. Auch hier ist es natürlich wichtig, die Versuchspersonen randomisiert den drei Gruppen (Experimental-, Placebo- und Kontrollgruppe) zuzuweisen. Zudem sollten sich die Versuchspersonen während der Aufgabenbearbeitung nicht bewusst sein, welcher Gruppe sie zugeordnet wurden, da dieses Wissen die Motivation beeinflussen könnte. Es hat sich empirisch gezeigt, dass die Versuchsleitung, oft unwillentlich und gegebenenfalls nur durch subtile nonverbale Signale, Versuchspersonen beeinflussen kann, sich hypothesenkonform zu verhalten. Dies wird auch als *Rosenthal-Effekt* bezeichnet (z. B. Rosenthal & Jacobson, 1966). Um dies zu vermeiden, sollte optimalerweise auch der Versuchsleitung während der Studiendurchführung nicht bewusst sein, welche Versuchspersonen zu welchem Zeitpunkt welche Versuchsbedingung durchlaufen. Man spricht bei Experimenten, in denen weder der Versuchsleitung noch den Versuchspersonen bewusst ist, in welcher Bedingung sich die Versuchspersonen zum jeweiligen Erhebungszeitpunkt befinden, von doppelter Maskierung (oder auch von Doppelblindstudien).

Die dritte Validitätsart ist die *Konstruktvalidität*. Viele psychologische Hypothesen die empirisch getestet werden, beziehen sich auf nicht direkt beobachtbare Konstrukte. Will man zum Beispiel überprüfen, ob mentales Elaborieren von zu lernendem Material die Lernleistung erhöht (▶ Kap. 2), dann benötigt man beobachtbare Indikatorvariablen, die es erlauben, Rückschlüsse auf die Konstrukte

»Elaboration« und »Lernleistung« zu ziehen. Bei entsprechenden Untersuchungen stellt sich also die kritische Frage, ob die zur Operationalisierung der Konstrukte gewählten Indikatorvariablen auch tatsächlich die interessierenden Konstrukte abbilden oder nicht. Gadenne (1976) spricht in diesem Zusammenhang von Hilfshypothesen, die es zusätzlich zur Haupthypothese zu überprüfen gilt. Für die Manipulation der unabhängigen Variablen »Elaboration« könnte man zum Beispiel zwei Gruppen von Versuchspersonen bitten, eine Liste von Wortpaaren zu lernen. Die Kontrollgruppe würde keine weiteren Instruktionen erhalten, aber die Experimentalgruppe würde gebeten werden, sich zu jedem Wortpaar einen Satz zu überlegen, in dem beide Wörter vorkommen (Bobrow & Bower, 1969). Zur Erfassung der »Lernleistung« könnte man die Anzahl der in einem späteren Test korrekt erinnerten Wörter aus der gelernten Liste verwenden (▶ Kap. 2). Die Anzahl der korrekt erinnerten Wörter als Maß für die Gedächtnisleistung heranzuziehen, hat eine gewisse Augenscheinvalidität. Aber wie kann man sich sicher sein, dass mit der Manipulation tatsächlich eine Elaboration des Lernmaterials bewirkt wurde? Hierzu kann es sich anbieten, eine Überprüfung der Manipulation (engl. *manipulation check*) durchzuführen. Etwa könnte man im Beispiel der Elaboration die Personen in der Experimentalgruppe fragen, ob sie sich auch an die Aufgabenstellung gehalten haben und beim Lernen Sätze gebildet haben. Zusätzlich sollte man dann auch die Versuchspersonen aus der Kontrollgruppe fragen, ob sie irgendwelche Strategien verwendet haben, um sich die Wortpaare besser zu merken, um auszuschließen, dass diese Versuchspersonen auch spontan eine Elaborationsstrategie beim Lernen eingesetzt haben. Bei diesem Vorgehen verlässt man sich natürlich darauf, dass die Versuchspersonen ehrlich antworten und auch eine Einsicht in ihre eigenen Lernstrategien haben. Alternativ kann es zur Absicherung der Konstruktvalidität auch manchmal sinnvoll sein, die Konstrukte noch einmal auf andere Art und Weise zu operationalisieren und zu überprüfen, ob verschiedene Operationalisierungen der gleichen Konstrukte zu vergleichbaren Ergebnissen führen. Dieses Vorgehen wird als *konzeptuelle Replikation* bezeichnet und dessen Nutzen wird durchaus kontrovers diskutiert (Pashler & Harris, 2012; Ulrich et al., 2016).

Die letzte Validitätsart ist die *externe Validität*, die die Frage danach betrifft, inwieweit es zulässig ist, von den in der Stichprobe beobachteten Zusammenhängen zwischen unabhängiger und abhängiger Variablen darauf zu schließen, dass ein solcher Zusammenhang auch in Alltagssituationen (in denen eine Vielzahl potentieller Störvariablen wirkt) noch Bestand hat. Die Tatsache, dass (kognitions-)psychologische Studien oft unter kontrollierten Laborbedingungen durchgeführt werden, um, wie oben ausgeführt, die interne Validität zu maximieren, wird in diesem Zusammenhang oft als problematisch angesehen. So wird die unabhängige Variable auf eine ganz bestimmte Art und Weise manipuliert, die abhängige Variable wird auf eine bestimmte Art und Weise gemessen und ist zudem oft reduziert auf ein einzelnes ganz bestimmtes Verhalten. Die abhängige Variable könnte etwa die RT auf einen bestimmten Reiz sein, die tatsächlich eine der zentralen abhängigen Variablen der Kognitionspsychologie ist und für die es auch gute und psychologisch plausible mathematische Modelle gibt (Ratcliff, 1978; Wagenmakers & Brown, 2007). Zudem sind die Umgebungsbedingungen gegenüber Alltagsituationen von Menschen in vielerlei Hinsicht reduziert (etwa eine konstant gute Beleuchtung, keine Störungen und Ablenkung in der Umgebung, etc.) und die Stichprobe besteht eventuell aus einer recht homogenen Gruppe von Personen (etwa ausschließlich aus Studierenden einer bestimmten Universität). All diese Maßnahmen scheinen sinnvoll, um Störvariablen zu kontrollieren, also die interne Validität zu fördern. Es stellt sich aber im Gegenzug die Frage, ob es überhaupt zulässig ist, von Beobachtungen, die unter solchen Umständen zustande kommen, auf andere Situationen zu generalisieren. Forschung, die im Bohr-Quadranten lokalisiert ist, ist darauf ausgelegt, aus wissenschaftlichen Theorien abgeleitete Hypothesen empirisch zu überprüfen. Unter diesen Umständen stellt sich die Frage nach der externen Validität nur eingeschränkt, da es formal-logisch ausreichend ist, die Hypothese anhand einer einzigen, der Hypothese widersprechenden Beobachtung (unabhängig von den Bedingungen unter denen diese entstanden ist) zu falsifizieren (Gadenne, 1976; Popper, 1959; Stroebe, Gadenne & Nijstad, 2018).[5]

Für die Angewandte Kognitionspsychologie, auf die wir im vorliegenden Buch fokussieren, ist jedoch die Frage nach der externen Validität, also inwieweit Befunde der Grundlagenforschung sich auf den Alltag generalisieren lassen, ein wichtiger Bewertungsaspekt. Da aber die Maximierung der internen Validität durch möglichst umfassende Kontrolle aller Störvariablen und die Maximierung der externen Validität durch möglichst alltagsnahe Untersuchungsbedingungen oft gegenläufig sind, bietet es sich häufig an, zunächst den Zusammenhang zwischen unabhängiger Variablen und abhängiger Variablen intern valide zu demonstrieren und dann in darauf aufbauenden (Feld-)Studien die externe Validität der Befunde zu überprüfen. Gerade von Studierenden wird in diesem Zusammenhang immer wieder die Frage gestellt, ob es überhaupt erwartbar sei, dass sich Befunde, die mit reinen Studierendenstichproben gewonnen wurden, auf den Rest der Bevölkerung übertragen lassen. Dieser Frage wollen wir uns im folgenden Abschnitt noch einmal gesondert widmen.

1.2.4 Die Frage nach der Repräsentativität der Stichprobe

Als empirische Wissenschaft muss sich gerade auch die Angewandte Kognitionspsychologie mit der Frage auseinandersetzen, welche Stichprobe geeignet ist, um auf Basis der mit ihr gewonnenen empirischen Befunde überhaupt eine valide Aussage für den Lebensalltag zu treffen. In den in diesem Buch berücksichtigten Untersu-

---

[5] Es sei an dieser Stelle darauf hingewiesen, dass Gadenne (1976) eine Rekonzeptualisierung der externen Validität vorgeschlagen hat, die von dem klassischen Verständnis abweicht. Er sieht Gefährdungen der externen Validität darin begründet, dass eine nicht berücksichtigte Störvariable mit der unabhängigen Variablen interagiert. Zum Beispiel könnte sich ein positiver Effekt von einer Motivationsmanipulation auf die Aufgabenleistung systematisch nur in westeuropäischen aber nicht in ostasiatischen Stichproben zeigen. Die Konsequenz wäre, dass der Befund von der westeuropäischen Population nicht auf die ostasiatische generalisierbar ist (also ein klassisches Problem der externen Validität). Dieses Befundmuster würde aber laut Gadenne auch bedeuten, dass eine Interaktion zwischen dem Kulturkreis und der unabhängigen Variablen vorliegt. Gadenne bezeichnet dies als eine Störvariable 2. Art. Nach dieser Konzeptualisierung wäre also die Frage nach der externen Validität und der internen Validität untrennbar miteinander verbunden.

chungen handelt es sich vorwiegend um Stichproben von Personen, die eingeladen wurden, an einer wissenschaftlichen Untersuchung teilzunehmen, weil sie bestimmte Merkmale aufweisen. Diese Merkmalsträgerinnen und Merkmalsträger haben wir bisher als Versuchspersonen bezeichnet und werden sie auch weiterhin in diesem Buch so bezeichnen. In der Regel wird es ein Anliegen der Forscherinnen und Forscher sein, auf Basis der Daten ihrer Stichprobe eine Aussage zu machen, die für die Population, also die Gesamtheit aller Trägerinnen und Träger des kritischen Merkmals, Gültigkeit hat. Die interessierende Population kann dabei, je nach Fragestellung, die Gesamtheit aller Menschen oder auch eine Teilmenge aller Menschen sein (z. B. alle Personen, die älter als 65 Jahre sind). Für die Stichprobe werden dann bestimmte Kennwerte berechnet (z. B. die mittlere Gedächtnisleistung der über 65-Jährigen; ▶ Kap. 2) und es wird davon ausgegangen, dass diese gute Schätzer für die eigentlich interessierenden Populationsparameter darstellen (im Beispiel die durchschnittliche Gedächtnisleistung der über 65-Jährigen). Damit dies sicher gewährleistet ist, müsste die Stichprobe als eine *einfache Zufallsstichprobe* gewonnen worden sein (vgl. z. B. Bellhouse, 1988; Kruskal & Mosteller, 1980). In anderen Worten: Die Versuchspersonen müssten zufällig aus der Grundgesamtheit aller existierenden Merkmalsträgerinnen und Merkmalsträger gezogen worden sein. Nur in diesem Fall kann man von einer repräsentativen Stichprobe sprechen. Eine global repräsentative Stichprobe lässt sich in der Forschungspraxis aber kaum gewinnen, da alleine schon räumliche Distanzen und Sprachbarrieren ein solches Vorgehen kaum umsetzbar machen.

Auch wenn globale Repräsentativität nicht zu erreichen ist, kann es ja nach wissenschaftlicher Fragestellung jedoch sinnvoll sein, sich Gedanken über die Repräsentativität oder besser Diversität der Stichprobe Gedanken zu machen (z. B. Dotson & Duarte, 2020; Falk et al., 2013). Dies gilt besonders auch vor dem Hintergrund, dass selbst heute noch etwa 89 % der Weltbevölkerung als Versuchspersonen in publizierten psychologischen Studien unterrepräsentiert sind, da die meisten publizierten Studien in den USA und Westeuropa mit dort anfallenden Stichproben durchgeführt werden (Thalmayer, Toscanelli & Arnett, 2021). Wie oben angesprochen wäre es für eine deduktive Hypothesenprüfung ausreichend, die Hypothese anhand einer beliebigen, also auch einer rein studentischen, anfallenden Stichprobe zu falsifizieren (Stroebe, Gadenne & Nijstad, 2018). Einzige Voraussetzung ist, dass die Theorie, aus der die Hypothese abgeleitet wurde, einen Gültigkeitsanspruch für die in der Stichprobe eingeschlossenen Versuchspersonen hat. Allerdings sollte immer im Hinterkopf behalten werden, dass in dieser Stichprobe Personen vertreten sein werden, die in vielerlei Hinsicht anders sind als der Rest der Weltbevölkerung (Henrich, Heine & Norenzayan, 2010a, 2010b). Auch wenn formal-logisch nicht unbedingt erforderlich, kann es daher trotzdem wünschenswert sein, auch bei hypothesentestenden Studien diverse Stichproben anzustreben, etwa um kulturelle Einflüsse auf die untersuchten Phänomene besser zu verstehen (Brady, Fryberg & Shoda, 2018). Allerdings kann gerade das Generalisieren über solche Faktoren der Diversität wiederum eine Gefahr für die interne Validität darstellen, wenn sie statistisch nicht berücksichtigt werden. Denn es ist nicht gesagt, dass ein Befund, der sich in der diversen Gesamtstichprobe zeigt, auch für alle in der

Gesamtstichprobe enthaltenen Teilstichproben gilt (Gadenne, 1976; Rothman, Gallacher & Hatch, 2013).

Bei manchen Fragestellungen ist zudem eine merkmalsspezifische Repräsentativität wünschenswert. Soll zum Beispiel eine Aussage über die mittlere Arbeitsgedächtniskapazität von über 65 Jahre alten Personen getroffen werden und ist bekannt, dass die Arbeitsgedächtnisleistung je nach Schulabschluss stark variiert, sollte man darauf achten, dass die Stichprobe, die man zur Abschätzung der mittleren Arbeitsgedächtnisleistung nutzt, in der Verteilung des kritischen Merkmals (Schulabschluss) der interessierenden Population (z. B. alle in Deutschland lebenden über 65-Jährigen) entspricht. Man spricht bei einem solchen Vorgehen von einer *stratifizierten Stichprobe* (Neyman, 1992). Anwendungsforschung erfordert häufig eine hinsichtlich der Zielpopulation der Anwenderinnen und Anwender, über die eine Aussage getroffen werden soll, möglichst repräsentative Stichprobe (z. B. die Menge aller deutschen Autofahrerinnen und Autofahrer). Ein gerade unter Studierenden häufig zu beobachtender Trugschluss ist hierbei, dass eine besonders große (eventuell im Rahmen einer Onlineuntersuchung erhobenen) Stichprobe automatisch auch »repräsentativer« ist als eine kleine Stichprobe. Dies ist nicht notwendigerweise der Fall. Tatsächlich kann es sogar sein, dass die große Stichprobe weniger repräsentativ bezüglich der untersuchungsrelevanten Merkmale ist als eine kleine Stichprobe, die aber gezielt so gewählt wurde, dass die darin enthaltenen Versuchspersonen alle das entscheidende Merkmal tragen. Trotzdem ist, wie in Kapitel 1.3.1 ausgeführt, eine angemessene Stichprobengröße aus Gründen der statistischen Teststärke wünschenswert. In Fällen, in denen eine große Stichprobe von Trägerinnen und Trägern des relevanten Merkmals nur schwer zu erreichen ist (etwa bei der Untersuchung des Urteilsverhaltens von Strafrichterinnen und -richtern vor Gericht), ist die kleine Stichprobe dennoch häufig als aussagekräftiger zu bewerten als eine große Stichprobe, die nur aus Studierenden besteht.

Bei der anwendungsorientierten Grundlagenforschung ist die Frage nach der Notwendigkeit der (merkmalsspezifischen) Repräsentativität der Stichprobe von Fall zu Fall, anhand der jeweiligen Forschungsfrage, zu entscheiden. Zur Beantwortung, ob ein kognitives Training generell wirksam ist, wäre zunächst einmal der Nachweis mit studentischen Versuchspersonen zielführend, dass die Trainingsgruppe sich im Vergleich zu einer Placebo-Gruppe überproportional verbessert hat. Zur Beantwortung der Frage, ob das kognitive Training älteren Personen hilft, ihre kognitive Leistung auf das Niveau von jüngeren Personen zu bekommen, wäre eine entsprechende altersstratifizierte Stichprobe notwendig. Einige Wissenschaftlerinnen und Wissenschaftler fordern deshalb, in wissenschaftlichen Artikeln generell die Zielpopulation, über die eine Aussage getroffen werden soll, explizit zu nennen (Simons, Shoda & Lindsay, 2017).

Nach dieser kurzen und keinesfalls umfassenden Zusammenstellung zu methodischen Vorüberlegungen zur Bewertung der Qualität von grundlagen- und anwendungsorientierter Forschung wollen wir uns nun endlich den inhaltlichen Themen der Angewandten Kognitionspsychologie widmen.

1.3 Überblick über die Inhalte des Buches

Die Kapitel 2–4 des vorliegenden Buches behandeln jeweils unterschiedliche thematische Gebiete und gehen dabei immer zunächst auf relevante grundlagenwissenschaftliche Befunde und Theorien des jeweiligen Themengebiets ein. Vor diesem Hintergrund werden dann im Anschluss anwendungsorientierte Arbeiten diskutiert. Als Themengebiete wurden klassische Themen der Kognitionspsychologie gewählt, wobei wir thematische Schwerpunkte herausgegriffen haben und diese entsprechend vertieft behandeln. Kapitel 2 widmet sich den Themen Lernen und Gedächtnis, Kapitel 3 den Themen Aufmerksamkeit und Handeln und Kapitel 4 behandelt schließlich die Themen Schlussfolgern, Urteilen und Entscheiden. Das abschließende Kapitel 5 bietet einen Ausblick auf Themen, die in näherer Zukunft eine größere Rolle innerhalb der Angewandten Kognitionspsychologie spielen könnten.

2 Lernen und Gedächtnis

Dieses Kapitel befasst sich mit den Themen Lernen und Gedächtnis. Lernen kann dabei als der Prozess verstanden werden, der zur Ausbildung von Gedächtnisinhalten führt. Insofern sind beide Themengebiete eng miteinander verwoben. Es werden hier zunächst relevante Gedächtnistheorien und -systeme eingeführt (▶ Kap. 2.1.1) und darauf aufbauend relevante kognitionspsychologische Zugänge zur Messung der Gedächtnisleistung (▶ Kap. 2.1.2). In Kapitel 2.2 werden diese Themen dann aus anwendungsorientierter Sichtweise wieder aufgegriffen.

2.1 Relevante Grundlagen

2.1.1 Gedächtnistheorien und -systeme

Wie ist es Menschen möglich, sich neue Informationen oder auch erlebte Ereignisse so einzuprägen, dass sie Tage, Wochen, Monate oder gar Jahre später noch erinnert werden können? Diese Frage ist aus einer anwendungsorientierten Sicht zentral, da die Erinnerungen an vergangene Ereignisse für uns selbst und für unser soziales Umfeld prägend sind. Ohne solche Erinnerungen könnten wir uns zum Beispiel nicht über den Kollegen aufregen, der uns gestern so genervt hat, oder mit unserer Freundin in Erinnerungen an den gemeinsamen Urlaub schwelgen. Darüber hinaus nutzen wir unser Gedächtnis auch, um Aufgaben zu bewältigen, etwa wenn wir uns auf eine Klausur vorbereiten. Selbst um uns einfach nur Termine zu merken, verlassen wir uns manchmal auf unser Gedächtnis. Entsprechend bemüht sich die Kognitionspsychologie bereits seit ihrer Entstehung in den 60er Jahren des 20. Jahrhunderts darum, menschliches Lernen und Erinnern besser verstehbar zu machen (Neisser, 1967).

Die Ursprünge der Lern- und Gedächtnispsychologie liegen sogar noch deutlich vor der sogenannten kognitiven Wende innerhalb der Psychologie, über die wir in Kapitel 1 schon gesprochen haben. Bereits zu Beginn des 20. Jahrhunderts wurden zahlreiche lernpsychologische Untersuchungen durchgeführt. Die Forschung zu dieser Zeit war jedoch noch stark von der behavioristischen Sichtweise geprägt. Nach dieser Sichtweise müssen sich wissenschaftliche Untersuchungen generell auf direkt beobachtbares Verhalten beschränken, da die diesem Verhalten zugrunde liegenden kognitiven Prozesse sich nach der Überzeugung der Vertreter und Vertreterinnen des Behaviorismus der direkten Beobachtung (und somit der wissenschaftlichen Beurteilung) entziehen (Watson, 1913). Entsprechend beschäftigte sich die behavioristisch geprägte Lernpsychologie überwiegend damit, wie erlernt wird, auf einen bestimmten dargebotenen Reiz mit einer bestimmten motorischen Handlung zu reagieren (also z. B. an einer roten Ampel die Bremse zu betätigen). Diese Art des Reiz-Reaktions-Lernens lässt sich sehr gut an Tieren untersuchen und entsprechend wurde der Großteil der behavioristischen Lernforschung auch an Tieren durchgeführt. Der wohl bekannteste Versuchsaufbau in diesem Zusammenhang ist die so genannte Skinner-Box (Skinner, 1999), ein Rattenkäfig, in welchem Reize systematisch dargeboten und Reaktionen systematisch beobachtet werden können. Zum Beispiel kann einer Ratte in diesem Käfig beigebracht werden, einen Hebel zu drücken, um dafür eine Futterpille zu bekommen. Mit der kognitiven Wende trat das Tiermodell jedoch in den Hintergrund. Stattdessen wurden Studien mit menschlichen Versuchspersonen durchgeführt, um die der menschlichen Lern- und Gedächtnisleistung zugrunde liegenden kognitiven Prozesse besser zu verstehen. Dazu werden oft experimentelle Methoden genutzt, deren Ursprünge bereits im 19. Jahrhundert liegen. Als wegweisend sind hier vor allem die Untersuchungen von Hermann Ebbinghaus (1885) zu nennen, der im Selbstversuch zunächst Listen sinnfreier Silben so lange auswendig lernte, bis er sie perfekt erinnern konnte. Dann testete er sein Gedächtnis für diese Silben in unterschiedlichen Abständen (etwa nach 24, 48, 72, ... Stunden). Aus den Ergebnissen dieser Untersuchungen leitete Ebbinghaus die sogenannte Vergessenskurve ab, die beschreibt, wie das Vergessen erlernter Information zunächst beschleunigt erfolgt, sich dann aber über die Zeit verlangsamt. Wie man in Abbildung 2.1 sieht, ist bereits nach 20 Minuten fast die Hälfte der gelernten Silben vergessen. Nach einem Tag sind es bereits 70 %. Von den nach einem Tag erinnerten gelernten Silben wird dann aber selbst etwa einen Monat später noch ein Großteil erinnert.

Bevor wir uns aber dem Vorgang des Vergessens bereits gelernter Informationen zuwenden, wollen wir uns zunächst einmal mit dem kognitiven System auseinandersetzen, das es uns überhaupt ermöglicht, Informationen in Erinnerung zu behalten: das menschliche Gedächtnis. Atkinson und Shiffrin (1968) schlugen vor, drei verschiedene Gedächtnissubsysteme zu unterscheiden (vgl. auch Malmberg, Raaijmakers & Shiffrin, 2019). Wie auch aus Abbildung 2.2 ersichtlich wird, sind diese drei Subsysteme nicht unabhängig voneinander; vielmehr basiert die Abgrenzung der Subsysteme auf ihrer jeweiligen Funktion für das Erinnern von Informationen. Das *sensorische Register* ist hier als eine Art vorgeschalteter Speicher konzipiert, der Informationen für Bruchteile von Sekunden (ca. 200–400 ms) für die sofortige Verarbeitung bereitstellt. Daher wird es oft auch als Ultrakurzzeitgedächtnis bezeichnet. Im sensorischen Register kann eine große Menge an Informationen aufrechterhalten werden, aber eben nur für sehr kurze Zeit (siehe auch Sperling, 1960, für einen empirischen Nachweis des sensorischen Registers).

Das *Kurzzeitgedächtnis* hingegen ermöglicht es, eine begrenzte Menge an Informationen über einen Zeitraum von einigen Minuten aufrechtzuerhalten. Die Kapazität des Kurzzeitgedächtnisses wird hierbei als begrenzt angesehen und zwar häufig, im Einklang mit der entsprechenden empirischen Forschung, auf etwa 7 (+/-2) Informationen (Miller, 1956). Atkinson und Shiffrin (1968) lieferten auch

2 Lernen und Gedächtnis

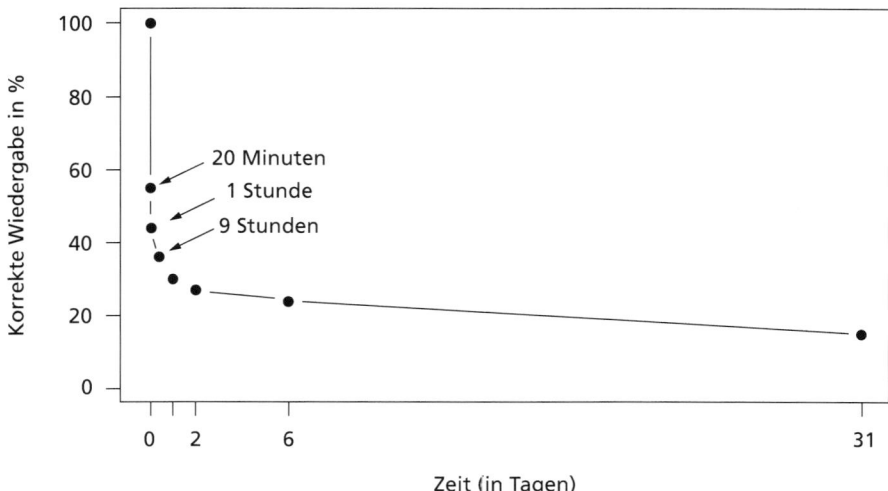

Abb. 2.1: Eine Illustration der Vergessenskurve wie sie von Ebbinghaus (1885) beschrieben wurde. Ein großer Anteil des zunächst perfekt gelernten sinnfreien Materials (bei Ebbinghaus bestand dies aus Vokal-Konsonant-Vokal-Folgen) wird bereits nach einem Tag wieder vergessen. Der Anteil, der im weiteren Zeitverlauf dann noch erinnert werden kann, ist jedoch beständiger.

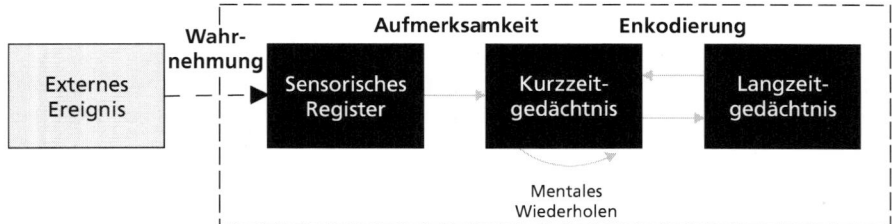

Abb. 2.2: Die Gedächtnissubsysteme und ihre angenommenen Interaktionen nach der Konzeption von Atkinson und Shiffrin (1968). Jedes externe Ereignis, das wahrgenommen wird, wird für einige wenige Millisekunden im sensorischen Register repräsentiert. Wird jedoch keine Aufmerksamkeit auf die im sensorischen Register bereitgestellte Information gerichtet, zerfällt diese schnell wieder. Die Information, auf die Aufmerksamkeit gerichtet wurde, gelangt ins Kurzzeitgedächtnis, wo sie durch mentales Wiederholen aufrechterhalten, aber auch weiter bearbeitet oder modifiziert werden kann. Information aus dem kapazitätsbeschränkten Kurzzeitgedächtnis kann (willentlich oder auch unwillentlich) in das Langzeitgedächtnis überführt werden. Dort steht sie dann zeitüberdauernd zur Verfügung und kann, sofern die Bedingungen stimmen, wieder abgerufen werden.

direkt eine kognitive Erklärung für diese Begrenztheit des Kurzzeitgedächtnisses: Es kann nur eine begrenzte Menge an Informationen gleichzeitig mental aufrechterhalten werden, in der Regel durch ein kontinuierliches inneres Vorsprechen der Information (mentales Wiederholen; engl. *Rehearsal*). Kommen neue Informationen hinzu, geht entweder alte Information aus dem Kurzzeitgedächtnis verloren oder die neue Information gelangt erst gar nicht in das Kurzzeitgedächtnis. Allerdings ist es möglich, die gerade im Kurzzeitgedächtnis vorhandene Information auch weiter zu bearbeiten, also etwa mit anderen Informationen zu kombinieren oder anderweitig zu modifizieren. Daher wird das Kurzzeitgedächtnis häufig auch als *Arbeitsgedächtnis* bezeichnet (Hitch & Baddeley, 1976). Beide Begriffe werden heute in der Regel synonym verwendet, der Begriff Arbeitsgedächtnis ist jedoch der gebräuchlichere. Werden Informationen im Arbeitsgedächtnis zu größeren Einheiten von mehreren Einzelinformationen zusammengefasst, kann die Kurzzeitgedächtniskapazität dadurch weiter erhöht werden. Statt nur 7 Einzelinformationen können dann etwa 4 (+/-1) zusammengesetzte Informationseinheiten im Gedächtnis behalten werden (Cowan, 2010).

Das dritte Gedächtnissubsystem nach Atkinson und Shiffrin (1968) ist das *Langzeitgedächtnis*. Informationen aus dem Kurzzeit- beziehungsweise Arbeitsgedächtnis gelangen in das Langzeitgedächtnis, nachdem sie entweder (a) lange genug im Arbeitsgedächtnis aufrechterhalten wurden und/oder nachdem sie (b) im Arbeitsgedächtnis in ausreichendem Maße bearbeitet wurden. Verschiedene Theorien machen unterschiedliche Annahmen darüber, wie lange oder in welcher Qualität die Arbeitsgedächtnisinhalte bearbeitet werden müssen, um in das Langzeitgedächtnis überzugehen. Ein vollständiger Überblick über die verschiedenen theoretischen Vorstellungen ist im Rahmen dieses Buches nicht zu leisten. Ist die Information jedoch erst einmal in das Langzeitgedächtnis gelangt, steht sie dort teilweise über Jahre oder gar Jahrzehnte für uns bereit, ohne dass wir sie regelmäßig mental wiederholen müssen. Das gilt für diejenigen Informationen, die wir uns irgendwann einmal ganz bewusst und willentlich eingeprägt haben, um sie dann hoffentlich längere Zeit als Wissen verfügbar zu haben, wie etwa das im Erdkundeunterricht erworbene Wissen, wie die Hauptstadt von Spanien heißt. Im Langzeitgedächtnis werden jedoch auch Informationen gespeichert, die wir nicht bewusst gelernt und uns eher beiläufig gemerkt haben, wie etwa die Erinnerung an unseren 18. Geburtstag oder an die Namen der Nachbarskinder, mit denen wir aufgewachsen sind. Der Psychologe Endel Tulving unterscheidet daher zwischen zwei unterschiedlichen Langzeitgedächtnissystemen (Tulving, 1972): Im *episodischen Gedächtnis* werden Erinnerungen an (Lern-)Ereignisse zusammen mit kontextuellen Erinnerungen an die genauen Umstände während des Lernens abgelegt (etwa die Erinnerung an den Tag des eigenen 18. Geburtstags). Inhalte des *semantischen Gedächtnisses* zeichnen sich dadurch aus, dass sie uns als Faktenwissen zur Verfügung stehen, ohne dass wir uns daran erinnern können, wo, wann und von wem wir dieses Wissen erworben haben (etwa das Wissen, wie die Hauptstadt von Honduras heißt). Die Kapazität beider Langzeitgedächtnissysteme wird prinzipiell als unbegrenzt angesehen. Trotzdem werden auch Langzeitgedächtnisinhalte über die Zeit hinweg schlechter abrufbar beziehungsweise auch komplett wieder vergessen.

In Kapitel 2.2 werden wir sehen, dass gerade das episodische Langzeitgedächtnis aus einer angewandten Perspektive von großem Interesse ist. Dies ist nicht nur der Fall, wenn es um die Frage nach effizienten Lerntechniken und Störungen der Gedächtnisleistung etwa im höheren Alter geht, sondern auch bei Fragen nach der Glaubhaftigkeit von Zeugenaussagen bei der Polizei oder vor Gericht. Schließlich haben unsere persönlichen autobiographischen Erinnerungen auch einen entscheidenden Einfluss auf unsere Identitätsentwicklung und unser Selbstverständnis.

2.1.2 Messung von Gedächtnisleistung

Im vorangegangenen Abschnitt wurde bereits die von Hermann Ebbinghaus (1885) angewandte Vorgehensweise zur Untersuchung des Vergessens aus dem Langzeitgedächtnis kurz dargestellt. Anhand dieser Vorgehensweise lassen sich sehr gut die drei Phasen eines Langzeitgedächtnistests erläutern: Enkodierung, Retention und Abruf (▶ Abb. 2.3).

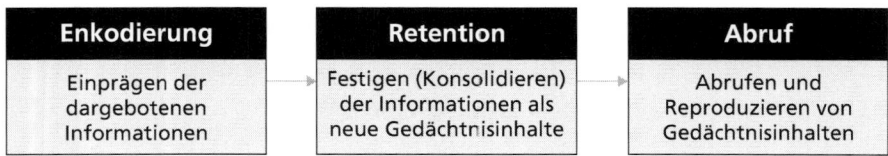

Abb. 2.3: Die drei aufeinander folgenden Phasen typischer Gedächtnisaufgaben.

In der sogenannten *Enkodierungsphase* wird zunächst eine größere Menge zu lernender Information (sogenannte Items; bei Ebbinghaus waren dies sinnfreie Silben, die aus drei Buchstaben bestanden) dargeboten, die die Versuchspersonen sich einprägen müssen. Die Items werden je nach Studie nur einmal oder auch mehrmals dargeboten. In den Untersuchungen von Ebbinghaus wurden die Items sogar so oft wiederholt dargeboten, bis alle Items unmittelbar nach dem Lernen zumindest einmal fehlerfrei reproduziert werden konnten. Dieses Vorgehen nennt man auch *Kriteriumslernen*, da die Items während der Enkodierungsphase so häufig präsentiert werden, bis ein Lernkriterium (hier 100%) erreicht wird. Für eine gewisse Zeitdauer, dem sogenannten *Retentionsintervall*, spielen die Items dann erst einmal keine Rolle mehr. Diese Phase wird auch als *Konsolidierungsphase* bezeichnet, da angenommen wird, die gelernten Items würden sich in dieser Phase im Langzeitgedächtnis mental als Gedächtnisinhalte verfestigen. In der sich anschließenden *Abrufphase* müssen dann so viele der zuvor gelernten Items aus dem Gedächtnis reproduziert werden wie möglich. Bei Ebbinghaus war das Lernkriterium wie gesagt 100%. Allerdings war auch Ebbinghaus explizit daran interessiert, in welcher Geschwindigkeit gelernte Information wieder vergessen wird. Dafür ist es natürlich sinnvoll, zunächst einmal sicherzustellen, dass die zu lernenden Inhalte auch tatsächlich im Gedächtnis abgelegt wurden. Im Alltag ist es jedoch selten der Fall, dass Informationen so häufig wiederholt werden, bis sie komplett gelernt wurden. Ebbinghaus testete zudem nur sich selbst und Unterschiede zwischen Personen spielten für seine Untersuchungen entsprechend keine Rolle. Möchte man jedoch die Erinnerungsleistung (und nicht die Vergessensanfälligkeit) verschiedener Personen miteinander vergleichen, dann erscheint es nicht sinnvoll, allen Personen die Möglichkeit einzuräumen, das zu lernende Material so oft zu wiederholen, bis sie es tatsächlich auch alle vollständig gelernt haben. Entsprechend werden die zu lernenden Items in vielen Gedächtnisstudien auch allen Versuchspersonen gleich häufig dargeboten und oft auch nur jeweils einmal. Nach einem Retentionsintervall von festgelegter Dauer wird dann getestet, welcher Prozentanteil der gelernten Information von den Versuchspersonen erinnert wird. Dies erlaubt es, die Erinnerungsfähigkeit zwischen den Versuchspersonen zu vergleichen. Es sei jedoch gesagt, dass bei diesem Vorgehen zumindest auf Basis der reinen Erinnerungsleistung in der Abrufphase nicht mehr klar unterschieden werden kann, ob nicht erinnerte Items tatsächlich vergessen oder gar nicht erst gelernt beziehungsweise enkodiert wurden. Auch die Art der von Ebbinghaus verwendeten Items wurden schon von anderen Gedächtnisforscherinnen und -forschern als nicht sonderlich alltagsnah kritisiert. Bartlett (1932) verwendete daher bereits früh sinnhaftes Lernmaterial, wie etwa Geschichten oder Gesichter, und zeigte damit, dass Vorwissen, Erwartungen oder auch der eigene kulturelle Hintergrund, Erinnerungen entscheidend beeinflussen können; eine Erkenntnis, auf die wir in Kapitel 2.2.4 zum Gedächtnis von Augenzeuginnen und Augenzeugen noch einmal zurückkommen werden. Ein Großteil des von Bartlett verwendeten Lernmaterials ist jedoch recht schwer zu standardisieren und experimentell zu manipulieren. Daher werden in vielen Gedächtnisstudien heute Wörter als Lernmaterial verwendet. Diese haben den Vorteil, dass sie in der Regel für die Versuchspersonen sinnhaft sind (zumindest solange sie bekannt sind) und dass sie sich trotzdem gut standardisieren lassen, da umfangreiche Wortnormierungsdatenbanken zur Verfügung stehen (z. B. http://www.dlexdb.de/), mit deren Hilfe sich potentiell für die Gedächtnisleistung relevante Worteigenschaften (etwa Wortlänge, Vertrautheit, Konkretheit oder Worthäufigkeit) der in einer Gedächtnisaufgabe verwendeten Items a-priori festlegen lassen. Je nach Anwendungsfeld kann es sich jedoch auch anbieten, anderes Material zu verwenden, wie etwa Filme oder Fotos von Gesichtern, wenn es um die Untersuchung von Augenzeugengedächtnisleistung geht (Loftus, Miller & Burns, 1978). Neben dem Lernmaterial hat auch die Art des Abruftests einen entscheidenden Einfluss auf die Gedächtnisleistung. Bei einem *freien Abruftest* (engl. *free-recall test*) werden die Versuchspersonen aufgefordert, alle zuvor gelernten Items in beliebiger Reihenfolge zu erinnern. Beim sogenannten *seriellen Abruftest* (engl. *serial-recall test*) sollen die Versuchspersonen die Items in der Reihenfolge abrufen, in der sie in der Enkodierphase präsentiert worden waren. In einem *Abruftest nach Hinweis* (engl. *cued-recall test*) werden den Versuchspersonen Hinweisreize präsentiert (z. B. die ersten beiden Buchstaben der zuvor gelernten Wörter) und es sollen die dazugehörigen, zuvor gelernten Items dann aus dem Gedächtnis reproduziert werden. In einem *Rekognitionstest* (engl. *recognition test*) müssen die zuvor gelernten Items lediglich wiedererkannt werden. Dafür werden die zuvor gelernten Items in der Abrufphase durchmischt mit neuen Items präsentiert (die auch *Lures* oder *Köder* genannt werden). Für jedes einzelne Item muss entschieden werden, ob es sich um ein altes oder solch ein neues Item handelt. Die Menge oder der Anteil korrekt erinnerter Items in solchen Aufgaben kann dann als Maß für die Gedächtnisleistung herangezogen werden. Interessant ist aber auch, ob zum Beispiel beim freien Abruf oder beim Abruf nach Hinweisreiz auch Items (fälschlicherweise) erinnert werden, die in der Lernphase gar nicht präsentiert wurden. Solche sogenannten falschen Erinnerungen treten nicht sonderlich häufig, aber durchaus regelmäßig auf, und können auch experimentell evoziert werden (Deese, 1959; Roediger & McDermott, 1995). Im nach den Angangsbuchstaben seiner Entwicklerinnen und Entwickler benannten DRM-Paradigma, werden gehäuft Wörter als Lernmaterial präsentiert, die hoch miteinander assoziiert sind, weil sie aus demselben Themenbereich stammen (z. B. Begriffe rund ums Krankenhaus: Spritze, Krankenwagen, Patient, ...). Gleichzeitig wird ein wichtiger Begriff aus diesem Bereich jedoch nicht präsentiert (zum Beispiel das Wort Ärztin). Versuchspersonen geben in dieser Art von Gedächtnisaufgabe überzufällig häufig an, dass sie diesen nicht präsentierten Begriff gelernt hätten. Dieser Befund deutet darauf hin, dass unser Gedächtnis assoziativ und konstruktiv arbeitet, dass also nicht-erinnerte Informationen plausibel in Abhängigkeit des Lernkontextes ergänzt werden. Das Ausmaß falscher Erinnerungen sollte bei der Bewertung von Gedächtnisleistungen im freien Abruf und Abruf nach Hinweisreiz demzufolge stets Berücksichtigung finden (McEvoy, Nelson & Komatsu, 1999). Im Rekognitionstest treten falsche Erinnerungen in Form von als alt klassifizierten neuen Wörtern, sogenannten falschen Alarmen, häufiger auf. Bei der Beurteilung der Rekognitionsleistung sollten daher unbedingt nicht nur die korrekt erinnerten Wörter, sondern auch die falschen Alarme Berücksichtigung finden. Der Grund hierfür ist offensichtlich. Nehmen wir an, Person A neigt dazu, ein Item nur dann als »alt« zu klassifizieren, wenn sie sich auch wirklich sehr, sehr sicher ist, dieses Item zuvor gelernt zu haben. Diese Person A hat von vornherein eine geringere Wahrscheinlichkeit ein altes Item als »alt« zu klassifizieren als eine Person B, die sich schon bei einem leichten Gefühl, ein Item war eventuell in der Lernphase präsentiert worden, dazu entschließt, dieses Item als »alt« zu klassifizieren. Allerdings wird Person B, aufgrund ihrer generell höheren Tendenz, Items bei Unsicherheit als »alt« zu klassifizieren, auch mehr der tatsächlich neuen Items als »alt« klassifizieren als Person A. Um derartige Unterschiede in der Antworttendenz bei der Bewertung der Gedächtnisleistung im Rekognitionstest zu berücksichtigen, müssen also sowohl die korrekt als auch die inkorrekt als »alt« klassifizierten Items irgendwie miteinander verrechnet werden. Eine einfache Lösung hierfür ist es, von der Rate der korrekt als »alt« klassifizierten alten Items, die Rate der fälschlicherweise als »alt« klassifizierten neuen Items zu subtrahieren und so ein Maß für die Diskriminationsfähigkeit zwischen alten und neuen Items zu erhalten (Snodgrass & Corwin, 1988). Einen theoriegeleiteten Ansatz zur Verrechnung von korrekten Erinnerungen und falschen Alarmen liefert die *Signalentdeckungstheorie* (Swets, 1964). Die Idee hierbei ist, dass Menschen die »alt«-versus-»neu«-Entscheidung in einem Rekognitionstest auf Basis eines »internen Signals« treffen, das die Stärke der Erinnerung an ein zuvor gelerntes Item widerspiegelt. Genaugenommen ist dies die bei Darbietung eines Items subjektiv empfundene Stärke der für dieses Item während des Lernens angelegten Gedächtnisspur (Banks, 1970). Ein Item, das gut gelernt und nicht vergessen wurde, hat in der Regel eine starke Gedächtnisspur, vor allem aber eine stärkere Gedächtnisspur als Items, die nicht gut gelernt wurden. Für Items, die im Rekognitionstest zum ersten Mal dargeboten werden, sollten natürlich gar keine Gedächtnisspuren angelegt worden sein. Allerdings können auch diese neuen Items sich aus irgendwelchen Gründen manchmal fälschlicherweise so vertraut anfühlen, dass sie dann als »alt« klassifiziert werden. Geschieht dies, kommt es zu einem Falschalarm (siehe unten für eine Erklärung). Die Signalentdeckungstheorie liefert nun Formeln, mit denen zum einen die Diskriminationsleistung d' im Rekognitionstest berechnet werden kann. Zum anderen kann auch ein Maß für die Antworttendenz c berechnet werden, also ob eine Person eher leichtfertig oder nur sehr zögerlich eine »alt«-Antwort im Rekognitionstest gibt. Der signalentdeckungstheoretische Ansatz setzt einige theoretische Annahmen darüber voraus, wie das Rekognitionsgedächtnis funktioniert. Unter anderem wird davon ausgegangen, eine »alt«-versus-»neu«-Entscheidung basiere auf einer kontinuierlichen kognitiven Bewertung, nämlich der subjektiv empfundenen Stärke der internen Gedächtnisspur beim Anblick des Items. Diese Annahme ist nicht unumstritten und andere Forscherinnen und Forscher gehen davon aus, die Rekognitionsleistung könne auf zwei separierbaren Verarbeitungsprozessen basieren, nämlich einer bewussten Wiedererkennung oder einem vagen Gefühl der Vertrautheit (Kellen & Klauer, 2015; Kellen, Klauer & Singmann, 2012; Kellen et al., 2021; Wixted, 2007). Eine ausführliche Aufarbeitung dieser Debatte rund um die Signalentdeckungstheorie ist im Rahmen des vorliegenden Buches nicht möglich. Es sei aber darauf hingewiesen, dass der Nutzen der Signalentdeckungstheorie für die Bestimmung der Rekognitionsleistung tatsächlich unumstritten ist, da sich mit ihrer Hilfe tatsächliche Diskriminationsleistung und Antworttendenz nicht nur trennen, sondern auch quantifizieren lassen. Wie dies möglich ist, ist in Abbildung 2.4. illustriert. In (a) sind dort zunächst einmal die vier möglichen empirischen Ereignisse eines Rekognitionstests illustriert. Ein im Test dargebotenes Item kann entweder alt oder neu sein, also in der Lernphase entweder dargeboten oder nicht dargeboten worden sein. Jedes Item kann dann von der Versuchsperson als entweder »alt« oder »neu« klassifiziert werden. Wird ein altes Item als »alt« klassifiziert, spricht man von einem *Treffer*; wird ein altes Item als »neu« klassifiziert, spricht man von einem *Verpasser*. Wird ein neues Item als »alt« klassifiziert, spricht man von einem *Falschalarm*; wird ein neues Item als »neu« klassifiziert, von einer *Korrekten Zurückweisung*. Aus diesen vier möglichen empirischen Ereignissen lassen sich dann nach den in (a) beschriebenen Formeln die *Treffer-Rate* und die *Falschalarm-Rate* bestimmen. Diese werden nach den Formeln der Signalentdeckungstheorie in die Parameter d' (Diskriminationsleistung) und c (Antworttendenz) überführt (Stanislaw & Todorov, 1999; Wixted, 2007). Die dafür zu verwendenden Formeln hängen davon ab, welche Vorannahmen hinsichtlich der Verteilungen der Empfindungen gemacht werden, die die Darbietung der alten und neuen Items auslösen. In den Teilen (b), (c) und (d) von Abbildung 2.4 ist der (typische) Fall illustriert, in dem diese Empfindungen durch Normalverteilungen beschrieben werden, die zudem eine identische Standardabweichung aufweisen, sich also lediglich hinsichtlich ihres Mittelwerts auf dem Gedächtnisspurstärke-Kontinuum unterscheiden. Zusätzlich wird die plausible Annahme gemacht, dass die empfundene Gedächtnisspur, die tatsächlich gelernte (alte) Items auslösen, stärker ist als die, die nicht gelernte (neue) Items auslösen, aber dass sich die beiden Kurven überlappen. Schließlich wird angenommen, dass das Maximum der Verteilung der Empfindung, die neue Items auslösen, bei Null liegt, also die Empfindungen um einen Gedächtnisspurstärkewert von Null herum variieren. Die Diskriminationsleistung d' einer Versuchsperson lässt sich dann als Abstand der beiden Maxima konzipieren und entsprechend berechnen. Die Raten der Treffer und der Falschalarme sind dann zusätzlich durch die Antworttendenz c der jeweiligen Versuchsperson bestimmt. Verhalten sich die prozentualen Anteile der beiden Fehlerarten (Falschalarme, Verpasser) identisch, liegt ein neutrales Antwortkriterium vor. Dieses ist in Teil (b) dargestellt. Hier verläuft c durch den Schnittpunkt der beiden Normalverteilungen. In Teil (c) ist eine »laxere« Antworttendenz illustriert: Die Bereitschaft »alt« zu sagen, ist hier größer als in (b). Durch die Verschiebung von c bei gleichbleibendem d' erhöht sich die Treffer-Rate. Gleichzeitig erhöht sich aber, wie in der Abbildung zu sehen ist, auch die Rate der Falschalarme. Analog würde ein vom Schnittpunkt der Normalverteilungen nach rechts verschobenes c (bei gleichbleibendem d') für eine »konservativere« Antworttendenz sprechen. Eine bessere Diskriminationsleistung ist schließlich in Teil (d) illustriert. Ist eine Versuchsperson besser in der Lage, im Rekognitionstest zwischen gelernten und nicht-gelernten (also alten und neuen) Items zu unterscheiden, ist die gesamte Verteilung der Empfindungen, die die alten Items auslösen, im Rekognitionstest nach rechts verschoben. Dies spiegelt sich in einem größeren d' wider. In Teil (d) ist wiederum der Fall einer neutralen Antworttendenz eingezeichnet. Um c zwischen verschiedenen Personen und Situationen sinnvoll vergleichen zu können, wird c üblicherweise nicht in absoluten Zahlen, sondern als standardisierte Abweichung vom Schnittpunkt der beiden Verteilungen angegeben, der in diesem Fall als Nullpunkt von c angesehen wird. Die Überlegungen zur Signalentdeckungstheorie werden auch noch einmal praktisch relevant werden, wenn es in Kapitel 2.2.4 um die Beurteilung von Aussagen von Zeuginnen und Zeugen geht.

Auch ein typischer Kurzzeit- beziehungsweise Arbeitsgedächtnistest besteht aus Enkodier- und Abrufphasen. Die Abrufphase erfolgt jedoch unmittelbar nachdem die Enkodierung abgeschlossen ist oder mit einem nur sehr kurzen Retentionsintervall. Üblicherweise werden zur Messung des Arbeitsgedächtnisses mehrere Enkodier- und Abrufdurchgänge in schneller Folge nacheinander durchlaufen. Dabei werden typischerweise in jedem Durchgang 4–10 Items präsentiert. Als Items werden dabei gerne wiederum Wörter, aber häufig auch Zahlen, Buchstaben, farbige Quadrate oder anderes ähnlich gut differenzierbares Material verwendet. Die Abrufphase selbst kann auch bei Arbeitsgedächtnisaufgaben als ein Abruftest oder als ein Rekognitionstest konzipiert sein. Häufig wird ein serieller Abruftest verwendet, das heißt, die Items müssen in exakt der Reihenfolge wiedergegeben oder wiedererkannt werden, in der sie zuvor präsentiert wurden, um als korrekt gewertet zu werden. Selbst während der relativ kurzen Retentionsintervalle im Arbeitsgedächtnisbereich vergessen Menschen bereits einen Teil des zuvor gelernten Materials. Man geht davon aus, dass Vergessen im Arbeitsgedächtnis vor allem deshalb zustande kommt, weil Lernmaterialen miteinander interferieren. So zeigt sich regelmäßig, dass zuvor gelerntes Material das spätere Lernen von ähnlichem Material stört (sog. *proaktive Interferenz*) und auch, dass gerade zu lernendes Material die Erinnerung an bereits zuvor gelerntes ähnliches Material stört (sog. *retroaktive Interferenz*) (Underwood, 1957). Je ähnlicher das Lernmaterial, desto stärker die proaktive und retroaktive Interferenz. Welche Rolle tatsächlicher »Zerfall« von Informationen für das Vergessen aus dem Arbeitsgedächtnis spielt, ist eine aktuell immer noch heiß diskutierte Frage und Theorien zu den kognitiven Grundlagen der Arbeitsgedächtnisfunktion unterscheiden sich unter anderem besonders in diesem Aspekt (Barrouillet & Camos, 2012; Oberauer et al., 2012). Wegweisend ist in diesem

2.1 Relevante Grundlagen

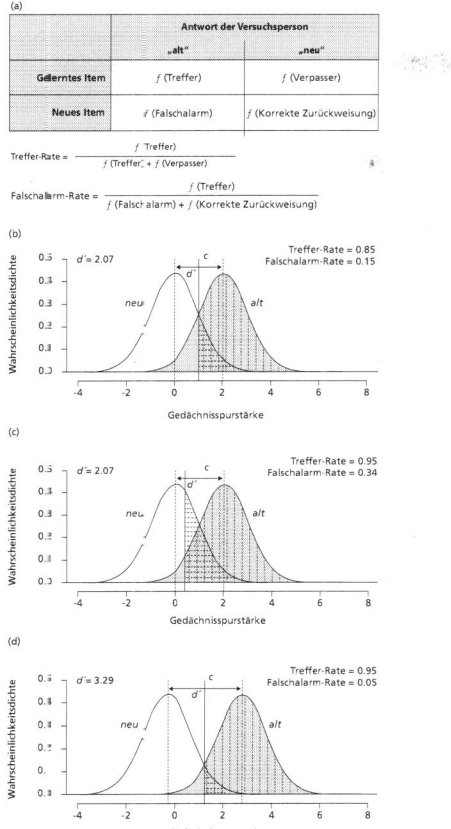

Abb. 2.4: Eine Illustration der Grundüberlegungen der Signalentdeckungstheorie. In einem Rekognitionstest gibt es vier mögliche empirische Ereignisse. Ein in der Lernphase dargebotenes Item kann entweder als »alt« oder als »neu« klassifiziert werden. Gleiches gilt auch für in der Lernphase nicht dargebotene Items. Aus diesen vier Ereignissen lassen sich dann die Treffer-Rate und die Falschalarm-Rate nach den in (a) dargestellten Formeln berechnen. Diese Werte werden benötigt, um die Parameter d' (Diskriminationsleistung) und c (Antworttendenz) der Signalentdeckungstheorie zu bestimmen. In (b), (c) und (d) ist der einfachste Fall illustriert, in welchem die Parameter unter Annahme normalverteilter Gedächtnisspurempfindungen mit identischer Standardabweichung beschrieben werden. Eine neutrale Antworttendenz ist in (b) dargestellt. Hier verläuft c durch den Schnittpunkt der beiden Funktionen. In (c) ist ein »laxes« Antwortkriterium dargestellt. Sowohl die Treffer-Rate (vertikal schraffierte Fläche) als auch die Falschalarm-Rate (horizontal schraffierte Fläche) sind in (c) im Vergleich zu (b) höher. Die tatsächliche Diskriminationsleistung d' ist jedoch unverändert. In (d) ist hingegen d' größer als in (b), allerdings ist die Antworttendenz wieder neutral. Wie in (d) ersichtlich, ist es nicht sinnvoll, die Antworttendenz hinsichtlich ihres absoluten Wertes auf dem Gedächtnisspurkontinuum zu bewerten, da die Signalentdeckungstheorie c und d' als weitgehend unabhängige Parameter konzipiert. Üblicherweise verwendet man daher für die Skalierung von c den Schnittpunkt der beiden Verteilungen als Nullpunkt und interpretiert c als die standardisierte Abweichung von diesem Punkt.

Zusammenhang die Zusammenstellung der Standardbefunde der Arbeitsgedächtnisforschung, die jede gute Arbeitsgedächtnistheorie erklären können sollte (Oberauer et al., 2018). Auch im freien Arbeitsgedächtnisabruftest kann es vorkommen, dass Items berichtet werden, die in der Lernphase gar nicht präsentiert wurden. Solche falschen Erinnerungen spielen aber hier eine deutlich geringere Rolle als bei der Langzeitgedächtnisleistung (Atkins & Reuter-Lorenz, 2008). Auch wenn die Anforderungen in einem Arbeitsgedächtnistest zunächst einmal weniger alltagsnah erscheinen mögen als die in einem Langzeitgedächtnistest, so spielt die Arbeitsgedächtniskapazität für zahlreiche alltägliche kognitive Anforderungen doch eine entscheidende Rolle, wie wir in den folgenden Abschnitten sehen werden.

2.2 Beispiele anwendungsorientierter Forschung

In den nun folgenden Abschnitten greifen wir die im Kapitel 2.1 dargestellten kognitionspsychologischen Befunde und Theorie zum Gedächtnis und zum Lernen auf und diskutieren sie in verschiedenen Kontexten mit Anwendungsrelevanz. Zunächst betrachten wir dabei das Gedächtnis in Lehr-Lern-Kontexten (▶ Kap. 2.2.1) bevor wir uns dem autobiographischen und dem prospektiven Gedächtnis zuwenden (▶ Kap. 2.2.2 und ▶ Kap. 2.2.3). Schließlich kommen wir zum Augenzeugengedächtnis (▶ Kap. 2.2.4) und zu Störungen des Gedächtnisses sowie den Möglichkeiten, das eigene Gedächtnis zu trainieren (▶ Kap. 2.2.5).

2.2.1 Gedächtnisleistung in Lehr-Lern-Kontexten

Zumindest in unserem Kulturkreis machen die meisten Menschen im Zuge ihrer schulischen Ausbildung in zahlreichen Situationen mehr oder weniger gute Erfahrungen mit ihren eigenen Langzeitgedächtnisfähigkeiten. In der Regel übersteigt die Menge des Lernstoffes, der für eine durchschnittliche Klassenarbeit im Gedächtnis bereitgehalten werden muss, die Kapazität dessen, was die meisten Menschen in ihrem Kurzzeitgedächtnis halten können. Entsprechend genügt es – zur großen Enttäuschung für Generationen von Schülerinnen, Schülern und Studierenden – nicht, sich am Morgen vor der Klassenarbeit oder Klausur die relevanten Informationen kurz anzulesen und dann im Kurzzeitgedächtnis aufrecht zu halten. Vielmehr ist es notwendig, sich die relevanten Lerninhalte so anzueignen, dass sie über ein Retentionsintervall von mindestens einigen Tagen zur Verfügung stehen, die Informationen also nicht nur ins Kurzzeit-, sondern auch in das Langzeitgedächtnis gelangen. Lernende gehen dabei jedoch sehr unterschiedlich vor. Zum Beispiel mag eine Person A in Vorbereitung auf eine Geschichtsarbeit mehrere Wochen lang intensiv mit selbst erstellten Karteikarten gelernt haben, während eine andere Person B für die gleiche Arbeit lediglich die relevanten Kapitel mehrmals konzentriert durchgelesen hat. Nun könnte man annehmen, dass Person A aus irgendwelchen

Gründen einfach mehr Interesse am Geschichtsunterricht hatte als Person B und sich deshalb intensiver vorbereitet hat. In der Tat zeigt Forschung aus dem Bereich der Pädagogischen Psychologie eindrücklich, dass – über die allgemeine Intelligenz hinaus – eine hohe Lernmotivation einer der wichtigsten Faktoren für den schulischen Erfolg ist (Steinmayr & Spinath, 2009). Einen Überblick über aktuelle Erkenntnisse dazu, welche Faktoren Unterschiede in der Lernmotivation maßgeblich bedingen, findet sich im Kapitel Lernmotivation im Lehrbuch *Empirische Bildungsforschung* (Hofer, Fries & Grund, 2022). Neben motivationalen Faktoren können aber auch unterschiedliche kognitive Herangehensweisen (etwa im Hinblick auf die verwendete Lernstrategie) das Lernergebnis mit beeinflussen.

Im folgenden Abschnitt wollen wir uns daher damit auseinandersetzen, welche kognitionspsychologischen Erkenntnisse dabei helfen können, Lernen im Alltag möglichst effizient zu gestalten. Wie bereits zu Beginn dieses Jahrtausends prognostiziert wurde, ist heute, nicht zuletzt aufgrund immer rasanter fortschreitender technischer Entwicklungen, in vielen Berufen ein lebenslanges Lernen erforderlich geworden (vgl. Commission of the European Communities, 2001). Gerade weil es aber mit zunehmendem Alter immer schwerer fällt, neue Inhalte zu erlernen (Salthouse, 2016), scheint es mehr denn je sinnvoll zu sein, sich Gedanken über kognitive Strategien zu machen, die das eigene Lernen optimieren können. Dabei werden wir die für diese Frage relevante kognitive Laborforschung sichten, aber im Sinne des Pasteur'schen Quadranten immer auch fragen, inwieweit die im Labor erzielten Erkenntnisse im Alltag Anwendung finden können (Dunlosky et al., 2013). Insbesondere wollen wir im Folgenden nicht nur die reine Effektivität der jeweiligen Lernstrategien bewerten, sondern auch deren Effizienz. In anderen Worten wird es uns nicht nur interessieren, inwieweit sich die Lernleistung prinzipiell durch die jeweilige Lernstrategie steigern lässt, sondern auch welcher zusätzliche zeitliche und kognitive Aufwand diese Lernstrategie mit sich bringt. Optimal wäre es natürlich, mit einem möglichst geringen kognitiven Aufwand eine möglichst große Steigerung der Gedächtnisleistung zu erzielen. An dieser Stelle sei jedoch bereits darauf hingewiesen, dass die meisten effektiven Lernstrategien mit einem gewissen kognitiven Aufwand verbunden sind, der über das bloße Lesen, wie es Person B im Einleitungsbeispiel praktizierte, hinausgeht. Generell werden Lernmaßnahmen, die durch eine Erhöhung des Lernaufwands zu einer besseren Gedächtnisleistung führen, in der angewandten Kognitionspsychologie auch als »wünschenswerte Erschwernisse des Lernens« bezeichnet (Bjork & Bjork, 2011; Bjork, 1994). Diejenigen dieser Erschwernisse, die sich bisher als am wirksamsten erwiesen haben, werden im Folgenden dargestellt.

Seit den Untersuchungen von Hermann Ebbinghaus (1885) wissen wir, dass ein Großteil perfekt gelernter Inhalte bereits nach einem Tag nicht mehr erinnert werden kann. Mit jedem erneuten Lernen lässt sich aber die Geschwindigkeit, mit der vergessen wird, substanziell verringern. Wir können also zunächst einmal festhalten, dass Lernwiederholungen für ein effektives Lernen hilfreich sind. Wiederholungen sind zudem effizienter, wenn die Lerndurchgänge über einen größeren Zeitraum *verteilt* werden, als wenn sie direkt hintereinander (massiert) durchgeführt werden. In der Kognitionspsychologie bezeichnet man dies als den *Spacing*- beziehungsweise *Intervalleffekt* (Greene, 1989). Dieser Effekt zeigt sich nicht nur sehr verlässlich in Laboruntersuchungen, sondern auch in Untersuchungen mit echtem Lernmaterial in realen Schulklassen (Petersen-Brown et al., 2019; Seabrook, Brown & Solity, 2005). Außerdem kann die Effizienz des Lernens dadurch gesteigert werden, dass ähnliche Inhalte nicht geblockt gelernt werden, sondern durchmischt mit anderen unähnlichen Inhalten. Dieser sogenannte *Interleaving-* beziehungsweise *Verschachtelungseffekt* erweist sich besonders dann als hilfreich, wenn allgemeine Regeln aus dem gelernten Material abgeleitet werden müssen. Kornell und Bjork (2008) zeigten Versuchspersonen jeweils sechs Bilder zwölf verschiedener Künstlerinnen und Künstler. Hinterher bekamen die Versuchspersonen neue Bilder gezeigt und sollten diese den zwölf Künstlerinnen und Künstlern zuordnen. Dazu waren diejenigen Versuchspersonen besser in der Lage, die in der vorherigen Lernphase die Bilder der verschiedenen Künstlerinnen und Künstler durchmischt und nicht geblockt dargeboten bekommen hatten. Auch der Verschachtelungseffekt ist verlässlich in Laborstudien zu beobachten (Brunmair & Richter, 2019) und wurde bereits mehrfach im realen schulischen Kontext repliziert (Rau, Aleven & Rummel, 2013; Rohrer et al., 2020; Rohrer, Dedrick & Stershic, 2015).

Aber nicht nur über die Darbietungsform lässt sich die Lernleistung erhöhen. Förderlich ist es auch, die Lernenden dazu aufzufordern, das zu lernende Material nicht nur passiv zu betrachten, sondern bereits während des Lernens mit dem Lernmaterial zu arbeiten. Besonders effektiv ist es hierbei, wenn neue Lerninhalte zu bereits bestehendem Wissen in Beziehung gesetzt werden. In der Kognitionspsychologie spricht man hierbei allgemein von *Elaborationseffekten* (Fisher & Craik, 1980; Klein & Kihlstrom, 1986). Eine solche Elaboration setzt natürlich ein gewisses Grundwissen zum fraglichen Thema voraus. Es gibt jedoch auch andere Formen des aktiven Lernens, die ebenfalls die Lerneffektivität substantiell steigern können, ohne dass ein umfassendes Vorwissen notwendig ist. So hat sich zumindest in Laborstudien verlässlich gezeigt, dass das bloße laute Vorlesen beziehungsweise Aussprechen des Lernmaterials die Lernleistung bereits signifikant verbessern kann. Dieser Befund wird als *Produktionseffekt* bezeichnet (MacLeod, 2011; MacLeod & Bodner, 2017). Ähnlich positiv wirkt es sich aus, wenn sich Lernende die Lerninhalte selbst graphisch veranschaulichen (Fernandes, Wammes & Meade, 2018). Dies setzt jedoch hinreichend konkretes Lernmaterial voraus, welches auch sinnvoll graphisch veranschaulicht werden kann. Die Laborbefunde zum Produktionseffekt sind sehr vielversprechend, eine Demonstration dieser Effekte in einer realen alltäglichen Lernsituation steht allerdings derzeit noch aus. Eine weitere wünschenswerte Erschwernis des Lernens kann erreicht werden, wenn die zu lernende Information nicht direkt verarbeitbar dargeboten wird, sondern beim Lernen zumindest teilweise selbst generiert werden muss. In Laboruntersuchungen lässt sich dieser *Generierungseffekt* relativ einfach dadurch demonstrieren: Die Gedächtnisleistung einer Gruppe von Versuchspersonen, die eine Liste von Wörtern (*Kaninchen – Schlüssel – Berg – …*) gelernt hatte, wird mit der Leistung einer anderen Gruppe verglichen, die die Wörter während des Lernens zunächst aus Wortfragmenten generieren mussten (*K_n_nch_n – Schl_ss_l – B_rg – …*). Tatsächlich zeigen Versuchspersonen in der letzteren Gruppe regelmäßig eine bessere Gedächtnisleistung als solche der ersten Gruppe (Jacoby, 1978; McDaniel, Waddill & Einstein, 1988; Slamecka & Graf, 1978). Der Generierungseffekt ließ sich bereits in alltagsnahen Untersuchungen an

Grundschülerinnen und Grundschülern zeigen, die eine Reihe geometrischer Formeln auswendig lernen mussten (Chen, Kalyuga & Sweller, 2015). Allerdings zeigte sich in dieser Untersuchung auch eine wichtige Einschränkung des Generierungseffekts. Dieser trat nämlich nur dann auf, wenn das zu lernende Material entweder recht einfach war oder die Schülerinnen und Schüler bereits eine gewisse Expertise im fraglichen Lernbereich hatten. Anders als Intervall- und Verschachtelungsvorteile scheint sich der Generierungsvorteil also eher bei einfachen (Auswendig-)Lernaufgaben und weniger bei Verständnisaufgaben zu zeigen. Weiter oben wurde darauf hingewiesen, dass in der Regel wiederholtes Lernen notwendig ist, um eine gute Lernleistung zu erzielen, was wir bereits seit den Untersuchungen von Ebbinghaus aus dem Jahre 1885 wissen. Mindestens genauso lange wurde aber auch vorgeschlagen, dass der Versuch, bereits Gelerntes aus dem Gedächtnis abzurufen, also das eigene Gedächtnis für das gelernte Material zu testen, oft einen größeren Effekt auf die spätere Erinnerungsleistung haben kann als ein weiterer Lerndurchgang. William James (1890, S. 686) hat diese intuitive Einsicht wie folgt beschrieben: »I mean that in learning (by heart, for example), when we almost know the piece, it pays better to wait and recollect by an effort from within, than to look at the book again.« Später folgten gut kontrollierte Laborstudien, die diese Intuition empirisch untermauerten. Hier zeigte sich immer wieder, dass ein Gedächtnisabrufversuch sich stärker positiv auf die Erinnerungsleistung von zuvor bereits gelerntem Material auswirkt als ein weiterer Lerndurchgang (Carrier & Pashler, 1992; siehe auch Adesope, Trevisan & Sundararajan, 2017; Dunlosky et al., 2013; Roediger & Karpicke, 2006). Dieser sogenannte *Testungseffekt* (engl. *testing effect*) zeigt sich sehr verlässlich im Labor, und zwar selbst dann, wenn dem Gedächtnisabrufversuch kein Feedback hinsichtlich der Korrektheit der Gedächtnisleistung folgt (Rowland, 2014). Der Testungseffekt lässt sich auch außerhalb des Labors, etwa beim schulischen Lernen nachweisen (Schwieren, Barenberg & Dutke, 2017).

Die (kognitiven) Ursachen für die Gedächtnisvorteile eines Abrufversuchs ohne Feedback gegenüber bloßem erneuten Lernen sind noch nicht komplett verstanden. Ein früher Erklärungsversuch legte nahe, dass durch den Abrufversuch eine zusätzliche Elaboration des Lernmaterials stattfindet (vgl. Elaborationseffekt), die sich dann mittelfristig positiv auf die Erinnerungsleistung auswirkt (Carpenter, 2009; Glover, 1989). Alternativ wurde vorgeschlagen, dass der Testungseffekt nicht durch eine tiefere Verarbeitung im Sinne einer Elaboration, sondern vielmehr als Epiphänomen eines *Transfer-Appropriate-Processing-Effekts* (Morris, Bransford & Franks, 1977) zustande kommt. Das heißt konkret, dass der erste Abrufversuch der tatsächlichen späteren Testung in ihren kognitiven Anforderungen ähnlicher ist als ein erneutes Lernen und alleine deshalb eine bessere Übung für die kritische Testung darstellt (McDaniel, Kowitz & Dunay, 1989). Aus einer Anwendungsperspektive sei weiter darauf hingewiesen, dass die durch die Testung erzielbaren Lernvorteile sich noch weiter steigern lassen, wenn nach der ersten Testung ein Feedback und somit auch eine Möglichkeit zum erneuten Lernen gegeben wird (Vojdanoska, Cranney & Newell, 2010).

Wir haben nun die bedeutsamsten der »wünschenswerten Erschwernisse« beim Lernen kennengelernt. Abschließend sei noch auf eine Frage eingegangen, die in Lehr-Lern-Kontexten immer wieder auftaucht: Ist es für die Leistung förderlich, das

Format des Tests (z. B. Multiple Choice, offene Antworten) bereits während des Lernens auf den Test zu kennen (Rivers & Dunlosky, 2021)? Vor dem Hintergrund des bereits angesprochenen Transfer-Appropriate-Processing-Effekts könnte man annehmen, dass das Wissen über das Format des zu erwartenden Tests es den Lernenden ermöglicht, ihre Lernstrategie optimal auf die Testanforderungen abzustimmen, etwa indem sie sich selbst nach dem Lernen im entsprechenden Format testen. In Laborstudien erzielten Versuchspersonen, die in Erwartung eines freien Abruftests gelernt hatten, bessere Leistungen sowohl im freien Abruf als auch im Rekognitionstest als solche, die in Erwartung eines Rekognitionstests gelernt hatten (Balota & Neely, 1980; Hall, Grossman & Elwood, 1976; Schmidt, 1983). Dieser *Testformaterwartungseffekt* zeigte sich in einigen Studien auch in ökologisch validen, überwiegend schulischen, Kontexten (Meyer, 1936), konnte aber auch nicht immer repliziert werden (Lundeberg & Fox, 1991). Insgesamt scheinen verschiedene Faktoren (wie etwa die empfundene Wichtigkeit des Lernerfolgs, aber auch die während der Enkodierung angewandten Lernstrategien) einen Einfluss darauf zu haben, ob ein Testformaterwartungseffekt auftritt oder nicht (Middlebrooks, Murayama & Castel, 2017). Wenn überhaupt, scheint es aber im Sinne einer Testformaterwartung für die spätere Testleistung vorteilhaft zu sein, wenn die Lernenden ein (i. d. R. als schwerer wahrgenommenes und daher eher unerwünschtes) offenes Antwortformat erwarten und dann während des Abrufs mit einem Multiple-Choice Format konfrontiert werden, bei dem sie sich stärker auf ihre Wiedererkennensleistung verlassen können. Darüber hinaus gibt es Hinweise darauf, dass – zumindest für einige Wissensbereiche – die Leistung in einem schriftlichen Abruftest durchschnittlich besser ist als in einem entsprechenden mündlichen Test (Fueller, Loescher & Indefrey, 2013; Grabowski, 2005; Janczyk, Aßmann & Grabowski, 2018).

Bisher haben wir Unterschiede auf Gruppenebene betrachtet. Es sind aber nicht alle Menschen gleich gut in der Lage, Gelerntes im Gedächtnis zu behalten. Personen mit einer besonders hohen Arbeitsgedächtniskapazität scheinen auch besonders gut darin zu sein, kognitive Kontrollprozesse (vgl. Diamond, 2013) einzusetzen, um die Aufmerksamkeit gezielt auf relevante Stimuli zu lenken und irrelevante Stimuli auszublenden (Kane & Engle, 2003). Personen mit einer höheren Arbeitsgedächtniskapazität schneiden wiederum in der Regel auch besser in Langzeitgedächtnistests ab (Unsworth, 2016). Dies liegt laut Unsworth einerseits daran, dass diese Personen bessere Strategien einsetzen, um Informationen im Kurzzeit- und im Langzeitgedächtnis abzuspeichern, aber andererseits auch daran, dass diese Personen effizientere Abrufstrategien einsetzen, von denen sowohl der Kurzzeit- als auch der Langzeitgedächtnisabruf profitieren können. Auf einer basaleren Ebene könnten es die kognitiven Kontrollprozesse sein, die sowohl der Kurzzeit- als auch der Langzeitgedächtnisleistung zugrunde liegen. In bildgebenden neuropsychologischen Studien zeigt sich, dass bestimmte Regionen des Präfrontalcortex, die gemeinhin mit kognitiven Kontrollprozessen assoziiert sind, beim Gedächtnisabruf sowohl aus dem Langzeitgedächtnis als auch dem Kurzzeitgedächtnis aktiv sind (Cabeza et al., 2002). Defizite in diesen Kontrollprozessen werden oft auch als Ursache für das altersassoziierte Nachlassen der Gedächtnisleistung angesehen (Lustig, Hasher & Zacks, 2007). Allerdings kann der so bedingten Verschlechterung der Gedächtnisleistung von älteren Versuchspersonen auch entgegengewirkt werden, etwa indem gerade älteren Personen mehr Zeit gegeben wird, die zu lernenden Informationen zu elaborieren (Bartsch, Loaiza & Oberauer, 2019). Einen aktuellen Überblick darüber, welche Strategien besonders geeignet sind, altersbedingten Gedächtnisproblemen entgegenzuwirken, findet sich zudem in einem Themenheft der Zeitschrift *Open Psychology* (Kuhlmann, 2019).

Im Zusammenhang mit interindividuellen Unterschieden in der Lernleistung werden auch immer wieder unterschiedliche Lerntypen diskutiert. Damit ist die Vorstellung gemeint, dass manche Menschen besonders gut durch bloßes Betrachten lernen (visueller Typ), andere durch Hören (auditiver Typ), andere durch tieferes Verstehen (kognitiver Typ) und wieder andere durch Anfassen und Erfühlen (haptischer Typ). Dafür, dass derartige vermeintliche Lerntypen in den Vorlieben beim Lernen tatsächlich einen Einfluss auf die Lernleistung haben, der über den Einfluss der generellen Lernmotivation hinaus geht, gibt es allerdings keine empirischen Belege (Pashler et al., 2008). Auch aus Studien die in realen, ökologisch validen Lehr-Lern-Situationen durchgeführt wurden, gibt es keine verlässliche empirische Evidenz dafür, dass die Passung der Lernsituation zum jeweiligen Lerntyp einen Einfluss auf die Lernleistung hat (Willingham, Hughes & Dobolyi, 2015). Aufgrund des aktuellen Forschungsstands ist also davon auszugehen, dass Lerntypen eher einen Mythos als real existierende individuelle Unterschiede in den Lernpräferenzen darstellen.

Nach heutigem Wissensstand gibt es tatsächlich keine mentalen Abkürzungen beim Lernen: Effektives Lernen erfordert den Einsatz kognitiv aufwändiger (Elaborations-)Strategien. Personen mit guten kognitiven Fähigkeiten gelingt gutes Lernen prinzipiell besser, aber durch den Einsatz effektiver Lernstrategien lassen sich fehlende kognitive Fähigkeiten durchaus ausgleichen. Es sei in diesem Zusammenhang darauf hingewiesen, dass wir bisher nicht auf die Rolle von Aufmerksamkeit während des Lernens eingegangen sind. Dies ist eine weitere Variable, die einen entscheidenden Einfluss auf die Lernleistung hat, die gerade in der heutigen Zeit, in der Personen in Lehr-Lern-Kontexten meist internetfähige Geräte zum (aber auch zur Ablenkung vom) Lernen nutzen, immer bedeutsamer wird. Auf diese Aspekte wird in Kapitel 3.2.3 unter dem Stichwort Multitasking noch genauer eingegangen.

2.2.2 Autobiographisches Gedächtnis

Natürlich nutzen wir auch im Alltag unser Gedächtnis, um einzelne Informationen abzuspeichern und später bei Bedarf wieder abzurufen, etwa wenn wir uns beim ersten Kennenlernen unserer neuen Nachbarinnen und Nachbarn deren Namen einprägen, um diese bei der nächsten Begegnung adäquat ansprechen zu können. Auch hierbei kann übrigens ein wenig Elaboration (etwa die mentale semantische Einbettung in einen Satz: *Inge und Klaus wohnen nun im Nachbarhaus*) bereits helfen, die Namen besser zu merken. Allerdings speichern wir im Alltag nicht nur Erinnerungen an einzelne und für uns wichtige Informationen im Gedächtnis ab, sondern auch umfassende Erinnerungen an erlebte Ereignisse. Diese Erinnerungen bezeichnet man als das *autobiographische Gedächtnis*. Das autobiographische Gedächtnis wird in den meisten aktuellen Gedächtnistheorien nicht als ein eigenständiges Gedächtnissystem konzipiert, sondern vielmehr als eine Funktion des Langzeitgedächtnisses angesehen. Allerdings unterscheiden sich autobiographische Erinnerungen von Erinnerungen an einzelne gelernte Informationen in entscheidender Art und Weise. Beim Abruf autobiographischer Erinnerungen aus dem Gedächtnis, erinnern wir in der Regel nicht nur die bloßen Fakten und die Umstände während des Enkodierens (also wer an dem Ereignis anwesend war, was genau passiert ist und wo und wann das Ereignis stattfand), sondern auch, was das Ereignis für uns persönlich bedeutete und wie wichtig es für uns persönlich war oder auch immer noch ist (Fivush et al., 2011). In anderen Worten: Wir erinnern nicht nur die äußeren Umstände der Ereignisse, sondern auch die damit verbundenen emotionalen Empfindungen. Bereits darin unterscheiden sich unsere autobiographischen Erinnerungen von den Erinnerungen an eine zuvor gelernte Wortliste, wie sie in Laborstudien verwendet wird. Verschiedene Forscher und Forscherinnen weisen außerdem darauf hin, dass Erinnerungen an autobiographische Ereignisse nicht nur einfach, etwa ihrer zeitlichen Abfolge entsprechend, eine nach der anderen im Gedächtnis abgelegt werden. Vielmehr werden diese einzelnen Ereignisse Teil einer übergeordneten Struktur, nämlich Teil des Wissens über einen selbst. Der Gedächtnisforscher Martin Conway schlug daher vor, dass autobiographische Episoden in der Regel in eine sich in der Kindheit und Jugend nach und nach entwickelnde selbstreferentielle Wissensstruktur eingegliedert werden und bezeichnete dies als das *selbstreferentielle Gedächtnissystem* (Conway & Pleydell-Pearce, 2000). Vom Prinzip her ist diese Vorstellung gar nicht so unähnlich zum allgemeinen Enkodierprinzip der Elaboration, bei dem neue Lerninhalte mit anderem, im semantischen Gedächtnis abgelegtem Wissen in Beziehung gesetzt werden. Mit jeder neuen autobiographischen Erinnerung verändert sich nach dieser Vorstellung die Wissensbasis über uns selbst. Trotzdem nehmen sich erwachsene Menschen hinsichtlich ihrer eigenen Identität als recht konsistent war. Dies liegt vermutlich daran, dass Inhalte (und dies gilt insbesondere für autobiographische Inhalte), die aus unserem Gedächtnis abgerufen werden, nicht nur reproduziert, sondern zumindest teilweise immer auch rekonstruiert werden (Schacter & Squire, 1996). Auch wenn sicher viele Details unserer autobiographischen Erinnerungen objektiv korrekt sind, ist doch davon auszugehen, dass diese bei jedem Abruf aus dem Gedächtnis im Sinne unserer Vorstellungen über uns selbst interpretativ gefärbt, also verändert werden (Habermas & Bluck, 2000; McAdams, 2001). Hierbei scheint es in der Regel so zu sein, dass Erinnerungen an autobiographische Ereignisse in einer selbstwertdienlichen Art und Weise interpretiert werden (Conway, 2005; D'Argembeau & Van der Linden, 2008; Demiray & Janssen, 2015). Mehrdeutige biographische Ereignisse werden also eher so interpretiert, dass man sich selbst in einem möglichst guten Licht sehen kann. Ein selektiver wiederholter Abruf von denjenigen biographischen Ereignissen, die für einen selbst von besonderer Bedeutung sind, scheint die Bildung einer kohärenten und üblicherweise selbstwertdienlichen Lebensgeschichte weiter zu unterstützen. Conway sprach in diesem Zusammenhang von persönlichen Lebenszielen, die die Struktur und den Inhalt des autobiographischen Gedächtnisses im Rahmen des selbstreferentiellen Gedächtnissystems maßgeblich mit beeinflussen (Conway, 2005; Conway, Justice & D'Argembeau, 2019). Zusätzlich sieht Conway die Lebensabschnitte als weitere Organisationsstruktur des autobiographischen Gedächtnisses: Wenn wir uns an biographische Ereignisse erinnern, erinnern wir uns in der Regel auch (ungefähr) daran, wann diese sich ereignet haben, und wir können unser autobiographisches Gedächtnis auch zeitbasiert durchsuchen. Eine systematische Suchrichtung von der Gegenwart hin zur weiteren Vergangenheit, scheint hierbei besonders effizient für das Erinnern zu sein, wie eine Studie von Whitten und Leonard (1981) zeigte. In dieser Studie wurden Studierende aufgefordert, sich an die Namen ihrer Lehrkräfte aus dem Gymnasium und der Grundschule zu erinnern. Es wurden insgesamt mehr Namen erinnert, wenn die Versuchspersonen aufgefordert worden waren, mit den Lehrerinnen und Lehrern der Oberstufe anzufangen, als wenn sie aufgefordert worden waren bei den Lehrerinnen und Lehrern der ersten Klasse anzufangen. Beide Organisationsdimensionen sind natürlich nicht vollkommen unabhängig voneinander, denn manche Lebensziele ändern sich (teilweise) von Lebensabschnitt zu Lebensabschnitt, während andere Lebensziele recht überdauernd sind. Conway geht sogar davon aus, dass persönliche Ziele bereits die Enkodierung und nicht nur den Abruf autobiographischer Erinnerungen beeinflussen. Ereignisse, die zum Zeitpunkt ihres Geschehens mit den eigenen Zielen in Einklang stehen, werden entsprechend elaborativ enkodiert, nämlich während der Enkodierung zu den eigenen Zielen in Beziehung gesetzt und häufiger im Laufe des eigenen Lebens abgerufen, wodurch sie also mehr Abrufübung erfahren. Dies könnte erklären, warum sich autobiographische Erinnerungen für die meisten Menschen kohärent, selbstwertdienlich und konsistent mit der eigenen Identität anfühlen (Wilson & Ross, 2003). Interessant ist jedoch, dass mit zunehmendem zeitlichem Abstand zu einem Erlebnis vermehrt auch solche Erlebnisse erinnert werden, bei denen eine Person ihr eigenes Handeln nicht als moralisch einwandfrei bewertet. Dieser Effekt tritt vor allem dann auf, wenn die Person das Gefühl hat, sie habe sich seither stark verändert (Stanley et al., 2017). Auch diese Beobachtung ist sehr gut mit der Idee eines selbstreferentiellen Gedächtnissystems erklärbar.

Untersucht wird das autobiographische Gedächtnis oft mit der sogenannten *Reizwort-Methode* (Crovitz & Schiffman, 1974; Galton, 1879). In solchen Studien werden Versuchspersonen Reizwörter präsentiert (z.B. Einkaufswagen, Schwimmbad, Bäcker, Garten, Wut) und sie müssen diejenige autobiographische Erinnerung beschreiben, die ihnen bei jedem Wort als erstes in den Sinn kommt. Dabei zeigt sich zunächst, wenig überraschend, ein *Rezenzeffekt*, also eine gehäufte Erinnerung an Ereignisse aus den letzten fünf Jahren (Janssen, Rubin & St. Jacques, 2011; Koppel & Berntsen, 2015; Rubin & Schulkind, 1997a). Interessanter ist jedoch, dass sich – auch vom Rezenzeffekt einmal abgesehen – die Erinnerungen nicht gleichmäßig über die Lebensabschnitte verteilen. Erwachsene ab dem 40. Lebensjahr zeigen in ihren autobiographischen Erinnerungen einen sogenannten *Reminiszenzhügel*, eine Häufung von Erinnerungen aus der Zeit zwischen dem 10. und dem 30. Lebensjahr mit einem Hochpunkt um das 20. Lebensjahr (Janssen, Rubin & St. Jacques, 2011; Koppel & Berntsen, 2015; Rubin & Schulkind, 1997a). Auch wenn Versuchspersonen darum gebeten werden, einfach frei die wichtigsten autobiographischen Ereignisse ihres Lebens zu berichten, werden gehäuft Ereignisse aus der Zeit zwischen dem 10. und dem 30. Lebensjahr berichtet (Koppel & Berntsen, 2015; Rubin &

Schulkind, 1997b). Die mit dieser sogenannten *Methode der wichtigen Lebensereignisse* gewonnenen Befunde könnten auch eine Erklärung für das Phänomen des Reminiszenzhügels liefern. Vielleicht erinnert man sich besonders gut an die Ereignisse aus dem Zeitraum zwischen dem 10. und dem 30. Lebensjahr, weil diese für einen selbst beziehungsweise die eigene Identität besonders wichtig und prägend sind. Interessanterweise zeigt sich der Reminiszenzhügel aber auch in Erinnerungen für die Erinnerungsfähigkeit an öffentliche Ereignisse (Koppel, 2013), was darauf hindeutet, dass es nicht alleine die persönliche Wichtigkeit sein kann, die zu diesem Phänomen führt. Auch andere Erklärungsansätze, wie etwa die Tatsache, dass Menschen in diesem Zeitraum viele Dinge zum ersten Mal erleben (die erste Fahrstunde, der erste Kuss, die erste Flugreise) und deshalb später häufiger darüber reden (Pillemer, 2001), oder dass in diesen Zeitraum für die meisten Menschen besonders viele positive emotionale Erinnerungen fallen (Rubin & Berntsen, 2003), scheinen als Erklärung für das Auftreten des Reminiszenzhügels nicht ausreichend zu sein. Vielmehr scheint das Phänomen des Reminiszenzhügels dadurch zu entstehen, dass aus dem späteren Jugendalter und dem früheren Erwachsenenalter überproportional viele alltägliche Erinnerungen im autobiographischen Gedächtnis abgelegt sind, die sich gerade nicht durch eine besondere persönliche Wichtigkeit, Neuheit oder positive Emotionalität auszeichnen (Janssen & Murre, 2008). Eine systematische Sichtung der Literatur zeigt, dass der Reminiszenzhügel ein stabiles Phänomen ist, welches sich unabhängig von der verwendeten Erhebungsmethode (Reizwort, wichtige Lebensereignisse), dem Inhalt (Erinnerung an private oder öffentliche Ereignisse) und über verschiedene Kulturen hinweg zeigte, auch wenn all diese Faktoren natürlich durchaus systematische Einflüsse auf die Ergebnisse haben (Munawar, Kuhn & Haque, 2018). Die Ursachen dafür, dass Ereignisse und Erlebnisse aus dem Jugend- und frühen Erwachsenenalter besonders gut erinnert werden, gilt es allerdings noch besser zu erforschen.

Es gibt allerdings auch noch einen weiteren speziellen Altersbereich im Kontext des autobiographischen Gedächtnisses: Sowohl mit der Reizwort-Methode als auch mit der Methode der wichtigen Lebensereignisse wird kaum eine Erinnerung aus der Zeit vor dem 5. Lebensjahr generiert. Dieses Phänomen wird als *frühkindliche Amnesie* bezeichnet (Mullen, 1994; Usher & Neisser, 1993). Natürlich erscheint dies erst einmal wenig überraschend, da die Fähigkeit, sich Dinge über einen längeren Zeitraum zu merken, sich in diesem Alter erst entwickelt (Herbert & Hayne, 2000; Scarf et al., 2013). Allerdings sind Kinder ab dem 3. Lebensjahr durchaus in der Lage, Informationen auch über einen längeren Zeitraum im Gedächtnis zu halten. Es wird daher angenommen, das Phänomen der frühkindlichen Amnesie läge darin (mit-)begründet, dass Menschen vor dem 5. Lebensjahr noch kein umfängliches Selbstkonzept entwickelt haben, vor dessen Hintergrund Ereignisse und Erlebnisse bewertet und selbst-referentiell abgespeichert werden könnten (Howe & Courage, 1993). Zudem sind in diesem jungen Alter die sprachlichen Fähigkeiten noch so begrenzt, dass eine detailreiche narrative episodische Erinnerung an autobiographische Ereignisse vermutlich nicht gebildet werden kann (Nelson, 1993; Simcock & Hayne, 2002).

Zum Abschluss kommen wir noch zu einem weiteren Phänomen, das im Zusammenhang mit dem autobiographischen Gedächtnis als besonders bedeutsam erscheint: das ungewollte Auftreten autobiographischer Erinnerungen. Bisher haben wir die zwei bedeutendsten Methoden zur Untersuchung autobiographischer Erinnerungen kennengelernt: Die Reizwort-Methode und die Methode der wichtigen Lebensereignisse. Im Rahmen dieser beiden Methoden werden die Versuchspersonen explizit darum gebeten, sich an Ereignisse und Erlebnisse aus ihrer eigenen Vergangenheit zu erinnern. Fast alle Menschen berichten jedoch, dass ihnen im Alltag mehr oder weniger häufig autobiographische Erinnerungen in den Sinn kommen, ohne dass sie sich willentlich entschieden hatten, sich daran zu erinnern, beziehungsweise ohne, dass sie von Dritten aufgefordert worden waren, sich an etwas zu erinnern (Ball & Little, 2006; Berntsen, 2010). Bloße Umgebungsreize scheinen solche unwillentlichen Erinnerungen auszulösen, manchmal genügt dafür bereits eine sensorische Erfahrung, etwa ein vertrauter Geruch, ein vertrauter Geschmack oder ein vertrautes Geräusch. Man spricht hier vom sogenannten *Proust-Effekt*, da Proust (2000) eine solche, spontan durch den Geschmack eines in den Tee getunkten Kekses ausgelöste Kindheitserinnerung besonders eindrücklich beschrieb. Meist sind es jedoch abstraktere und mit der Erinnerung semantisch assoziierte Hinweisreize, die autobiographische Erinnerungen ungewollt auslösen (Mace, 2004). Die Psychologinnen Schlagman und Kvavilashvili (2008) entwickelten eine experimentelle Methode zur kontrollierten Untersuchung von ungewollten autobiographischen Erinnerungen im Labor. Ähnlich wie bei der Reizwort-Methode werden Versuchspersonen Satzfragmente (z. B. »verpasste Gelegenheit«) präsentiert. Allerdings sind diese als Ablenkungsreize in eine Vigilanzaufgabe eingebunden. Nach Beendigung dieser Aufgabe werden die Versuchspersonen dann aufgefordert anzugeben, ob die Reizworte bei ihnen unwillentlich autobiographische Erinnerungen ausgelöst haben. Die Forscherinnen konnten zeigen, dass die mit dieser Methode erfassten unwillentlichen autobiographischen Erinnerungen in Häufigkeit und Inhalt ähnlich zu den im Alltag berichteten sind. Wie wir in Kapitel 2.2.4 diskutieren werden, können ungewollte autobiographische Erinnerungen einen klinisch relevanten Leidensdruck verursachen, etwa im Rahmen einer posttraumatischen Belastungsstörung (PTBS) (Rubin, Boals & Berntsen, 2008). Sie könnten aber auch nützlich sein, wenn sie uns etwa davon abhalten, einen früher begangenen Fehler noch einmal zu wiederholen, oder wenn sie uns helfen, eine neue Situation adäquat einzuschätzen und zu bewerten (Rasmussen & Berntsen, 2009). Empirische Nachweise zu solchen Überlegungen zur Funktionalität autobiographischer Erinnerungen stehen allerdings noch weitgehend aus (Berntsen, 2021).

2.2.3 Prospektives Gedächtnis

Neben den bisher besprochenen Themen erfüllt unser Gedächtnis für uns im Alltag noch eine weitere wichtige Funktion. Es ermöglicht es uns, Pläne, die wir nicht sofort in die Tat umsetzen können, für uns selbst später »auf Wiedervorlage« zu setzen. Wenn uns zum Beispiel im Gespräch mit einer Kollegin beim Mittagessen über das nette Kaffeekränzchen am Wochenende einfällt, dass wir auf dem Weg nach Hause noch Hafermilch kaufen wollen, dann können wir diese Intention nicht unmittelbar umsetzen, aber wir können sie uns für später merken. Das Gedächtnis für Intentionen wird auch als *prospektives Gedächtnis* bezeichnet. Das Besondere an dieser Gedächtnisfunktion ist, dass zum Zeitpunkt, an welchem die Erinnerung relevant wird (in unserem Beispiel also auf dem Weg nach Hause), selbstinitiiert daran gedacht werden muss, die geplante Handlung (Hafermilch kaufen) auszuführen. Darin unterscheiden sich prospektive Gedächtnisaufgaben von anderen Gedächtnisaufgaben (Kvavilashvili & Ellis, 1996; Kvavilashvili & Rummel, 2020). Gelingt dies innerhalb eines kritischen Zeitfensters nicht (bevor man zuhause angekommen ist), dann liegt ein Versagen des prospektiven Gedächtnisses vor. Wer schon einmal eine E-Mail versehentlich ohne Anhang verschickt hat, hat die Erfahrung gemacht, wie leicht es zu einem Versagen des prospektiven Gedächtnisses kommen kann. Einstein und McDaniel (1990) haben ein Aufgabenset vorgeschlagen, um das prospektive Gedächtnis im Labor untersuchen zu können. Die Aufgabenstellung ist der einer Doppelaufgabe (▶ Kap. 3.1.3) nicht unähnlich. Die Versuchspersonen bekommen zunächst Instruktionen für eine später zu bearbeitende Hintergrundaufgabe. Oft wird hierfür eine lexikalische Entscheidungsaufgabe verwendet, bei der auf dem Bildschirm präsentierte Buchstabenfolgen als »Wort« oder »kein Wort« klassifiziert werden müssen. Die Versuchspersonen werden ferner instruiert, dass sie zusätzlich daran denken müssen, auf ein kritisches Ereignis hin eine besondere Taste auf der Tastatur zu drücken, zum Beispiel bei allen Tierbegriffen die Leertaste. Die Tierbegriffe werden dann in der eigentlichen Aufgabe jedoch nur sehr selten (in 5–10 % aller Durchgänge) präsentiert, so dass die zusätzliche Aufgabe, anders als bei klassischen Doppelaufgaben, nicht permanent aktiv im Arbeitsgedächtnis repräsentiert ist, sondern aus dem Langzeitgedächtnis – ganz ähnlich einer Intention im Alltag – abgerufen werden muss, wenn die Zeit der Ausführung gekommen ist. Da Intentionen im Alltag oft auch an einen bestimmten Zeitpunkt gebunden sind (Kvavilashvili & Rummel, 2020), werden immer wieder auch Varianten dieser Aufgabensets verwendet, bei denen die Intentionsaufgabe darin besteht, zu einem bestimmten Zeitpunkt (z. B. alle 5 Minuten) die zusätzliche Taste zu drücken (Hicks, Marsh & Cook, 2005). Auf Basis dieses Aufgabensets wurden verschiedene Theorien dazu entwickelt, welche kognitiven Prozesse zu einer erfolgreichen Intentionsumsetzung beitragen. Die aktuell vorherrschende Meinung ist, dass zum einen meist eine kontrollierte Aufmerksamkeitssteuerung notwendig ist, um den richtigen Zeitpunkt zur Intentionsausführung nicht zu verpassen. Zum anderen kann jedoch auch das kritische Ereignis selbst als eine Erinnerungshilfe dienen, wenn es entsprechend auffällig ist. So könnte das Schild des Supermarktes auf dem Nachhauseweg uns spontan daran erinnern, dass wir noch Hafermilch kaufen wollen, selbst wenn wir bis zu diesem Moment nicht mehr daran gedacht haben, dass dies unser Plan war. Eine Übersicht über die aktuellen Theorien und wie diese in der Lage sind, die Standardbefunde in den Laborstudien zu erklären, findet sich bei Rummel und Kvavilashvili (2023).

Die oben beschriebene Laboraufgabe mutet zunächst eventuell etwas alltagsfern an; schließlich sind die Intentionen in unserem Alltag doch deutlich vielschichtiger: Manche Intentionen müssen sehr selten ausgeführt werden (die Eheringe zur Hochzeit mitbringen), andere sehr häufig (die Pille zum Essen einnehmen). Manche Intentionen sind von großer persönlicher Bedeutung, andere erscheinen eher unwichtig. Manche Intentionen beziehen sich auf relativ komplexe Handlungen (mit befreundeten Personen eine Ikea-Küche aufbauen), andere auf relativ einfache Handlungen (später einen Arzttermin vereinbaren). Deshalb wurden auch verschiedene alltagsnähere Aufgaben zur Untersuchung prospektiver Gedächtnisleistung vorgeschlagen. Die bekannteste davon ist die sogenannte »virtuelle Woche«, bei der Versuchspersonen eine Art Brettspiel spielen und daran denken müssen auf bestimmten Ereignisfeldern und zu bestimmten Zeitpunkten bestimmte Intentionen auszuführen (Rendell & Craik, 2000). Noch alltagsnäher sind Aufgaben wie die »Dresdener Frühstücksaufgabe«, bei der Versuchspersonen ein Frühstück in einer bestimmten Abfolge in einer echten Küche zubereiten müssen (Altgassen, Koban & Kliegel, 2012; Hering et al., 2014). Es zeigt sich, dass viele der mit der Laboraufgabe erzielten Befunde sich auch mit den alltagsnäheren Aufgaben replizieren lassen. Allerdings unterscheiden sich auch die alltagsnahen Aufgaben in einem entscheidenden Aspekt von echten Alltagsintentionen: die Intention wird von den ausführenden Personen nicht selbst gefasst, sondern von den Forscherinnen und Forschern vorgegeben. In einer vor kurzem erschienenen Studie wurde dieser Punkt genauer beleuchtet (Rummel, Snijder & Kvavilashvili, 2022). Die Versuchspersonen wurden darin gebeten, jeweils fünf Intentionen pro Tag für die folgenden fünf Tage aufzulisten und diese bezüglich verschiedener Faktoren zu bewerten, die sich in früheren Laborstudien als besonders bedeutsam gezeigt hatten. Nach fünf Tagen wurden die Versuchspersonen dann gefragt, welche der Intentionen sie auch tatsächlich ausgeführt hatten. Die bedeutsamsten Faktoren waren die wahrgenommene Wichtigkeit der Intention, die Tatsache, ob eine Erinnerungshilfe (z. B. ein Kalendereintrag) genutzt wurde und der zeitliche Abstand zur Intentionsausführung. Zudem zeigte sich, dass Gewissenhaftigkeit und die mit einem Fragebogen erfasste selbstberichtete prospektive Gedächtnisleistung (Rummel, Danner & Kuhlmann, 2019) sowie die Neigung, über die Intentionen im Alltag nachzudenken, interindividuelle Unterschiede in der Intentionsausführungsleistung teilweise erklären konnten. Insgesamt blieb aber auch viel Varianz (ca. 70%) in der Intentionsausführungsleistung unaufgeklärt. Dies legt die Existenz weiterer, aber bisher unbekannter Einflussfaktoren nahe, die die prospektive Gedächtnisleistung beeinflussen. Ein weiterer viel beachteter Befund in diesem Zusammenhang ist das so genannte Altersparadoxon des prospektiven Gedächtnisses. Während junge Versuchspersonen (18–35 Jahre) in den klassischen Laboraufgaben bessere Leistungen erzielen als ältere Erwachsene ab 65 Jahre, schneiden sie in naturalistischen Aufgaben wie der virtuellen Woche oder der Dresdener Frühstücksaufgabe oft schlechter ab als die Älteren (Hering et al., 2014; Rendell & Craik, 2000). Dies könnte darauf hinweisen, dass die kognitiven Anforderungen im Alltag doch andere sind als die mit Laboraufgaben gemessenen Anforderungen (Haines et al., 2020; Schnitzspahn, Kvavilashvili & Altgassen, 2020), beziehungsweise, dass es im Alltag Möglichkeiten gibt, die kognitiven Anforderungen zu reduzieren, um eine gute Leistung zu erbringen, die von älteren Erwachsenen mehr genutzt werden (Aberle et al., 2010).

Auch im Bereich des prospektiven Gedächtnisses gibt es bestimmte Enkodierstrategien, die die Gedächtnisleistung verbessern können. Eine der am besten untersuchten Strategien in diesem Zusammenhang sind die sogenannten *Implementierungsintentionen* (Gollwitzer, 1999). Im Rahmen dieser Strategie wird ein konkreter absichtsvoller Handlungsplan in Form eines Wenn-Dann-Satzes gebildet, der genau spezifiziert, wann ein intendiertes Verhalten ausgeführt werden soll, um ein bestimmtes Ziel zu erreichen (wie etwa der Plan *Immer wenn ich das Wort Katze sehe, dann drücke ich die Leertaste*). Personen, die einen solchen absichtsvollen Plan gebildet hatten, erzielen bessere Leistungen in der typischen Laboraufgabe als Personen, die einen solchen Handlungsplan nicht gebildet haben (McDaniel & Scullin, 2010). Auch im Alltag scheinen entsprechende Implementierungsintentionen eine erhöhte Wahrscheinlichkeit der Umsetzung zu bewirken. So zeigte sich in einer entsprechenden Metaanalyse, dass konkrete Handlungspläne, die spezifizieren, in welcher Situation man ein übergeordnetes Ziel erreichen möchte (zum Beispiel das Ziel *Ich möchte mich gesünder ernähren* herunterbricht auf: *Immer wenn ich einen Nachtisch essen möchte, dann greife ich zum Obst*), zu einer stärkeren Veränderung des Essverhaltens führen als der bloße generelle Vorsatz gesünder zu essen (Adriaanse et al., 2011).

2.2.4 Augenzeugengedächtnis

Ein Bereich des öffentlichen Lebens, in welchem persönliche Erinnerungen an vergangene Ereignisse nicht nur für uns selbst, sondern für die breitere Öffentlichkeit von besonderem Interesse sind, sind Erinnerungen an juristisch relevante Ereignisse. Dies trifft umso mehr zu, wenn diese zum Beispiel in Form von Aussagen von Zeuginnen und Zeugen bei der Polizei oder vor Gericht eine Rolle spielen. Die Eigenschaft unseres Gedächtnisses, Erinnerungen nicht nur zu reproduzieren, sondern auch zu rekonstruieren, die wir im vorangegangenen Abschnitt als funktional, weil identitätsstiftend und selbstwerterhaltend kennengelernt haben, kann sich im Zusammenhang mit derartigen Aussagen von Zeugen oder Zeuginnen allerdings als problematisch erweisen. Dank der genetischen Forensik mittels DNA-Analyse, die 1984 vom britischen Genetiker Alec Jeffreys entdeckt und dann sehr schnell weltweit gerichtlich anerkannt wurde (in Deutschland erstmals im Jahr 1988), eröffnete sich die Möglichkeit, Fälle bereits verurteilter Straftäter und Straftäterinnen auf Basis der DNA-Analyse noch einmal neu zu untersuchen. Das sogenannte *Innocence Project* hat eine Reihe solcher Fälle in den USA dokumentiert und es zeigte sich, dass von den Personen, die nach der neuen DNA-basierten Beweislage höchstwahrscheinlich zuvor zu Unrecht verurteilt worden waren, schätzungsweise 70% unter anderem aufgrund einer fehlerhaften Aussage von Zeugen oder Zeuginnen verurteilt worden waren (Garrett, 2011; Innocence Project, 2023). Betrachtet man die tatsächlichen Freisprüche nach Verfahrenswiederaufnahme, so sieht man, dass bei 60% der früheren Verurteilungen eine falsche Aussage eines Zeugen oder einer Zeugin eine mitentscheidende Rolle gespielt hatte; in 28% der Fälle wurde der vermeintliche Straftäter oder die vermeintliche Straftäterin von einem Zeugen oder einer Zeugin fälschlicherweise in einer polizeilichen Gegenüberstellung oder im Gerichtssaal identifiziert (The National Registry of Exonerations, 2023). Auch in Deutschland kommt es mit Sicherheit zu Fehlurteilen, die von falschen Zeugenaussagen mitverursacht werden. Anders als in den USA existiert eine umfassende Dokumentation dieser Fälle in Deutschland momentan jedoch leider nicht. Allerdings widmet sich seit 2019 auch in Deutschland ein Projekt von Juristinnen und Juristen der Freien Universität Berlin und der Georg-August-Universität Göttingen der Aufarbeitung von Fehlverurteilungen in Deutschland und unterstützt Betroffene beim Erstreiten der Verfahrenswiederaufnahme (Projekt: Fehlurteil und Wiederaufnahme, 2023). Belastbare Zahlen zur Häufigkeit von Fehlurteilen in Deutschland aufgrund von fehlerhaften Zeugenaussagen liegen bisher jedoch nicht vor.

Aber warum kommt es überhaupt zu so falschen Aussagen? In einigen Fällen mag es vorkommen, dass Zeugen oder Zeuginnen bewusst lügen. In der überwiegenden Zahl der Fälle sagen sie jedoch nach bestem Wissen und Gewissen aus. Wie wir aber im Rahmen des vorangegangenen Abschnitts gelernt haben, legt unser Gedächtnis keine Videoaufnahme vergangener Ereignisse für uns an, sondern färbt die Erinnerungen selbstreferentiell ein. Dies ist aber nicht der einzige Grund dafür, dass unsere Erinnerungen fehlerbehaftet sind. Die wichtigsten Gründe hat Daniel L. Schacter in seinem Buch *Die sieben Todsünden des Gedächtnisses* zusammengestellt (Schacter, 2002, 2021) und auch in mehreren wissenschaftlichen Arbeiten veröffentlicht (Schacter, 1999, 2022a, 2022b). Er unterscheidet sieben kognitive Phänomene, die dazu führen können, dass wir uns nicht oder nicht korrekt an vergangene Ereignisse erinnern. Das erste Phänomen liegt auf der Hand: Es handelt sich um die Tatsache, dass wir Gedächtnisinhalte über die Zeit vergessen. Dieses Phänomen der Vergänglichkeit von Erinnerungen wurde bereits, wie oben erwähnt (▶ Kap. 2.1.1), im Jahre 1885 von Hermann Ebbinghaus systematisch untersucht und umfassend beschrieben. Aber auch die Tatsache, dass wir mit unseren Gedanken oft nicht ganz bei der Sache sind, kann dazu führen, dass in unseren Erinnerungen wichtige Details fehlen und Erlebtes nicht oder nicht vollständig enkodiert wird. In einer jüngeren Studie sollten Versuchspersonen eine Kriminalgeschichte lesen oder hören und im Anschluss Fragen zu dieser Geschichte beantworten. Für die Hälfte der Personen war die Kriminalgeschichte durch einen gemusterten Bildschirmhintergrund schlecht lesbar beziehungsweise durch Störgeräusche schlecht hörbar. Diese Ablenkung während des Lesens oder Hörens führte dazu, dass die Versuchspersonen sich schlechter an die Geschichte erinnern und die Fragen weniger präzise beantworten konnten (Steindorf et al., 2023). In dieser Studie wurden die Versuchspersonen auch während des Lesens von Zeit zu Zeit gefragt, wo sie gerade mit ihren Gedanken waren, also, ob sie sich mit dem Text befassten oder mit anderen Dingen. Unabhängig von der äußeren Ablenkungsmanipulation zeigte sich hier, dass Fragen zu den Textstellen, bei denen Versuchspersonen gedanklich woanders waren, schlechter beantwortet wurden. Offenbar sind es nicht nur äußere Störfaktoren, die uns ablenken können, sondern auch wir selbst, wenn wir unseren eigenen Gedanken nachhängen, während unsere Umwelt eigentlich unsere Aufmerksamkeit erfordern würde. Beide Formen der Ablenkung können zu einer unvollständigeren Erinnerung führen als wir sie hätten, wenn wir uns voll auf die Umwelt konzentriert hätten. Manchmal gelingt es aber auch einfach nicht, Erinnerungen abzurufen, obwohl die entsprechende Information zuvor enkodiert wurde. Schacter spricht hier von einer Blockierung des Abrufs. Die ersten drei Sünden des Gedächtnisses, *Vergänglichkeit, gedankliche Abwesenheit* und *Blockierung* führen zu unvollständigen Erinnerungen und können zum Beispiel Erinnerungslücken in Zeugenaussagen erklären. Die vier weiteren Sünden sind allerdings in diesem Zusammenhang noch einmal problematischer, denn sie führen dazu, dass Erinnerungen nicht nur unvollständig, sondern fehlerhaft werden. Die in diesem Zusammenhang diskutierten Phänomene bezeichnet Schacter als *fehlerhafte Zuschreibung, Suggestibilität, Verzerrungen* und *Persistenz*. Auf diese vier Phänomene werden wir im Folgenden genauer eingehen und dabei auch die Literatur zum Augenzeugengedächtnis aufarbeiten, die die Problematik dieser Phänomene aufzeigt. Mit fehlerhafter Zuschreibung ist gemeint, dass beim Versuch, ein vergangenes Erlebnis aus dem Gedächtnis zu rekonstruieren, bestimmte Details erinnert werden, die in dieser Form so nicht stattgefunden haben. Das bedeutet konkret, dass die sich erinnernde Person beim Prozess des Erinnerns eine Vorstellung von einem tatsächlichen Ereignis entwickelt, die hinsichtlich bestimmter Details nicht mit der Realität übereinstimmt. Trotzdem ist die Person unter Umständen sogar felsenfest davon überzeugt, die Ereignisse hätten genau so stattgefunden, wie sie sie erinnert. Eine der Ursachen für das häufige Auftreten solcher fehlerhaften Zuschreibungen ist die Tatsache, dass unser Gedächtnis anfällig für suggestive Informationen ist. In einer klassischen Studie von Loftus und Palmer (1974) zeigte sich, dass sich studentische Versuchspersonen durch Suggestivfragen in ihrer Erinnerungsleistung beeinflussen ließen. Die Versuchspersonen sahen einen Film, der einen Autounfall zeigte. Hinterher wurde eine Gruppe von Versuchspersonen gefragt, wie schnell das Auto fuhr, als es das andere Auto streifte. Eine andere Gruppe von Versuchspersonen wurde gefragt, wie schnell es fuhr, als es in das andere Auto »hineinkrachte«. Die Geschwindigkeit wurde in der zweiten Gruppe signifikant höher eingeschätzt als in der ersten Gruppe (65 km/h versus 52 km/h). In der Originalstudie von Loftus und Palmer (1974) gab es noch weitere semantische Abstufungen in der Formulierung, die dann zu entsprechenden Veränderungen in den Einschätzungen führten. Auch nachträgliche Fehlinformationen können fälschlicherweise einem Originalereignis zugeschrieben werden. Auch hierfür liefert eine klassische Studie von Loftus et al. (1978) Belege. Die Versuchspersonen in dieser Studie sahen eine Serie von Fotos, die zeigte, wie ein Auto an einem »Vorfahrt-Beachten«-Schild vorbeifuhr und dann in einen Unfall mit einem anderen Auto verwickelt wurde. Die Versuchspersonen mussten anschließend Fragen zu den Fotos beantworten und für eine Gruppe von Versuchspersonen wurden in diese Fragen Informationen eingebaut, die sich auf Ereignisse bezogen, die tatsächlich nicht Bestandteil des Geschehens gewesen waren (zum Beispiel: *Wie schnell fuhr das Auto, als es das Stoppschild überfuhr?*). Später sollten alle Versuchspersonen dann eine möglichst genaue Beschreibung der zuvor auf den Fotos dargestellten Ereignisse liefern. Diejenigen Versuchspersonen, die Falschinformationen erhalten hatten, zeigten hierbei mehr Schwierigkeiten, die tatsächlich zuvor dargebotenen Fotos zu unterscheiden von anderen Fotos, die die Fehlinformationen beinhalteten. Auch beim Beantworten von Multiple-Choice-Fragen wählten sie häufiger die Antwortoption aus, die die Falschinformation umfasste (Loftus, Miller & Burns, 1978). Jedoch sind es nicht nur Suggestiv- oder Falschinformationen, die zu falschen Erinnerungen führen. Manchmal sind auch unsere eigenen Erwartungen oder Überzeugungen die Ursache. Oft gehen die Erinnerungen an Details, die so gar nicht stattgefunden haben, nichtsdestoweniger mit einer sehr hohen subjektiven Überzeugung einher, die Erinnerungen wären korrekt (Jou & Flores, 2013). Entsprechend sind diese falschen Erinnerungen sehr persistent, das heißt, sie lassen sich nur sehr schwer korrigieren.

Vor dem Hintergrund der oben erwähnten Studien, die einen Vorteil schriftlicher gegenüber mündlichen Wissenstests für manche Formen von Langzeitgedächtnis nahelegen (Fueller, Loescher & Indefrey, 2013; Grabowski, 2005; Janczyk, Aßmann & Grabowski, 2018), ergibt sich die Frage, ob es auch bei Augenzeugenberichten einen Validitätsvorteil der schriftlichen Modalität gibt. Die Befundlage ist hier allerdings derzeit unklar. Während Sauerland und Sporer (2011) eher einen Vorteil der mündlichen Modalität berichteten, kommt eine spätere Studie zum entgegengesetzten Ergebnis (Sauerland et al., 2014). Es scheint, dass die Kontrolliertheit des verwendeten Lernmaterials (listenähnliches Material einerseits vs. bspw. Filme andererseits) die Ergebnisse entscheidend beeinflussen kann. Hier scheint weitere Forschung notwendig zu sein, um diese Ergebnisse genau zu verstehen.

Ein besonders wichtiger Anwendungsbereich im Kontext von Augenzeugenberichten ist die Aufgabe, vermeintliche Täter und Täterinnen aus der Datei von Straftäterinnen und Straftätern oder bei der polizeilichen Gegenüberstellung wiederzuerkennen. Auch dabei spielen die Todsünden des Gedächtnisses eine wichtige Rolle und aufgrund der hohen Brisanz dieser Aussagen, hat sich ein ganzer Literaturzweig der Gedächtnisleistung in dieser besonderen Art von Rekognitionstest gewidmet. Die wichtigsten Erkenntnisse aus diesem Bereich sind in einer Überblicksarbeit von Wixted und Wells (2017) gut verständlich zusammengefasst. Zunächst einmal sollten die Randbedingungen mitberücksichtigt werden. Wie lange war die kritische Begegnung (Stichwort: Enkodierzeit)? Wie lange ist die kritische Begegnung her (Stichwort: Retentionsintervall)? Wie waren die Lichtverhältnisse während der Begegnung? Wie gestresst war der Zeuge oder die Zeugin zum Zeitpunkt der Begegnung? Gab es Gegenstände wie Waffen, die während der Begegnung die Aufmerksamkeit der Zeugin oder des Zeugen in besonderem Maße auf sich zogen? Stammen Zeugen beziehungsweise Zeuginnen und Täterinnen beziehungsweise Täter aus demselben Kulturkreis (dies erleichtert die Gesichtswiedererkennung)? Dann sollte die Auswahl der unverdächtigen und verdächtigen Personen für einen solchen Gesichts-Rekognitionstest möglichst wie ein Experiment gestaltet werden:

- Es sollte immer nur eine verdächtige Person gemeinsam mit mindestens fünf Unverdächtigen möglichst nacheinander und nicht gleichzeitig präsentiert werden, um die Wahrscheinlichkeit, eine verdächtige Person durch Raten zu identifizieren, möglichst gering zu halten.
- Die unschuldigen Personen sollten der verdächtigen Person so ähnlich wie möglich sehen.
- Die Zeugen beziehungsweise Zeuginnen sollten explizit darauf hingewiesen werden, dass der Täter oder die Täterin eventuell gar nicht unter den zur Wahl stehenden Personen sein könnte.
- Es sollte nur ein Rekognitionstest mit potentiellen Verdächtigen durchgeführt werden, da Folgetests durch die Erinnerung an den ersten Test verzerrt werden können.

- Die Person, die den Rekognitionstest anleitet, sollte möglichst selbst nicht wissen, welche Person verdächtigt wird, um die Zeugin beziehungsweise den Zeugen nicht unbewusst zu beeinflussen.
- Die Zeugen beziehungsweise Zeuginnen sollten befragt werden, wie sicher sie sich hinsichtlich ihrer Wahl sind.

Der letzte Punkt mag zunächst einmal überraschen, da die Aussagekraft subjektiver Sicherheitsurteile in diesem Zusammenhang oft in Frage gestellt wird (Sauer, Palmer & Brewer, 2019). Erfüllt der Rekognitionstest jedoch die oben genannten Optimalkriterien, dann ist die Wahrscheinlichkeit, die tatsächlichen Täter und Täterinnen als solche zu identifizieren, regelmäßig höher als die Wahrscheinlichkeit, unschuldige Personen fälschlicherweise als Täter und Täterinnen zu identifizieren. Dies lässt sich mit Hilfe der Überlegungen zur Signalentdeckungstheorie, die wir Kapitel 2.1.2 kennengelernt haben, auch gut erklären. Das Gedächtnissignal für unverdächtige Personen sollte schwächer sein als das für die Täter und Täterinnen, und in dem Ausmaß, in dem das Sicherheitsurteil diese Signalstärke widerspiegelt, sollte somit auch die Identifikation der Täter oder Täterinnen mit einer besonders hohen subjektiven Sicherheit einher gehen (Wixted & Wells, 2017).

Gerade beim Wiedererkennen von Gesichtern gibt es auch wieder bedeutende interindividuelle Unterschiede. Personen mit einer sogenannten *Prosopagnosie* fällt es schwer, selbst sehr vertraute Gesichter wiederzuerkennen (Susilo & Duchaine, 2013). Auf der anderen Seite gibt es jedoch auch Personen, die extrem gut und schnell in der Lage sind, Gesichter wiederzuerkennen (Noyes, Phillips & O'Toole, 2017). Letztere werden als sogenannte *Super-Recognizer* bezeichnet und gezielt für den Polizeidienst gesucht, um etwa dabei zu helfen verdächtige Personen auf Videoaufnahmen zu identifizieren.

2.2.5 Gedächtnisstörungen und Gedächtnistraining

Bisher haben wir uns vor allem damit beschäftigt, welche externalen Faktoren auf die Gedächtnisleistung einen Einfluss haben können. Daneben gibt es aber auch, wie bereits weiter oben kurz angesprochen, in der Person selbst liegende Faktoren, die die Gedächtnisleistung ebenfalls beeinflussen, und Personen unterscheiden sich entsprechend in ihrer individuellen Kurz- aber auch Langzeitgedächtnisleistung. Manche dieser interindividuellen Unterschiede sind natürlicher Art, sie können unter Umständen aber auch die Folge psychischer, körperlicher oder neurologischer Erkrankungen sein. Teilweise werden die Gedächtnisstörungen von den Betroffenen selbst als solche wahrgenommen, teilweise jedoch auch nicht. Eine vollständige Würdigung der mit verschiedenen Erkrankungen verbundenen kognitiven Defizite und deren Ursachen würde den Rahmen des vorliegenden Buches sprengen. Es sei aber darauf hingewiesen, dass Metaanalysen nahelegen, dass sowohl Kurz- und Langzeitgedächtnis (McDermott & Ebmeier, 2009), als auch das prospektive Gedächtnis (McFarland & Vasterling, 2018), bei depressiven Personen beeinträchtigt sind und von den Betroffenen auch als beeinträchtigt empfunden werden (im Vergleich zu der Zeit vor Ausbruch der jeweiligen Krankheit). Auch Personen mit schizophrenen Erkrankungen zeigen, im Vergleich zu gesunden Kontrollpersonen, Defizite in Kurz- und Langzeitgedächtnistests (Kahn & Keefe, 2013) sowie in prospektiven Gedächtnistests (Henry et al., 2007). Allerdings scheinen den Betroffenen diese Defizite selbst nicht in gleichem Maße bewusst zu sein (Medalia & Lim, 2004; Ordemann, Opper & Davalos, 2014). Personen mit einer posttraumatischen Belastungsstörung berichten hingegen regelmäßig von Erfahrungen mit verschiedenen Arten von Gedächtnisproblemen. Zum einen werden traumabezogene Gedächtnisinhalte als unkontrollierbar und sich immer wieder aufdrängende Gedanken erlebt. Betroffene Personen neigen dazu, selbst dann immer wieder über die traumatischen Erlebnisse nachzudenken, wenn sich diese nicht aufdrängen (Ehlers et al., 2002). Zum anderen klagen die Betroffenen häufig über Gedächtnisprobleme und tatsächlich scheint die Kurz- und Langzeitgedächtnisleistung für nicht traumabezogene Inhalte bei den betroffenen Personen generell schlechter zu sein (Bremner et al., 1993; Gilbertson et al., 2001). Bei zahlreichen anderen psychischen Erkrankungen spielten Gedächtnisprobleme ebenfalls eine Rolle, stehen aber nicht immer in gleichem Maße im Mittelpunkt der Erkrankung.

Im Zusammenhang mit verschiedenen körperlichen oder psychischen Erkrankungen kann es zu einer sogenannten *Amnesie* kommen (Allen, 2018). Im Falle einer Amnesie fehlen die Erinnerungen an ein Erlebnis völlig und diese Erinnerungslücken werden von den Betroffenen als bedrohlich und unangenehm erlebt. Auslöser einer Amnesie können akute Hirnschädigungen (etwa durch einen Unfall, durch eine neuro-degenerative Erkrankung wie etwa Herpes Encephalitis, durch vorübergehenden Sauerstoffmangel oder durch eine vaskuläre Erkrankung) sein. Auch Zustände eines Nahrungsmangels (auch im Zusammenhang mit alkoholbedingtem Mangel an Elektrolyten oder Vitaminen; vgl. Korsakoff-Syndrom nach Korsakoff, 1889) können ein amnestisches Syndrom auslösen, ebenso wie psychogene Faktoren, wie etwa ein traumatisches Erlebnis. Die Amnesie kann vorübergehend oder zeitlich überdauernd sein. Sie kann sich retrograd auswirken, das heißt, es fehlt die Erinnerung an einen Zeitraum (oft Sekunden bis maximal Tage) vor dem auslösenden Ereignis, aber auch anterograd, das heißt, es fehlt die Erinnerung an einen (oft deutlich längeren) Zeitraum ab dem auslösenden Ereignis (Kopelman, 1987).

Zum Verständnis der Ursachen von Amnesien lohnt es sich wieder, auf die kognitionspsychologische Unterscheidung zwischen Enkodierung, Retention und Abruf zurückzukommen. Nelson Cowan und seine Kollegen und Kolleginnen zeigten etwa wiederholt, dass schon einige wenige Minuten Ruhe nach der Enkodierung (also eine Phase, in der die Lernenden wach sind, aber einfach dasitzen, ohne etwas zu tun) die Langzeitgedächtnisleistung von Personen mit anterograder Amnesie deutlich erhöht. Diese Befunde sprechen dafür, dass vor allem die Enkodierungsprozesse bei dieser Art von Amnesie in ihrer Funktion eingeschränkt und vermehrt anfällig für retroaktive Interferenz sind (Alber, Della Sala & Dewar, 2014; Cowan, Beschin & Della Sala, 2004; Dewar et al., 2010). Bei retrograden Amnesien hingegen scheint es verschiedene Unterformen zu geben, die sich in ihrer Funktionalität unterscheiden. Teilweise scheint auch hier ein Speicherungsproblem im Vordergrund zu stehen, teilweise scheinen aber auch deutliche Gedächtnisabrufprobleme vorhanden zu sein (Kapur, 1999). Eine anterograde Amnesie zählt zu den am frühesten beobachtbaren Symptomen einer degenerativ fortschreitenden Alzheimer-Erkrankung (Thompson et al., 2002). Thompson et al. weisen aber auch darauf hin, dass es Alzheimer-Patientinnen und -Patienten mit fortschreitendem Krankheitsverlauf zunehmend schwer fällt, berühmte Gesichter wiederzuerkennen, sie also auch Symptome einer retrograden Amnesie aufweisen (siehe auch Westmacott et al., 2004). Dies deckt sich auch mit den Untersuchungen von Addis und Tippett (2004). Die beiden Forscherinnen wiesen darauf hin, dass bei einer Alzheimer-Erkrankung auch das autobiographische Gedächtnis, und zwar insbesondere die Erinnerungen aus der Kindheit und Jugend, in Mitleidenschaft gezogen werden. Auch das prospektive Gedächtnis scheint bereits in einem frühen Stadium der Alzheimer-Erkrankung Defizite aufzuweisen (Jones, Livner & Bäckman, 2006; McDaniel et al., 2011), denen zum Teil zumindest eine Zeit lang mit Implementierungsintentionen (▶ Kap. 2.2.3) etwas entgegengewirkt werden kann (Shelton et al., 2016). Liegt eine ausgeprägte Alzheimer-Erkrankung vor, scheinen sich die Betroffenen ihrer eigenen Gedächtnisprobleme nicht vollumfänglich gewahr zu sein (Ecklund-Johnson & Torres, 2005), während Personen mit leichten kognitiven Störungen sich ihrer Gedächtnisprobleme jedoch durchaus bewusst zu sein scheinen (Lehrner et al., 2015). Es sei in diesem Zusammenhang darauf hingewiesen, dass im Rahmen der Alzheimer-Erkrankung (ebenso wie bei anderen Demenzerkrankungen) die Langzeitgedächtnisdefizite ein zentrales Symptom darstellen, oft aber auch allgemein nachlassende kognitive Fähigkeiten festgestellt werden (Jessen & Froelich, 2018). Verschiedene basale kognitive Prozesse, wie etwa das Arbeitsgedächtnis und die Aufmerksamkeitslenkung, sind bei vielen der betroffenen Personen ebenfalls gestört (Stopford et al., 2012).

Wichtig ist hervorzuheben, dass die Gedächtnisleistung zwar mit zunehmendem Alter generell zurück geht (Hess, 2005), aber nicht jeder alterskorrelierte Gedächtnisabbau ein Indiz für das Vorliegen einer kognitiven Störung darstellt. Es liegt nahe, dass Forscherinnen und Forscher in diesem Feld auch die Frage gestellt haben, inwieweit sich ein altersbedingter Abbau der Gedächtnisleistung durch Training des Gedächtnisses aufhalten lässt und ob sich dadurch eventuell sogar degenerative kognitive Verläufe, wie beispielsweise im Rahmen einer Alzheimer-Erkrankung, verzögern lassen. Eine der am häufigsten angewandten Trainingsaufgaben sind die oben (▶ Kap. 2.1.1) beschriebenen Arbeitsgedächtnisaufgaben. Bei jüngeren Erwachsenen zeigte sich in verschiedenen Metaanalysen wenig Evidenz, dass ein intensives Trainieren von Arbeitsgedächtnisaufgaben (über mehrere Wochen mehrmals die Woche) zu langfristigen Verbesserungen in der allgemeinen kognitiven Leistung führt, auch wenn sich durchaus Übungseffekte in der Aufgabe selbst zeigten, die zum Teil auch mit einer vorübergehenden Steigerung der Langzeitgedächtnisleistung einherzugehen scheinen (Melby-Lervåg, Redick & Hulme, 2016; Schwaighofer, Fischer & Bühner, 2015; Weicker, Villringer & Thöne-Otto, 2016). Werden lediglich Studien berücksichtigt, bei denen es eine aktive Kontrollgruppe neben der Trainingsgruppe gab, werden die beobachtbaren positiven Effekte noch kleiner. Auch bei älteren Erwachsenen finden sich in entsprechenden Metaanalysen vor allem Übungseffekte in der trainierten Aufgabe selbst sowie leichte Verbesserungen in ähnlichen Aufgaben, jedoch keine generelle Steigerung der kognitiven Leistung durch ein intensives Arbeitsgedächtnistraining (Sala et al., 2019; Santos-Lozano et al., 2016). Eine nachgewiesenermaßen effektive Maßnahme, um dem altersbedingten Abbau der Gedächtnisleistung entgegenzuwirken, ist moderates (aerobes) körperliches Training im Alter (Erickson et al., 2011; Firth et al., 2018). Bereits 150 Minuten aerobes Training pro Woche scheint zudem das Risiko einer Alzheimer-Erkrankung bereits substanziell zu reduzieren (Santos-Lozano et al., 2016). Es gibt erste Hinweise, dass eine Kombination von Arbeitsgedächtnistraining und zeitgleicher körperlicher Aktivität sich weiterhin positiv auf das Gedächtnis und die generelle kognitive Leistungsfähigkeit auswirken könnte, aber die Befundlage ist hier noch nicht ganz eindeutig (Ten Brinke et al., 2020).

2.3 Abschließende Bemerkungen

Mit Lernen und Gedächtnis haben wir in diesem Kapitel die ersten zwei inhaltlichen Bereiche behandelt, die thematisch zum Kanon der Kognitionspsychologie gehören. Zahlreiche der Theorien und Befunde haben auch eine Bedeutung in angewandten Kontexten und können helfen, dort beobachtete Probleme und auftretende Fragen zu klären.

Neben den in diesem Kapitel behandelten Bereichen gibt es natürlich noch weitere. In diesem Zusammenhang ist zum Beispiel das Auslagern von Gedächtnisinhalten (engl. *offloading*) zu nennen (Risko & Gilbert, 2016). Heutzutage nutzen Menschen vielerlei Hilfsmittel, um ihr Gedächtnis zu entlasten. Digitale Bilder dienen als Urlaubserinnerung, Kalendereinträge mit Push-Funktion als Terminerinnerungen. Dadurch verändern sich die alltäglichen Anforderungen an unser Gedächtnis und beeinflussen auch die Gedächtnisinhalte (Eliseev & Marsh, 2021).

3 Aufmerksamkeit und Handeln

Dieses Kapitel befasst sich mit den Themen Aufmerksamkeit und Handeln, sowohl im Falle einer einzelnen Aufgabe als auch im Fall mehrerer Aufgaben, die gleichzeitig bearbeitet werden sollen (sog. Multitasking). Zunächst werden dazu relevante experimentelle Zugänge und Befunde aus der Kognitionspsychologie erläutert, nämlich zu Handlungsauswahl und Kompatibilitätsphänomenen (▶ Kap. 3.1.1), zur Aufmerksamkeit und visuellen Suche (▶ Kap. 3.1.2) und zum Multitasking (▶ Kap. 3.1.3). In Kapitel 3.2 werden diese Themen dann aus anwendungsorientierter Sichtweise wieder aufgegriffen.

3.1 Relevante Grundlagen

3.1.1 Handlungsauswahl, Ideomotorik und Kompatibilitätseffekte

Eine wichtige theoretische Basis für die angewandte Forschung liefern sogenannte Kompatibilitätsphänomene. Die klassische Kompatibilitätsbeziehung betrifft Stimuli und Reaktionen, es gibt aber auch solche zwischen Reaktionen und ihren Effekten sowie zwischen Stimuli und den Effekten, die die Reaktionen auf die Stimuli auslösen. Um letztere verstehen zu können, stellen wir uns zunächst die Frage: Wie wird eine Reaktion eigentlich ausgewählt?

So naheliegend diese Frage ist – ihre Beantwortung ist alles andere als einfach. Traditionelle Vorstellungen (die ähnlich bereits bei Descartes, 1664, zu finden sind; siehe auch Dewey, 1896) beschreiben die beteiligten kognitiven Prozesse als eine serielle Abfolge (mindestens) dreier aufeinander aufbauender Teilprozesse beziehungsweise Stufen: Perzeption (also Wahrnehmung eines Stimulus), Reaktionsauswahl und Motorik (siehe z.B. Sanders, 1990, für eine detaillierte Befassung mit derartigen Stufentheorien). Motorische Reaktionen stehen also am Ende einer Kette von Prozessen und sie erfordern eine Übersetzung (durch eben die Reaktionsauswahl) von Wahrnehmungsrepräsentationen in solche Repräsentationen, auf denen Prozesse zur Bereitstellung der motorischen Bewegung arbeiten können. Solchen *sensomotorischen Ansätzen* nach ist Motorik also eine Folge externaler Stimulation.

Bereits zwischen Stimuli und motorischen Reaktionen gibt es Kompatibilitätseffekte, die gemeinhin unter *Stimulus-Reaktions-Kompatibilität* (SRK) zusammengefasst werden und deren Gemeinsamkeit ist, dass bestimmte Kombinationen von Stimuli und Reaktionen zu besserer Performanz führen als andere Kombinationen. Die systematische Untersuchung von SRK, also wie Information maximal effizient vom Stimulus zur Reaktion übertragen werden kann, startete mit Arbeiten aus dem Umfeld von Paul Fitts. Fitts und Seeger (1953) untersuchten beispielsweise, ob dazu die räumliche Anordnung der Stimuli oder der Reaktion ausschlaggebend ist. Ihren Ergebnissen zufolge kommt es insbesondere darauf an, dass das Set der Stimuli und der Reaktionen die gleiche Anordnung haben, eine Bedingung, die auch als »*Set-Level*«-*Kompatibilität* oder dimensionale Überlappung bezeichnet wird (Kornblum, Hasbroucq & Osman, 1990). Sofern eine dimensionale Überlappung in einem Experiment vorliegt, fragten Fitts und Deininger (1954) weiter, ob auch die individuelle Zuordnung von Stimuli und Reaktionen, die »*Element-Level*«-*Kompatibilität*, eine Rolle spielt (▶ Abb. 3.1a). Ergebnis dieser Untersuchung und ähnlicher Untersuchungen ist, dass zum Beispiel auf einen linken Stimulus schneller mit einer (räumlich kompatiblen) linken Reaktion reagiert werden kann als mit einer (räumlich inkompatiblen) rechten Reaktion. Dieser Unterschied in den RTs wird dann als SRK-Effekt bezeichnet. Er tritt insbesondere dann auf, wenn kompatible und inkompatible Bedingungen blockweise verwendet werden. Werden die Versuchspersonen in einem Experiment vor jedem Durchgang jedoch instruiert, kompatibel oder inkompatibel zu reagieren (sog. trialweise Präsentation, nach engl. *trial* für Durchgang), ist der SRK-Effekt reduziert oder abwesend (z. B. Shaffer, 1965), wobei die Stärke dieser Reduktion auch durch die Art der Stimuli und der Reaktionen mit beeinflusst wird (z. B. Proctor & Vu, 2002).[6]

In den genannten Studien war die Lokation der Stimuli immer das aufgabenrelevante Merkmal, auf Basis dessen Versuchspersonen ihre Reaktion abgeben sollen. Ein ähnlicher Kompatibilitätseffekt tritt aber auch dann auf, wenn die Lokation irrelevant für die Bearbeitung der Aufgabe ist, zum Beispiel weil auf einen roten Kreis eine linke Taste und auf einen blauen Kreis hin eine rechte Taste gedrückt werden soll (▶ Abb. 3.1b). Werden die Kreise als Stimuli nun zufällig links oder rechts auf dem Bildschirm präsentiert, ergeben sich auch hier Kompatibilitätsbeziehungen: kompatibel, wenn der rote Kreis links oder der blaue Kreis rechts präsentiert wird, also auf der Seite, auf der auch die Reaktion erfolgen soll, und inkompatibel bei umgekehrter Zuordnung, wenn also Stimuluslokation und die korrekte Reaktion auf unterschiedlichen Seiten liegen. Auch hier sind die RTs in kompatiblen Durchgängen kürzer als in inkompatiblen. Dieser Effekt wird nach

---

6 Wickens, Sandry und Vidulich (1983) erweiterten das Konzept der SRK, indem sie darauf hinwiesen, dass zwischen Stimulus (S) und Reaktion (R) noch eine zentrale Operation (C; central operation) stattfindet, die mit in Kompatibilitätsüberlegungen einbezogen werden müsse. Entsprechend benutzen sie den Term SCR-Kompatibilität. Ihrem Vorschlag nach seien Aufgaben, deren Bearbeitung verbale Codes benötigt, mit auditivem Input und vokalen Reaktionen kompatibel, wohingegen Aufgaben mit räumlichen Codes mit visuellem Input und manuellen Reaktionen kompatibel seien (siehe auch Wickens, Vidulich & Sandry-Garza, 1984).

seinem Entdecker als *Simon-Effekt* bezeichnet (Simon & Rudell, 1967; Simon & Small Jr, 1969; für eine Übersicht siehe auch Hommel, 2011).

Der Simon-Effekt geht offenbar auf eine (hier räumliche) Überlappung des irrelevanten Stimulusmerkmals und der Reaktion zurück. In anderen Aufgaben geht die Art der kritischen Überlappung sogar noch weiter: In einer *Stroop-Aufgabe* (Stroop, 1992; für eine Übersicht siehe auch MacLeod, 1991) bekommen die Versuchspersonen farbig geschriebene Farbwörter präsentiert und sollen die Schriftfarbe (relevantes Merkmal) benennen und die Wortbedeutung (irrelevantes Merkmal) ignorieren. In kompatiblen Bedingungen entsprechen sich Farbe und Bedeutung (z. B. das Wort BLAU in blauer Schrift), während dies in inkompatiblen Bedingungen nicht der Fall ist (z. B. das Wort ROT in blauer Schrift). Hier kommt es also zu einer Kompatibilitätsbeziehung zwischen relevantem und irrelevantem Merkmal und kompatible Bedingungen führen zu kürzeren RTs. Sollen zudem die Antworten vokal gegeben werden, überlappen beide Merkmale auch noch mit den Reaktionen (Kornblum, 1994; siehe auch Hommel, 2011).

Wie entstehen derartige Phänomene? Eine gängige Erklärung ist, dass ein Stimulus auf zwei Routen verarbeitet wird (z. B. De Jong, Liang & Lauber, 1994; Kornblum, Hasbroucq & Osman, 1990; Ridderinkhof, 2002): Das relevante Merkmal wird gemäß den Instruktionen auf einer *kontrollierten Route* verarbeitet, während das irrelevante Merkmal auf einer *automatischen Route* direkt eine passende Reaktion aktiviert, zum Beispiel wenn durch die Lokation eines Stimulus direkt die räumliche kompatible Reaktion aktiviert wird. Kommen beide Routen zum gleichen Ergebnis, so verkürzt sich die RT; andernfalls muss ein Konflikt mental überwunden werden und die RT verlängert sich entsprechend.

Bisher haben wir auf Stimuli und Reaktionen fokussiert. Nun nutzen wir motorische Bewegungen in aller Regel aber, um mit der Umwelt zu interagieren[7], das heißt, um die Umwelt entsprechend unserer Wünsche und Ziele zu gestalten und letzteren näher zu kommen. Dies gilt nicht nur für typische Handlungen wie Zeigen, Greifen, Laufen; auch Sprachverwendung (sowohl mündlich als auch schriftlich als auch durch Gesten) erfordert motorische Bewegungen, und Sprache kann – alleine oder unterstützend – ebenfalls ein probates Mittel zur Zielerreichung sein (z. B. Herrmann & Grabowski, 1994). Die aus einer motorischen Bewegung resultierenden Umweltveränderungen spielen wiederum in sogenannten *ideomotorischen Ansätzen* eine prominente Rolle. Grundidee der Ideomotorik ist, dass eine motorische Bewegung dadurch ausgewählt wird, dass die ihr folgenden Umweltveränderungen (in diesem Zusammenhang oft (Handlungs-)Effekte genannt) mental antizipiert werden. Durch diese endogene Aktivierung gewünschter Effekt- oder Zielzustände wird dann diejenige motorische Bewegung aktiviert, die sich in der Vergangenheit als zur Herstellung des Effektes geeignet erwiesen hat. Dem Grunde nach ist diese Idee recht alt, denn sie wurde bereits von Philosophen des 19. Jahrhunderts aufgebracht (Harleß, 1861; Herbart, 1825; James, 1890; für geschichtliche Einordnungen siehe auch Stock & Stock, 2004, und Pfister & Janczyk, 2012). In den

---

7 Diesen Punkt illustriert auch Daniel Wolpert, ein britischer Neurobiologe an der Columbia University (USA) in seinem TED-Talk (https://www.ted.com/talks/daniel_wolpert_the_real_reason_for_brains?language=de).

3.1 Relevante Grundlagen

Fokus kognitionspsychologischer Untersuchungen kehrte sie dann mit einem Artikel von Greenwald (1970) zurück und hat seitdem einflussreiche Theorien beeinflusst (bspw. die Theory of Event Coding; Hommel et al., 2001) und zahlreiche empirische Studien inspiriert (siehe z. B. Janczyk et al., 2023, für eine aktuelle empirische Bewertung der Theory of Event Coding). Zunächst gibt es Studien, die zeigen, dass die wiederholte Kombination motorischer Bewegungen und ihnen folgender Effekte in einer Lernphase zu einer Bildung von (assoziativen) Verbindungen zwischen ebendiesen führt. Werden die Effekte nach einer Lernphase dann nicht mehr als Konsequenz einer Reaktion, sondern als Stimuli präsentiert, beeinflusst dies sowohl die RT als auch die Reaktionswahl, also für welche Reaktionen Versuchspersonen sich entscheiden, wenn sie zum Beispiel aus zwei Optionen selbst eine auswählen sollen (z. B. Elsner & Hommel, 2001).

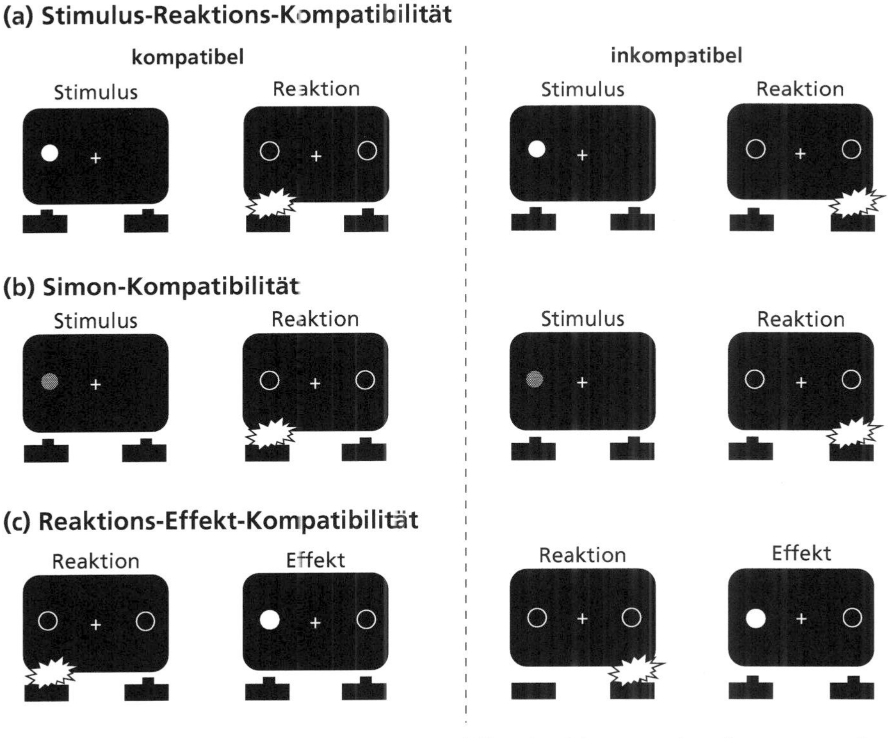

(a) Stimulus-Reaktions-Kompatibilität

(b) Simon-Kompatibilität

(c) Reaktions-Effekt-Kompatibilität

Abb. 3.1: Illustration verschiedener Kompatibilitätsbeziehungen, jeweils getrennt für kompatible (linke Spalte) und kompatible Bedingungen (rechte Spalte). (a) Bei einer SRK-Aufgabe reagiert die Versuchsperson auf die Lokation des Stimulus. (b) Bei einer Simon-Aufgabe reagiert die Versuchsperson auf, zum Beispiel, die Farbe (hier: grau = linke Reaktion), während die Lokation aufgabenirrelevant ist (üblicherweise werden hier Farben wie Rot und Blau oder alternativ zum Beispiel Buchstaben wie H und S als Stimuli verwendet). (c) Bei einer REK-Aufgabe reagiert die Versuchsperson zum Beispiel auf die Farbe eines Stimulus (hier nicht dargestellt) und die Reaktion führt zum Erscheinen eines Effektes.

Diese Befunde implizieren jedoch nicht unbedingt, dass die beabsichtigten Effekte tatsächlich bereits vor der Abgabe einer Reaktion mental repräsentiert, das heißt, antizipiert, werden. Wenn dem so wäre, sollten Spuren von ihnen bereits vor der Reaktion nachweisbar sein. Um genau dies zu demonstrieren, hat Kunde (2001) einen Experimentalaufbau zur Messung der *Reaktions-Effekt-Kompatibilität* (REK) vorgeschlagen. Etwas vereinfacht dargestellt, reagieren die Versuchspersonen in derartigen Experimenten mit einer linken beziehungsweise rechten Taste und erzeugen damit einen Effekt (z. B. einen weißen Kreis oder ein weißes Viereck) links oder rechts auf dem Bildschirm (▶ Abbildung 3.1c);[8] kompatibel meint in diesem Zusammenhang, dass zum Beispiel ein linker Effekt mit der linken Taste erzeugt wird; inkompatibel meint, dass zum Beispiel ein linker Effekt mit der rechten Taste erzeugt wird. Wenn beide Kompatibilitätsbedingungen geblockt implementiert werden, ist es für die Versuchsperson vollständig vorhersagbar, welcher Effekt mit ihrem Tastendruck erzeugt wird. Auch wenn der tatsächliche Effekt erst durch die motorische Bewegung erzeugt wird, sind die RTs in kompatiblen Bedingungen kürzer als in inkompatiblen Bedingungen. Dieser REK-Effekt wurde mittlerweile in einer Vielzahl von Studien erfolgreich repliziert (Ansorge, 2002; Janczyk & Lerche, 2019; Pfister, Kiesel & Melcher, 2010; Pfister & Kunde, 2013).

3.1.2 Wahrnehmung, selektive Aufmerksamkeit und visuelle Suche

Auch wenn zu jedem Zeitpunkt eine Unmenge an (visuellen) Informationen auf uns trifft, ist der Mensch sich all diesen nicht immer gewahr. Grund dafür ist, dass nur mit Aufmerksamkeit bedachte Information weiterverarbeitet wird und Aufmerksamkeit nur in begrenztem Ausmaß vorhanden ist. Selektive Aufmerksamkeit meint dementsprechend denjenigen Aspekt der Aufmerksamkeit, der dazu dient, bestimmte – derzeit besonders relevante – Aspekte der Umwelt herauszugreifen und zur detaillierten Weiterverarbeitung zur Verfügung zu stellen (für eine umfassendere und detailliertere Einführung siehe z. B. Liesefeld, Krummenacher & Müller, angekündigt).

Ein bekanntes Beispiel ist das Phänomen der *Inattentional Blindness* (Mack & Rock, 1998). In den Originalstudien wurden Versuchspersonen gebeten zu entscheiden, ob die horizontale oder die vertikale Linie eines kurz eingeblendeten Kreuzes länger ist. In einem Durchgang wurde zusätzlich und für die Versuchsperson unerwartet ein weiterer Stimulus eingeblendet. Etwa ein Viertel der Versuchspersonen gab an, diesen nicht gesehen zu haben. Simons und Chabris (1999) demonstrierten eine Erweiterung des Phänomens in einer Studie, die als *Gorilla-Studie* bekannt wurde. Den Versuchspersonen dieser Studie wurden Videos von Basketballspielern und -spielerinnen gezeigt, von denen die eine Hälfte weiß und die

---

[8] Tatsächlich gab es in der Studie von Kunde (2001) vier Tasten und vier räumlich entsprechend angeordnete Effektlokationen. In der kompatiblen Bedingung wurde dann das räumlich kompatible Viereck weiß ausgefüllt, in der inkompatiblen Bedingung ein jeweils räumlich versetztes und damit räumlich inkompatibles Viereck.

andere Hälfte schwarz gekleidet war. Während des Videos passten die Spielerinnen und Spieler sich den Ball zu. Die Aufgabe der Versuchsperson war es, die Anzahl der Pässe eines Teams zu zählen. In einer Version des Videos lief zu einem Zeitpunkt ein als Gorilla verkleideter Mensch quer durch das Bild. Nur etwa die Hälfte der Versuchspersonen gab hinterher an, diesen Gorilla bemerkt zu haben.

In den gerade beschriebenen Studien wurden Ereignisse nicht bemerkt, die die Versuchspersonen in der jeweiligen Situation auch nicht erwartet hatten. Oft erwarten wir jedoch in der Umgebung bestimmte Objekte oder auch Personen und finden diese mehr oder weniger schnell, wenn wir nach ihnen Ausschau halten. Zur labor-experimentellen Untersuchung dieser Situation wird häufig der Ansatz der *Visuellen Suche* verwendet. In solchen Experimenten werden den Versuchspersonen mehrere Objekte auf dem Bildschirm präsentiert und sie sollen zum Beispiel entscheiden, ob sich ein vorab definierter Zielreiz darunter befindet oder nicht. Variiert wird die Anzahl der Objekte pro Durchgang, was als *Setgröße* bezeichnet wird. Die zusätzlich zum Zielreiz präsentierten Objekte, werden als Distraktoren bezeichnet. Konzeptuell lassen sich zwei Arten von Suchaufgaben unterscheiden. Für die bessere Illustration nehmen wir einmal an, dass der Zielreiz ein weißer senkrechter Balken ist, der gemeinsam mit anderen Balken, die sich in Farbe und/oder Orientierung unterscheiden können, präsentiert wird. In manchen Durchgängen ist der Zielreiz vorhanden, in anderen Durchgängen nicht, und die Durchgänge müssen von den Versuchspersonen möglichst schnell als »Zielreiz anwesend« oder »Zielreiz abwesend« klassifiziert werden. Bei einer *Merkmalssuche* unterscheidet sich der Zielreiz nur in einem Merkmal von den Distraktoren, im Beispiel in der Farbe (▶ Abb. 3.2a). Bei dieser Art von Suchaufgabe sind die RTs meist unabhängig von der Setgröße, ein Befundmuster, welches auch als *pop-out*, *parallele* oder *effiziente* Suche bezeichnet wird. Bei der *Konjunktionssuche* müssen hingegen zwei Merkmale gemeinsam betrachtet werden, da hier weder die Farbe noch der Buchstabe alleine den Zielreiz von den Distraktoren abhebt (▶ Abb. 3.2b). Typischerweise steigen hier die RTs mit zunehmender Setgröße an, wobei der Anstieg stärker ausfällt, wenn der Zielreiz abwesend ist. Dieses Muster wird auch als *ineffiziente* oder *serielle* Suche bezeichnet.

Natürlich sind Objekte in visuellen Suchaufgaben nicht auf Balken in unterschiedlichen Farben beschränkt. Es können auch deutlich komplexere Objekte verwendet werden. Die Suche nach Zielreizen kann je nach Ausgestaltung der Aufgabe auf verschiedene Art und Weise erschwert werden. Zunächst müssen Zielreize nicht immer eindeutig definiert werden, sondern können auch etwa durch ihre Kategoriezugehörigkeit beschrieben werden (»Das Ziel ist ein Möbelstück.«). Allgemein gesprochen finden sich dann ähnliche Befunde, wenngleich die Suche generell schwieriger zu werden scheint (z. B. Cunningham & Wolfe, 2014). Darüber hinaus hängt die Leistung in einer visuellen Suche mit der Auftretenshäufigkeit des Zielreizes zusammen. In typischen Experimenten ist er in 50 % der Durchgänge anwesend, aber dies lässt sich natürlich variieren. Als *Prävalenzeffekt* wird das Phänomen bezeichnet, dass der Zielreiz umso häufiger übersehen wird, je seltener er tatsächlich anwesend ist. Insbesondere werden in solchen Situationen Zielreize weniger häufig richtig entdeckt, was vermutlich auf eine Veränderung des Entscheidungskriteriums, aber nicht der Sensitivität, zurückgeht (Wolfe, Horowitz & Kenner, 2005; Wolfe et al., 2007). Schließlich kann die Aufgabe noch durch Dar-

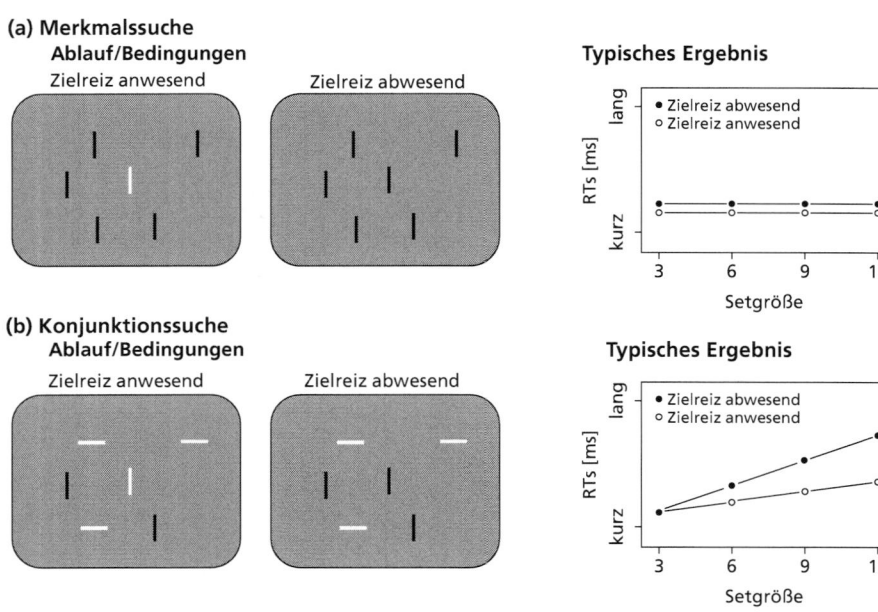

Abb. 3.2: Illustration eines typischen Displays und des typischen Ergebnisses einer Merkmalssuche (a) und einer Konjunktionssuche (b). Der Zielreiz ist immer ein weißer senkrechter Balken (Hinweis: Statt Weiß und Schwarz werden in vielen Experimenten die Farben Rot und Grün verwendet).

bietung eines sogenannten Lures (dt. *Köders*) erschwert werden, der dem eigentlichen Zielreiz in einem Merkmal ähnlich ist. Bei einer Objektkonfiguration wie in Abbildung 3.2a könnte zum Beispiel noch ein weißer, horizontaler Balken als weiterer Distraktor auftreten. In solchen Fällen sind die RTs auf den eigentlichen Zielreiz oft verlängert, was als *Attentional Capture* bezeichnet wird (z. B. Theeuwes, 1991, 1992). Zur theoretischen Erklärung verschiedener Suchstrategien, des Unterschieds paralleler und visueller Suche sowie der Umstände des Auftretens von Attentional Capture wurden verschiedene Theorien diskutiert (z. B. Bacon & Egeth, 1994; Theeuwes, 2004; Wienrich & Janczyk, 2011), die teils in formalisierten Varianten vorhanden sind und konfligierende Ergebnisse erklären können (z. B. Liesefeld, Liesefeld & Müller, 2021; Liesefeld & Müller, 2020; Liesefeld & Müller, 2021; Wolfe, 2021). Ein weiterer Befund im Kontext der visuellen Suche ist, dass beim Vorhandensein mehrerer Zielreize oft nur ein Zielreiz entdeckt wird. Anfangs *Satisfaction of Search* genannt, wurde das Phänomen später als *Subsequent Search Misses (SSM)* bezeichnet (siehe Adamo et al., 2021). Dieser Effekt wurde zuerst im Kontext radiologischer Untersuchungen beschrieben, was bereits dafür spricht, dass er auch aus einer Anwendungsperspektive sehr bedeutsam ist. Entsprechend wird er in Kapitel 3.2.2 noch einmal aufgegriffen werden.

3.1.3 Geteilte Aufmerksamkeit und Multitasking

Neben der selektiven Aufmerksamkeit ist die geteilte Aufmerksamkeit ein weiterer wichtiger Aspekt der Aufmerksamkeitslenkung. Da hier im Zentrum die Frage steht, wie Aufmerksamkeit auf verschiedene Aufgaben verteilt wird, ist dieser Bereich mit dem verwandt, was gemeinhin als Multitasking bezeichnet wird. Streng genommen sind damit mehrere Situationen gemeint, die vom gleichzeitigen Bearbeiten zweier Aufgaben (sog. Doppelaufgaben) bis zur Bearbeitung verschiedener Aufgaben nacheinander (sog. Aufgabenwechsel) gehen. Wir fokussieren hier auf den Bereich der Doppelaufgabe; ein aktueller und umfassender Überblick über Multitasking aus verschiedensten Perspektiven findet sich in Kiesel et al. (2022).

Ob Menschen wirklich mehrere Handlungen gleichzeitig ausführen können, ist tatsächlich gar nicht so einfach zu beantworten. Zum einen haben wir eventuell zumindest subjektiv das Gefühl, dass uns gleichzeitiges Sprechen und Laufen unproblematisch möglich ist. Zum anderen fällt es bereits vielen Menschen schwer, mit einer Hand einen Kreis vor dem Bauch zu malen und die andere Hand über dem Kopf auf und ab zu bewegen. In der Vergangenheit gab es immer wieder kognitionspsychologische Studien, deren Ergebnissen zufolge es möglich sei, zwei Aufgaben nach viel Übung gleichzeitig auszuführen (z. B. Schumacher et al., 2001; Spelke, Hirst & Neisser, 1976). Insgesamt legt die Zusammenschau empirischer Befunde allerdings eher nahe, dass – wenn überhaupt – sehr spezielle Situationen geschaffen werden müssen, damit Menschen zwei Aufgaben parallel ausführen können, ohne dass diese sich gegenseitig stören (Janczyk et al., 2014; Lien, Ruthruff & Johnston, 2006). Im Folgenden beschreiben wir die beiden wichtigsten experimentellen Zugänge, die in der aktuellen Forschung genutzt werden, um die Leistungseinbußen des Multitaskings in Form sogenannter Doppelaufgabenkosten empirisch zu demonstrieren. Oft wird hierbei mit zwei verschiedenen Aufgaben gearbeitet, die jeweils verschiedene Stimuli und verschiedene Reaktionen verwenden, um RTs und Fehler eindeutig einer bestimmten Aufgabe zuschreiben zu können. Als Reaktionen werden zudem oft diskrete Reaktionen, in der Regel Tastendrücke, verwendet (siehe Fischer & Janczyk, 2022, für eine detailliertere Übersicht).

Der erste experimentelle Zugang (▶ Abb. 3.3a) besteht darin, zwei Aufgaben in einer experimentellen Bedingung jeweils einzeln bearbeiten zu lassen (Einzelaufgabenbedingung) und die Aufgabenleistung dann mit einer Bedingung zu vergleichen, in der beide Aufgaben gleichzeitig bearbeiten wurden (Doppelaufgabenbedingung). Wenn Aufgabe 1 aus einem Tastendruck mit der linken Hand auf die Höhe eines Tones hin besteht und Aufgabe 2 aus einem Tastendruck mit der rechten Hand auf die Identität eines Buchstabens hin, dann wird in der Einzelaufgabenbedingung also entweder ein Ton oder ein Buchstabe präsentiert und entsprechend ist nur eine Reaktion erforderlich. In der Doppelaufgabenbedingung hingegen werden ein Ton und ein Buchstabe gleichzeitig präsentiert und entsprechend sind beide Reaktionen gefordert. Typischerweise finden sich längere RTs in der Doppel- als in der Einzelaufgabenbedingung. Dieser Unterschied wird als Doppelaufgabenkosten interpretiert (im Detail gibt es verschiedene Möglichkeiten, wie die Einzelaufgabenbedingung implementiert wird, siehe z. B. Janczyk, Nolden & Jolicoeur, 2015; Schumacher et al., 2001; Tombu & Jolicoeur, 2004).

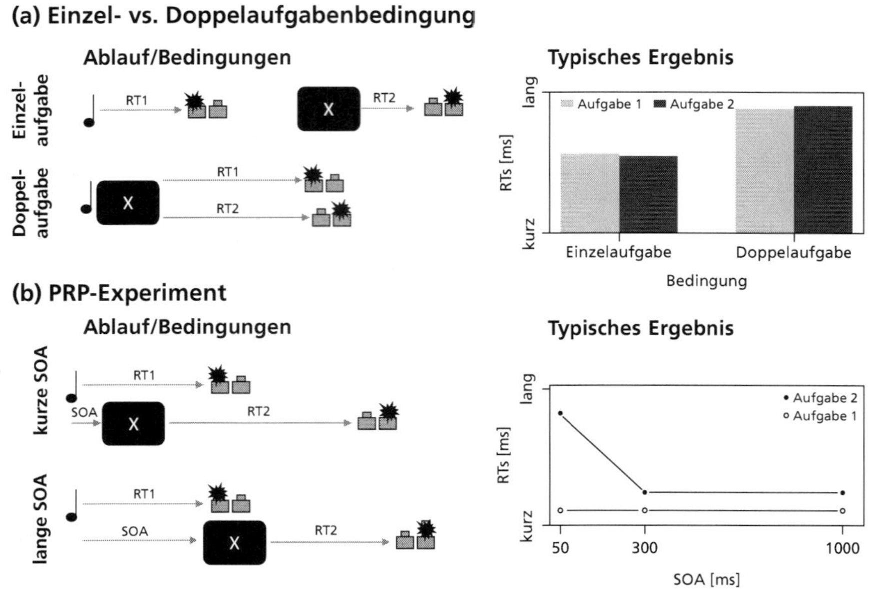

(a) Einzel- vs. Doppelaufgabenbedingung

Abb. 3.3: Illustration verschiedener experimenteller Zugänge zur Erforschung von Doppelaufgabenkosten mit einem Vergleich von Einzel- und Doppelaufgabensituationen (a) und PRP-Experimenten (b) sowie den typischen Ergebnismustern.

Die gerade beschriebene Variante hat einige Nachteile. Zum Beispiel sind die Bedingungen (Einzelaufgabe vs. Doppelaufgabe) mit der im Arbeitsgedächtnis zu haltenden Anzahl von Aufgaben konfundiert. Eine Alternative stellen sogenannte *Aufgabenüberlappungsexperimente* dar (▶ Abb. 3.3b), die wegen ihres typischen Ergebnisses auch als *PRP-Experimente* bezeichnet werden (mehr dazu im folgenden Absatz). In diesen Experimenten müssen die Versuchspersonen in jedem Durchgang beide Aufgaben bearbeiten. Was aber manipuliert wird, ist der zeitliche Abstand, mit dem der Stimulus der zweiten Aufgabe dem Stimulus der ersten Aufgabe folgt, die sogenannte *Stimulus Onset Asynchrony* (*SOA*). Bei einer kurzen SOA überlappen beide Aufgaben zeitlich sehr stark (quasi eine Doppelaufgabensituation), bei einer (sehr) langen SOA, überlappen sie zeitlich weniger und werden manchmal sogar nacheinander ausgeführt (quasi eine Art Aufgabenwechselsituation). Typischerweise sind die RTs der Aufgabe 1 (RT1) unabhängig von der SOA, während die RTs der Aufgabe 2 (RT2) umso länger werden, je kürzer die SOA ist, also je mehr beide Aufgaben zeitlich miteinander überlappen. Dieser Anstieg der RT2 quantifiziert die Doppelaufgabenkosten und wird als *Effekt der Psychologischen Refraktärperiode* (*PRP-Effekt*) bezeichnet (Telford, 1931), der sich als extrem robust über viele verschiedene Stimuli, Reaktionen und andere experimentelle Variationen erweist.

Insbesondere der PRP-Effekt hat zur Entwicklung des Modells des Zentralen Flaschenhalses geführt (Pashler, 1994; Welford, 1952). Die Grundidee ist auch hier (▶ Kap. 3.1.1), dass die Bearbeitung einer Aufgabe aus den nacheinander abgearbeiteten Stufen Perzeption, Reaktionsauswahl und Motorik besteht. Die kritische

Annahme ist, dass die Reaktionsauswahl einen Flaschenhals darstellt und zu jeder Zeit nur von einer Aufgabe in Anspruch genommen werden kann, während Perzeption und Motorik auch parallel zu anderen Stufen anderer Aufgaben ablaufen können. Überlappen sich beide Aufgaben zeitlich stark (also bei einer kurzen SOA), muss die Reaktionsauswahl in Aufgabe 2 warten, bis der Flaschenhals von Aufgabe 1 wieder freigegeben wurde. Durch diese Wartezeit kommt es zu den längeren RT2, also dem PRP-Effekt (siehe Fischer & Janczyk, 2022, für mehr Details). Aufbauend auf diesem Modell und Befunden zum ideomotorischen Prinzip (▶ Kap. 3.1.1), haben Janczyk und Kunde (2020) vorgeschlagen, »Reaktionsauswahl« durch »Effektantizipation« zu spezifizieren. Entsprechend wäre die eigentliche kognitive Limitation bei Doppelaufgaben das gleichzeitige Generieren und/oder Aufrechterhalten zweier Effekte beziehungsweise Zielvorstellungen. In anderen Konzeptualisierungen wird davon abgewichen, dass der Flaschenhals ein »Alles-oder-Nichts«-Problem darstellt. *Capacity* oder *Ressource Sharing-Modelle* gehen zum Beispiel davon aus, dass der zentrale Teil der Reaktionsauswahl eine kognitive Ressource darstellt, die durchaus auf verschiedene Aufgaben aufgeteilt werden kann, die dann aber weniger effizient bearbeitet werden können (z. B. Navon & Miller, 2002; Tombu & Jolicœur, 2003). Noch weitergehend sind Vorstellungen, dass es nicht nur eine zentrale Ressource gibt, sondern für verschiedene Stufen der Verarbeitung verschiedene Ressourcen für bestimmte Fälle (z. B. visueller vs. auditiver Input, …) verwendet werden können (z. B. Wickens, 1984).

3.2 Beispiele anwendungsorientierter Forschung

In den nun folgenden Abschnitten greifen wir die im Kapitel 3.1 dargestellten kognitionspsychologischen Befunde auf und diskutieren verschiedene Situationen, in denen die Methoden und Konzepte eine Anwendungsrelevanz haben. Wir beginnen dabei mit Situationen in denen Kompatibilität eine Rolle spielt (▶ Kap. 3.2.1), wenden uns dann der visuellen Suche als Anwendung in der Radiologie und bei Gepäckkontrollen zu (▶ Kap. 3.2.2) und betrachten abschließend die Auswirkungen von Doppelaufgaben beziehungsweise Multitasking im Bildungswesen und beim Autofahren (▶ Kap. 3.2.3).

3.2.1 Kompatibilitätseffekte in Anwendungsfeldern

Stimulus-bezogene Kompatibilitätsphänomene

Auswirkungen von SRK sind in verschiedensten Anwendungsbereichen relevant. Ein klassisches Beispiel dazu betrifft die Anordnung von Kochplatten und den dazugehörigen Reglern. Hat ein Herd vier Kochplatten, sind diese typischerweise so angeordnet, dass sich zwei Kochplatten vorne und zwei in der Flucht dahinter befinden. Die Regler befinden sich hingegen üblicherweise linear angeordnet auf der Vorderseite des Herdes. Chapanis und Lindenbaum (1959) verwendeten in ihrer Studie hölzerne Modelle mit verschiedenen Zuordnungen der Regler zu den Kochplatten. In die stilisierten Kochplatten war eine Lampe eingebaut und die Versuchspersonen sollten so schnell wie möglich den passenden Regler betätigen, wenn eine Kochplatte aufleuchtete. Es zeigte sich ein RT-Vorteil und weniger Fehler, wenn die Kochplatten leicht versetzt, und dadurch Stimulus-Reaktions-kompatibel (Stimulus-Reaktion = SR), angeordnet waren, verglichen mit den klassischen SR-inkompatiblen Anordnungen (▶ Abb. 3.4a). Eine klare Relevanz räumlicher Kompatibilität in derartigen Anwendungsfällen zeigt auch eine Studie von Hoffmann und Chan (2011).

(a) Zuordnung von Herdplatten zu Reglern

SR-kompatibel   SR-inkompatibel

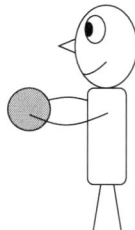 

(b) Finten im Basketball

Stroop-kompatibel   Stroop-inkompatibel

Abb. 3.4: Illustration der Stimuli einer Untersuchung zur Stimulus-Reaktions-Kompatibilität (SRK; (a), adaptiert nach Chapanis & Lindenbaum, 1959) und zu einer Art Stroop-Kompatibilität anhand von Finten im Basketball ((b), adaptiert nach Kunde, Skirde & Weigelt, 2011).

Andere anwendungsbezogene Fragen betreffen zum Beispiel die Platzierung auditiver Warnungen und die darauf erforderlichen Reaktionen in Fahrzeugen, die wir hier kurz anreißen wollen. Eine Frage betrifft beispielsweise, ob ein Warnton der Fahrassistenz auf der Seite der potentiellen Kollision oder auf der Seite der Reaktion, die die Kollision verhindert, erklingen sollte. Entsprechend der Zwei-Routen-Theorien zur Entstehung von Kompatibilitätseffekten (z. B. De Jong, Liang & Lauber, 1994) könnte eine automatische Aktivierung der benötigten Reaktion durch die Lokation einer Warnung ja durchaus helfen, möglichst schnell zu reagieren. Wenn, zum Beispiel, ein Fußgänger oder eine Fußgängerin von rechts auf die Straße läuft und dies ein Ausweichen nach links erfordert, würde ein Ton auf der linken Seite quasi als SR-kompatibel gelten, während ein Ton auf der rechten Seite, also dort, wo das Hindernis erscheint, als SR-inkompatibel gelten würde. Die empirische Befundlage, welche Lokalisation sich besser eignet, um Unfälle zu vermeiden, scheint aber nicht ganz eindeutig zu sein. Straughn, Gray und Tan (2009) berichten, dass bei zeitlich frühen Warnungen die Kollisions-Seite Reaktionsvorteile bringt, während bei späten Warnungen die Ausweich-Seite vorteilhaft erscheint. Chen et al. (2022) hingegen fanden in ihren Experimenten immer Vorteile, wenn der Warnton auf der Kollisions-Seite präsentiert wurde, also ein Fall, in welchem SR-inkompatible Zuordnungen offenbar Reaktionsvorteile bringen, die hier durch eine automatische Aufmerksamkeitslenkung erklärt werden können. Die tatsächlichen Ursachen für die empirischen Unterschiede sind unklar. Eine mögliche Erklärung könnte sein, dass Straughn, Gray und Tan (2009) manuelles Fahren untersucht haben, während Chen et al. (2022) Level-2-Fahren (d. h. halbautomatisiertes Fahren) untersucht haben.

Im Hinblick auf die Platzierung von Reaktionen können auch Simon-artige Effekte eine Rolle spielen. Xiong und Proctor (2015) demonstrierten zunächst eine Art Simon-Effekt, wenn die Reaktionstasten links und rechts am Lenkrad positioniert werden: Eine rechte Reaktion erfolgt dann schneller, wenn der Stimulus auch von rechts erklingt, als wenn er von links erklingt (und analog für linke Reaktionen). Offenbar wird das Lenkrad als Referenzrahmen benutzt hinsichtlich dessen links versus rechts kodiert wurde. In weiteren Experimenten wurde dann aber das Display eines Infotainmentsystems entweder ganz rechts oder links von der Versuchsperson platziert. Ist das Display ganz rechts platziert, wäre die eine Reaktionstaste immer noch rechts vom Lenkrad, aber nun links vom Display. Insgesamt fanden sich in der Studie in derartigen Fällen dann kleinere Simon-Effekte. Dies kann als Hinweis dafür gesehen werden, dass die Frage, ob eine bestimmte Reaktionsmöglichkeit kompatibel zu einem Stimulus ist, immer auch vor dem Hintergrund möglicher salienter Referenzrahmen bewertet werden muss.

Ein Anwendungsbeispiel einer Art Stroop-Kompatibilität entstammt der Sportpsychologie. Finten werden im Sport strategisch eingesetzt, um den Gegner oder die Gegnerin über die eigentliche Absicht zu täuschen und so dessen beziehungsweise deren Reaktion zu erschweren (siehe z.B. Ripoll et al., 1995). Eine sehr einfache Möglichkeit dafür ist die Blickfinte. Am Beispiel Basketball würde dies bedeuten, dass eine Person in eine Richtung schaut, die nicht der Passrichtung entspricht. Insofern jemand aber auf die (relevante) Passrichtung reagieren müsste, ist die Richtungsinformation des Blickes eine irrelevante Information und es entstehen Stroop(-ähnliche)-kompatible und -inkompatible Situationen (▶ Abb. 3.4b).

Kunde, Skirde und Weigelt (2011) haben diese Situation im Labor untersucht und Bilder eines Basketballspielers verwendet, die entweder kompatibel oder inkompatibel waren. Die Versuchspersonen sollten so schnell wie möglich eine linke beziehungsweise rechte Taste in Abhängigkeit von der Passrichtung drücken und die Blickrichtung dabei ignorieren. Die RTs waren kürzer in kompatiblen als in inkompatiblen Durchgängen, was dafürspricht, dass die Versuchspersonen die Blickrichtung eben nicht ignorieren konnten. In weiteren Experimenten wurde der Ursprung dieses Finteneffekts der perzeptuellen Verarbeitungsstufe zugeschrieben. Der Effekt tritt zudem auch auf, wenn statt Tastendrücken komplexere Reaktionen gegeben werden müssen (Schlagen auf einen Ball zur linken bzw. rechten Seite) oder wenn statt statischer Bilder kurze dynamische Videosequenzen als Stimuli verwendet werden (Alhaj Ahmad Alaboud et al., 2016). Insgesamt scheint auch Expertise (hier im Bereich Basketball) nicht grundsätzlich gegen die negativen Wirkungen einer Blickfinte zu immunisieren. Allerdings scheinen Experten und Expertinnen nach einer gerade erlebten Blickfinte ihre Aufmerksamkeitsprozesse besser derart einstellen zu können, dass sie kurzfristig tatsächlich nicht erneut durch eine Blickfinte beeinträchtigt werden (Weigelt et al., 2017). Ein Überblick über die Befundlage findet sich bei Güldenpenning, Kunde und Weigelt (2017).

Während die bisher betrachteten Beispiele auf Kompatibilitätsbeziehungen zwischen Stimuli und Reaktionen beruhten, werden im folgenden Abschnitt Kompatibilitätsbeziehungen unter Einbezug der Effekte der Reaktion betrachtet.

Effekt-bezogene Kompatibilitätsphänomene

Auch RE-inkompatible Beziehungen zwischen Bewegungen und ihren Effekten kommen im Alltag und in beruflichen Kontexten häufiger vor, als man vielleicht auf den ersten Blick vermuten würde. Ein Beispiel dafür kommt aus dem Bootssport. Insbesondere kleinere Sportboote haben statt eines Steuerrades oft eine Pinnensteuerung. Hierbei wird das Ruderblatt durch die Pinne bedient. Wird von der Rudergängerin oder dem Rudergänger die Pinne nun nach Backbord bewegt, wird dadurch eine Kurve nach Steuerbord eingeleitet (und umgekehrt). Woran liegt dies? Tatsächlich wird das Ruderblatt selbst in diejenige Richtung gelegt, in die auch die Kurve gehen soll. Die Bewegung erfolgt aber als Hebel 1. Art, das heißt, mit einem Pivotpunkt.

Eine ganz ähnliche Situation findet sich in der minimal-invasiven, laparoskopischen Chirurgie. Hierbei werden die Instrumente durch kleine Öffnungen zum Beispiel der Bauchdecke in das Körperinnere geführt, wodurch wiederum ein Hebel 1. Art entsteht: Bewegt die Chirurgin oder der Chirurg mit der Hand das Instrument nach links, führt dies zur Bewegung des Instruments nach rechts – eine RE-inkompatible Situation also. Diese Bewegungsinversion, in der Literatur auch als *Fulcrum-Effekt* bezeichnet, könnte also bei mikroskopischer Betrachtung durchaus Probleme bereiten, zumindest verglichen mit einer kompatiblen Bedingung, bei der das Instrument der Handbewegung folgt. Tatsächlich ist diese Möglichkeit als Ursache vermehrter Fehler, im Vergleich zur herkömmlichen Chirurgie, diskutiert worden (Savader et al., 1997). Dies hat unter anderem zu dem Vorschlag geführt, das visuelle Feedback, welches auf Bildschirmen rückgemeldet wird, ebenfalls zu invertieren, um die Kompatibilität zwischen Handbewegung und (rückgemeldeter) Instrumentbewegung wieder herzustellen (z. B. Crothers et al., 1999). Andere Autoren und Autorinnen gingen hingegen von keinen wirklich nennenswerten Problemen aus (Heemskerk et al., 2006).

Eine kognitionspsychologische Untersuchung dazu stammt von Kunde, Müsseler und Heuer (2007). Diese Autoren verwendeten eine Vorrichtung, mit der Versuchspersonen einen Schieber mit der Hand nach links oder rechts bewegen konnten. Auf dem Bildschirm wurde ein Hebel präsentiert, mit dem der Schieber auf zweierlei Arten virtuell verbunden werden konnte (▶ Abb. 3.5a): Wurde die virtuelle Verbindung am unteren Ende des Hebels hergestellt, wurde die RE-inkompatible Situation der laparoskopischen Chirurgie simuliert. Mit einer virtuellen Verbindung am oberen Ende folgte die Bewegung der Hebelspitze hingegen der Handbewegung, eine RE-kompatible Bedingung. Die Aufgabe der Versuchspersonen war es, die Hebelspitze nach links oder rechts zu bewegen, wobei die Richtung durch einen farbigen Stimulus bestimmt wurde, der links oder rechts (und in Experiment 2 auch in der Mitte) präsentiert wurde. Während die beiden REK-Bedingungen in verschiedenen Blöcken implementiert wurden, wurde durch die Variation der Stimuluspräsentation zusätzlich eine Art Simon-Kompatibilität implementiert, hier aber bezogen auf die Kompatibilität zwischen Stimulus(-lokation) und Effekt (d. h. der Hebelspitze), also *Stimulus-Effekt-Kompatibilität* (SEK). In beiden Experimenten zeigte sich eine Wirkung beider Kompatibilitätsbeziehungen: Die RTs waren kürzer, wenn zwischen Hand- und Hebelbewegung eine kompatible Beziehung bestand, und sie waren auch kürzer, wenn der Stimulus an dem Ort erschien, zu dem die Hebelspitze bewegt werden sollte. In Experiment 1 wurden bei inkompatibler Hand-Hebel-Beziehung zudem mehr Fehler gemacht als bei der kompatiblen Beziehung. Insgesamt sprechen diese Befunde also dafür, dass eine Inversion der Hand-Hebel-Beziehung tatsächlich zu Problemen auf der Mikroebene führen kann. Ganz ähnliche Befunde liegen aus weiteren Studien zum Gebrauch von Hebeln vor (z. B. Müsseler & Skottke, 2011) und die Probleme bleiben auch bestehen, wenn die Handbewegung an sich verdeckt wird oder die Versuchspersonen explizit instruiert werden, ihre Aufmerksamkeit auf die Hebelspitze zu richten (Janczyk, Pfister & Kunde, 2012). Kunde, Pfister und Janczyk (2012) untersuchten zudem die Hebelaufgabe aus Kunde, Müsseler und Heuer (2007) in Multitasking-Situationen und stellten fest, dass die entstehenden Probleme zentrale Verarbeitungskapazitäten binden und dadurch auch zu Beeinträchtigungen bei anderen, parallel auszuführenden Aufgaben (z. B. Überwachung von Systemen, Kommunikation mit Teammitgliedern etc.) führen können.

Ein anderer, viel untersuchter Fall von REK, ist aus der Luftfahrt bekannt. Der Fluglageanzeiger, auch bekannt als *künstlicher Horizont*, gibt dem Piloten beziehungsweise der Pilotin im Instrumentenflug Information über die Abweichung des Flugzeugs von der horizontalen Lage. Hierbei sind grundsätzlich zwei verschiedene Darstellungsarten denkbar (▶ Abb. 3.5b). Zum einen kann die resultierende Drehung durch eine Bewegung des Flugzeugs dargestellt werden, während der Horizont stabil bleibt. Da dies der Ansicht von außen entspricht, wird diese Variante auch als »outside-in«- oder »moving plane«-Darstellung bezeichnet. Zum anderen kann die resultierende Drehung auch so visualisiert werden, dass das Flugzeug stabil bleibt, sich der Horizont aber in die entgegengesetzte Richtung dreht. Dies ist auch die Sicht einer Pilotin beziehungsweise eines Piloten aus dem Cockpit und sie wird daher auch »inside-out«- oder »moving horizon«-Darstellung genannt (z. B. Roscoe, 1968; Wickens, 2003; eine Übersicht wird gegeben in Previc & Ercoline, 1999). Vor

3 Aufmerksamkeit und Handeln

(a) Hebel 1. Art

RE-kompatibel 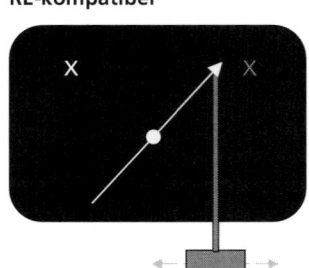   RE-inkompatibel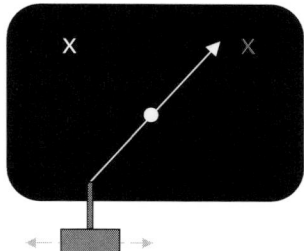

(b) „künstlicher Horizont"

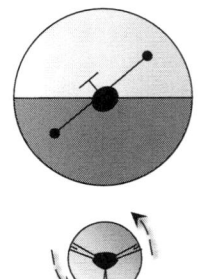   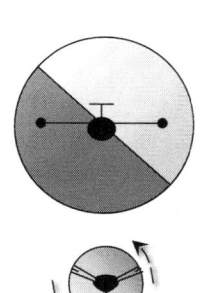

Abb. 3.5: Illustration zweier Beispiele mit kompatiblen beziehungsweise inkompatiblen Reaktions-Effekt-Kompatibilität (REK) Bedingungen. (a) Bei einem Hebel 1. Art wird die Handbewegung (in der inkompatiblen Bedingung) in eine räumlich inkompatible Werkzeugbewegung übersetzt (siehe Kunde, Müsseler & Heuer, 2007). (b) Beim künstlichen Horizont kann die Lage des Flugzeugs bei einer »Linkskurve« auf zwei Arten dargestellt werden. Westliche Flugzeuge haben klassischerweise eine (RE-inkompatible) »inside-out«-Darstellung verbaut, während russische Flugzeuge klassischerweise eine (RE-kompatible) »outside-in«-Darstellung verbaut haben.

dem Hintergrund von Kompatibilitätseffekten, ist die »moving plane«-Darstellung RE-kompatibel, während die »moving horizon«-Darstellung RE-inkompatibel ist.

Interessant ist vor allem, dass tatsächlich beide Darstellungen zum Einsatz kommen. Westliche Flugzeuge verwenden »moving horizon«, während russische Flugzeuge »moving plane« verwenden. Dieser Umstand war unter anderem für den Absturz des Crossair Flugs 498 im Januar 2000 zumindest mitverantwortlich, in dessen Zusammenhang eine Fehlinterpretation der »moving horizon«-Darstellung durch einen Piloten, der mit der »moving plane«-Darstellung ausgebildet worden war, berichtet wurde (Eidgenössisches Departement für Umwelt, 2002; siehe auch Müller, Roche & Manzey, 2019). Die Frage, welche Darstellung vorteilhafter ist, beschäftigt die Forschung bereits seit Mitte des letzten Jahrhunderts (für Zusammenfassungen der Befundlage siehe Müller, Sadovitch & Manzey, 2018; siehe auch

Previc & Ercoline, 1999). Hierbei wird oft zwischen Tracking- und Recovery-Aufgaben unterschieden. *Tracking-Aufgaben* erfordern ein kontinuierliches Steuern eines (simulierten) Flugzeugs, so dass eine horizontale Fluglage bei leichten Störungen eingehalten bleibt. Ein beliebtes Maß zur Quantifizierung von Abweichungen von dieser Fluglage ist die *Root Mean Square Deviation (RMSD)*, also die Wurzel aus der mittleren quadrierten Abweichung der Fluglage von der horizontalen Fluglage. Bei Recovery-Aufgaben wird das Flugzeug im Simulator abrupt in eine Schräglage versetzt und die Versuchsperson soll das Flugzeug so schnell wie möglich zurück in die horizontale Fluglage bringen. Die Häufigkeit von sogenannten *Reversal Errors*, also von Durchgängen, in denen die Versuchsperson zunächst in die falsche Richtung gesteuert hat, kann hier als Maß zur Beurteilung der Leistung herangezogen werden. Das Gesamtbild vorhandener empirischer Studien zeigt, insbesondere in Recovery-Aufgaben, für Novizen und Novizinnen einen Vorteil der »moving plane«-Darstellung. Auch in experimentellen Studien, die explizit vor dem Hintergrund ideomotorischer Ansätze durchgeführt wurden, finden sich schnellere Reaktionen (und weniger Fehler) für die »moving plane«-Darstellung. Diese Befunde legen nahe, dass dieser Darstellung vermutlich eine intuitivere Vermittlung der Fluglage zugeschrieben werden kann. Für erfahrene Pilotinnen und Piloten ist das empirische Bild allerdings komplexer. Im Fall von Recovery-Aufgaben lassen sich Studien finden, in denen keine Unterschiede beider Darstellungen berichtet werden, aber auch Studien, die einen Vorteil für die »moving plane«-Darstellung oder auch für die »moving horizon«-Darstellung berichten. Zudem konnten jüngere Studien (z. B. Gross & Manzey, 2014; Yamaguchi & Proctor, 2006, 2010) den oben zusammengefassten Vorteil für die »moving plane«-Darstellung nicht replizieren, wobei hier zu berücksichtigen ist, dass in neueren Studien auch Tracking-Aufgaben und zudem größere Darstellungen verwendet wurden, die eher der tatsächlichen Darstellung in einem *Primary Flight Display (PFD)* moderner Flugzeuge entsprechen. In einer jüngeren Arbeit variierten Müller, Sadovitch und Manzey (2018) beide Darstellungen sowie deren Displaygröße und untersuchten Novizinnen und Novizen sowie Piloten und Pilotinnen, wobei sie sowohl eine Recovery- als auch eine Tracking-Aufgabe verwendeten. Für die Recovery-Aufgabe zeigte sich ein genereller Vorteil für die »moving plane«-Darstellung, wenngleich dieser Vorteil bei Piloten und Pilotinnen verringert war, wenn größere Displays eines typischen PFD verwendet wurden. In der Tracking-Aufgabe zeigte sich hingegen für Piloten und Pilotinnen eher ein Vorteil der »moving horizon«-Darstellung, welcher vermutlich Resultat der Ausbildung und Flugpraxis mit dieser Darstellung ist. Diese Ergebnisse legen auch nahe, dass ein Wechsel von der »moving horizon«- zur »moving plane«-Darstellung weniger (bis keine) Probleme mit sich bringen sollte als der umgekehrte Wechsel; dies wurde empirisch in einer weiteren Studie ebenfalls bestätigt (Müller, Roche & Manzey, 2019). Wenngleich insgesamt viel experimentelle Laborforschung diesem Bereich gewidmet wurde, bleiben nach wie vor auch Fragen offen. Dies betrifft zum Beispiel andere Eigenschaften der Darstellung in Fluglageanzeigern sowie deren Interaktionen (vgl. dazu auch Ding & Proctor, 2017).

Bisher haben wir nur Bedingungen diskutiert, in welchen eine Bewegung durch ein Werkzeug oder ähnliches direkt transformiert wird, in dem Sinne, dass die handelnde Person mit ihrer Hand ein Objekt bedient hat. Durch technische Fortschritte ist es aber auch möglich, mittels (Hand-)Gesten im dreidimensionalen Raum mit Geräten zu interagieren. Derartige Interaktionsmöglichkeiten werden beispielsweise zur Steuerung von Infotainmentsystemen genutzt (z. B. Ashley, 2014). Die Verwendung derartiger Interaktionsmöglichkeiten kann zum Beispiel die Notwendigkeit der Verlagerung visueller Aufmerksamkeit reduzieren, die ansonsten nötig wäre, um das richtige Feld auf einem Bildschirm auszuwählen (Kim & Song, 2014). Die Beziehung zwischen Richtung einer Geste und der Richtung der durch sie initiierten Bewegung kann auf zwei unterschiedliche Arten implementiert sein. Ein illustratives Beispiel dafür ist das Scrollen eines Fensters auf dem Computerbildschirm. Das Bewegen der Scroll-Leiste nach oben kann bewirken, dass der Bildschirminhalt nach unten bewegt wird (dies wäre eine RE-inkompatible Beziehung), oder dass der Bildschirminhalt nach oben bewegt wird (dies wäre eine RE-kompatible Beziehung). Bemerkenswert ist aber noch eine weitere Beziehung: Durch die Bewegung der Scroll-Leiste nach oben, bewegt sich in einer inkompatiblen RE-Beziehung zwar der Bildschirm nach unten, gleichzeitig wird aber Inhalt sichtbar, der sich weiter oben befindet. Betrachtet man dies als das eigentliche Ziel des Scrollens, bestünde wiederum eine Kompatibilität zwischen der Bewegung und dem Ziel der Bewegung (und natürlich umgekehrt im Fall einer kompatiblen RE-Beziehung). Chen und Proctor (2013) haben diese verschiedenen Konfigurationen systematisch verglichen und einen RT-Vorteil für die kompatible RE-Beziehung demonstriert. Allerdings wurden in dieser Studie Tastendrücke als Reaktionen verwendet. Janczyk, Xiong und Proctor (2019) haben in einem alltagsnäheren Szenario beide Bedingungen erneut verglichen, allerdings mit berührungsfreien Gesten, die entweder nach oben oder nach unten ausgeführt werden mussten. Das Ergebnis war insofern überraschend, als dass in mehreren Experimenten kein konsistenter REK-Effekt beobachtet werden konnte. Gleichzeitig zeigte sich aber ein klarer SRK-Effekt. In einer Folgestudie wurde ein vereinfachtes Szenario verwendet und statt SRK wurde Simon-Kompatibilität im experimentellen Design implementiert (Janczyk, 2023). Im Ergebnis zeigte sich ein klarer Simon-Effekt, aber wiederum kein REK-Effekt. Worin sich diese Besonderheit berührungsfreier Gesten begründet, ist derzeit unklar. In Betracht kommende Besonderheiten dieser Reaktionsart sind beispielsweise das ausbleibende taktile Feedback oder die fehlende klar definierte Endposition, die erreicht werden muss, um als korrekte Reaktion zu gelten.

3.2.2 Radiologie und Gepäckkontrollen als Anwendungsbeispiele visueller Suche

Typische Fälle anwendungsorientierter Forschung im Bereich Wahrnehmung und selektiver Aufmerksamkeit betreffen unter anderem die medizinische Diagnostik (z. B. schnelles und sicheres Erkennen von Abnormalitäten auf Röntgenbildern) und Gepäckkontrollen an Flughäfen (z. B. schnelles und sicheres Erkennen von gefährlichen beziehungsweise nicht zugelassenen Gegenständen im Handgepäck). Natürlich gibt es zwischen derartigen Situationen und laborexperimentellen Untersuchungen Unterschiede, aber insbesondere bei solchen visuellen Suchen nach sehr selten vorkommenden »Zielreizen« ist es wichtig, die dahinterstehenden Prozesse und Mechanismen zu analysieren, um Verbesserungsvorschläge zu erarbeiten (Wolfe, 2010). Im Labor zeigt sich beispielsweise eine Tendenz zu einer negativen Antwort (d.h., ein Zielreiz ist nicht vorhanden) im Fall sehr seltener Zielreize (Wolfe et al., 2007). Dies könnte für die oben genannten Anwendungsfälle bedeuten, dass tatsächlich Zielreize häufiger übersehen werden. Wir beginnen hier mit Studien im Kontext Radiologie bevor wir im Anschluss Beispiele der Gepäckkontrolle betrachten.

Radiologie, Expertise und Zufallsbefunde

Es gibt eine Reihe von Hinweisen darauf, dass Radiologen und Radiologinnen mit einer gewissen Expertise bereits nach sehr kurzer Präsentation von Röntgenbildern überzufällig gut erkennen können, ob Veränderungen vorliegen, die auf das Vorliegen oder die baldige Entwicklung einer Krankheit hinweisen. Dies gelingt selbst ohne eindeutig lokalisierbare Hinweise auf eine Abnormalität (z.B. Evans et al., 2013). Für Expertinnen und Experten ist es also möglich, den *Kern des Abnormalen* (engl. *gist of abnormality*) beziehungsweise die globale Bedeutung des visuellen Eindrucks in äußerst kurzer Zeit zu extrahieren. Wenngleich die Detektionsrate bei Expertinnen und Experten erwartungsgemäß steigt, wenn das Stimulusmaterial beliebig lange präsentiert wird (bspw. von d' = 1.0 zu d' = 2.5; Kundel & Nodine, 1975), können derartige Entdeckungsleistungen im Rahmen von Screenings dennoch hilfreich in der frühen Erkennung und Behandlung von Krankheiten sein. Nützlich wären dann insbesondere Methoden, die das im Stimulus enthaltene Signal stärker werden lassen, sodass – bei immer noch (relativ) kurzer Betrachtungszeit – die Entdeckungsleistung steigt. Eine Möglichkeit dazu wäre, die Expertinnen und Experten explizit darauf hinzuweisen, ihre Entscheidung auf Basis des ersten Eindrucks zu fällen, aber ihnen dennoch die Möglichkeit zu geben, das Material länger als 500 ms zu betrachten. Raat et al. (2021) verglichen Experten und Expertinnen der Radiologie mit Studierenden (als Novizen und Novizinnen) und variierten die Betrachtungszeit zwischen 500 ms und unbegrenzt. In der letzteren Bedingung betrachteten die Radiologen und Radiologinnen das Material zwar länger als die Studierenden, insgesamt aber in allen untersuchten Bedingungen kürzer als durchschnittlich 7.000 ms, was deutlich unter den durchschnittlichen Betrachtungszeiten in der tatsächlichen Berufspraxis liegt (vgl. Berns et al. 2006; Kuzmiak et al., 2010). Im Gesamteindruck der Ergebnisse zeigte sich eine bessere Leistung der Radiologen und Radiologinnen gegenüber der Stichprobe der Studierenden, ein klarer Vorteil der Aufhebung der Betrachtungszeit war jedoch nicht erkennbar: »[...] this signal remains small and was not meaningfully enhanced by removing the viewing time limit [...]« (Raat et al., 2021, S. 12).

Warum aber können Radiologen und Radiologinnen mit einer gewissen Expertise die gesehenen Bilder überhaupt nach kurzer Ansicht bereits überzufällig gut einschätzen? Zum einen gibt es Hinweise aus Trainingsstudien darauf, dass diese Fähigkeit auf einer erlernten Extraktion globaler perzeptueller Regularitäten – ohne Rückgriff auf lokalisier- und benennbare Eigenschaften – basiert. Die Versuchspersonen von Raat, Kyle-Davidson und Evans (2023), allesamt ohne jede medizinische Ausbildung oder Expertise im fraglichen Bereich, betrachteten zum Beispiel in acht Sitzungen Mammographien, von denen etwa 72 % Abnormalitäten beinhalteten. Diese Bilder sollten dann auf einer Rating-Skala als abnormal oder normal eingeschätzt werden und die Versuchspersonen erhielten im Anschluss an jede Einschätzung eine globale Rückmeldung über die Korrektheit ihrer Einschätzung. Verglichen mit einer Testung direkt vor dem Training zeigte sich im direkten Anschluss an das Training eine leichte Verbesserung der Leistung. Zusammen mit einer Studie von Hegdé (2020) kann dies als Indiz gewertet werden, dass tatsächlich Regularitäten im Gesamteindruck gelernt werden, die nicht auf spezifischen und benennbaren Details basieren. Bemerkenswert ist zudem, dass in der Studie von Raat et al. die Versuchspersonen besser abschnitten als eine künstliche Intelligenz in Form eines sogenannten *Deep Neural Network*.

Antworten auf die Fragen, wie viel Training zu einer merklichen Verbesserung führt und wie langanhaltend die Verbesserung wirkt, bleiben allerdings offen. Einerseits gab es in der Studie große interindividuelle Unterschiede im Lernfortschritt, sodass einige der Versuchspersonen als »Nicht-Lerner« eingestuft wurden; andererseits war bereits eine Woche nach dem Training die Leistung auf das Ausgangsniveau zurückgekehrt. Dies kann als Hinweis darauf gewertet werden, dass kontinuierliche Beschäftigung mit dem Feld der Expertise notwendig ist, um die Lernvorteile nutzen zu können. Zum anderen gibt es auch direkte experimentelle Evidenz für eine »holistische«, das heißt globale, Verarbeitung der betrachteten Bilder durch Experten und Expertinnen. Damit ist gemeint, dass Merkmale nicht einzeln beachtet werden, sondern diese bei der Betrachtung direkt in einem ganzheitlichen Perzept integriert werden. Ein Paradebeispiel holistischer Verarbeitung ist die Gesichtserkennung und das bekannteste Phänomen in diesem Kontext ist der sogenannte Gesichts-Inversions-Effekt (Yin, 1969): die Erkennensleistung von um 180° gedrehten Gesichtern sinkt im Vergleich zu anderen Objektklassen überproportional stark. Offenbar geht dieser Effekt auf die durch Expertise entwickelte ganzheitliche Verarbeitung zurück. Dies wird zum Beispiel anhand einer Studie von Diamond und Carey (1986) deutlich, bei der professionelle Leistungsrichter und Leistungsrichterinnen von Hundewettbewerben sowohl bei Gesichtern als auch bei Hunden einen Inversions-Effekt zeigten, während Kontrollversuchspersonen diesen nur bei den (menschlichen) Gesichtern zeigten. Diesen Umstand machten sich Chin et al. (2018) zunutze. In ihrer Studie sollten eine eher unerfahrene Gruppe und eine erfahrene Gruppe von Radiologen und Radiologinnen (a) Gesichter bezüglich ihres Ausdrucks (glücklich vs. neutral) und (b) Mammographien bezüglich einer eventuell vorhandenen Auffälligkeit (unauffällig vs. auffällig) einschätzen. Die kritische Manipulation war, dass die Bilder entweder aufrecht oder um 180° rotiert präsentiert wurden. Erwartungsgemäß zeigte sich der Inversions-Effekt bei den Gesichtern; für die Mammographien zeigte sich der Effekt aber nur für die Experten und Expertinnen. Insofern also der Inversions-Effekt als Indiz für eine holistische Verarbeitung gewertet werden kann, unterstreichen diese Befunde, dass die überzufällige Erkennensleistung durch die Expertengruppe auf eine schnelle holistische Verarbeitung des Gesamteindrucks zurückgeht.

Bisher haben wir einen wichtigen Aspekt radiologischer Untersuchungen ausgeblendet, nämlich dass es nicht nur darum geht, nach einem bestimmten Zielreiz zu suchen (z. B. ob ein Patient oder eine Patientin Anzeichen einer Lungenentzündung zeigt), sondern auch darum, andere Krankheitsanzeichen (z. B. Hinweise auf Tumore) zu entdecken, sogenannte Zufallsbefunde. Wie bereits erwähnt, wurden SSM-Fehler bereits vor langer Zeit im Kontext der Radiologie nachgewiesen (Smith, 1967; Tuddenham, 1962; siehe Berbaum et al., 2010, für eine Übersichtsarbeit) aber erst später in kognitionspsychologischen Studien detailliert untersucht (Adamo et al., 2021). Bei genauerer Betrachtung zeigen sich aber auch wichtige Unterschiede zwischen typischen Laboraufgaben mit zwei Suchzielen und dem eventuell vorhandenen aber nicht entdeckten Zufallsbefund (Wolfe, Alaoui Soce & Schill, 2017), der oft auch nur in Form einer Kategorie definiert ist: Auch wenn – ähnlich wie in der zuvor beschriebenen Studie von Simons und Chabris (1999) – ein Gorilla in einem Röntgenbild oft nicht entdeckt wird (Drew, Võ & Wolfe, 2013), handelt es sich nicht um einen reinen *Inattentional Blindness*-Effekt (Simons & Schlosser, 2017), da mögliche Zufallsbefunde ja Zielreize betreffen, nach denen tatsächlich gesucht werden soll, die aber dennoch nicht leicht und auch nicht von jeder suchenden Person entdeckt werden. Zudem kann ein Zufallsbefund natürlich auch der alleinige Zielreiz in einem Röntgenbild sein, während ein SSM-Fehler voraussetzt, dass der eigentliche Zielreiz bereits entdeckt wurde. Wolfe, Alaoui Soce und Schill (2017) haben dies zum Anlass genommen, eine Herangehensweise zu entwickeln, die besser geeignet ist, die Situation experimentell abzubilden. Dazu führten sie Experimente durch, in denen Versuchspersonen sowohl nach drei oder sechs spezifischen Zielreizen (z. B. Sessel oder Bratsche), als auch nach drei oder sechs nur kategorial definierten Zielreizen (z. B. Möbel oder Musikinstrumente) suchen sollten. Besonders wichtig war allerdings die gemischte Bedingung, in welcher die Versuchspersonen nach drei spezifischen *und* drei kategoriell definierten Zielreizen suchen sollten. Dies ist die Bedingung, die die Situation der Zufallsbefunde abbilden soll. Zunächst replizieren die Ergebnisse frühere Befunde längerer RTs bei sechs verglichen mit drei sowie bei kategorialen verglichen mit spezifischen Zielreizen (Experiment 1). Das wichtigste Ergebnis war allerdings, dass in dieser gemischten Bedingung der Prozentsatz nicht entdeckter kategorialer Zielreize höher als in den anderen Bedingungen war und diese Leistungsunterschiede noch ausgeprägter waren, wenn die Auftretenshäufigkeit (Prävalenz) von Zielreizen reduziert wurde. Insgesamt scheint die Methode geeignet zu sein, das Problem von Zufallsbefunden experimentell abzubilden. Im Detail zeigten sich aber auch noch weitere interessante Befunde. Beispielsweise verbesserte sich die Leistung beim Entdecken eines zweiten kategorialen Zielreizes, wenn der erste kategoriale Zielreiz entdeckt worden war (die Entdeckung eines ersten spezifischen Zielreizes erzeugte jedoch keinen solchen Effekt). Wolfe et al. interpretieren dies dahingehend, dass die erste Entdeckung eine Art prospektive Erinnerung darstellen könnte, zukünftig auf ähnlich definierte Zielreize zu achten (▶ Kap. 2.2.3). Derartige Erinnerungen könnten dann eine hilfreiche Intervention sein, die Fehlerraten zu reduzieren.

Gepäckkontrollen und selten auftretende Gegenstände

Ein weiterer viel untersuchter Anwendungsbereich mit Bezug zur visuellen Suche und Aufmerksamkeit sind (Hand-)Gepäckkontrollen an Flughäfen, bei denen das Personal anhand von Röntgenbildern des Gepäcks nach verbotenen, potentiell gefährlichen Gegenständen suchen muss (von Messern über andere Waffen bis zu versteckten Sprengladungen (*improvised explosive devices, IEDs*)). Viele der Schwierigkeiten, die am Beispiel der Radiologie angesprochen wurden, gelten auch hier. Diskutiert werden aber noch weitere spezifische Probleme (Biggs & Mitroff, 2015): (1) Die Zielreize der Suche treten überhaupt extrem selten auf. (2) Die Ziele der Suche sind oft gut versteckt, in unüblichen Positionen angeordnet und zusätzlich erschweren Gegenstände wie Laptops, die eine hohe Materialdichte haben, das Finden anderer Objekte (Mendes, Schwaninger & Michel, 2013). (3) Das genaue Aussehen des Zielreizes der Suche ist unbekannt, denn es gibt eine Vielzahl von Zielreiz-Kategorien, wobei jede Kategorie wiederum eine unbegrenzte Menge an Exemplaren beinhalten kann. (4) Ein Gepäckstück kann mehr als einen Zielreiz enthalten. Im Folgenden gehen wir auf den ersten und vierten Aspekt etwas genauer ein.

Wie weiter oben erwähnt, ist der Effekt der geringen Prävalenz in der visuellen Suche auch im Labor etabliert (Wolfe, Horowitz & Kenner, 2005; Wolfe et al., 2007). Wenngleich im Bereich der Gepäckkontrollen die tatsächliche Prävalenz nicht zugelassener Gegenstände unbekannt ist, kann man doch davon ausgehen, dass die Prävalenz eines Zieles äußerst gering ist. Mitroff und Biggs (2014) haben die Auswirkungen dieser geringen Prävalenz anhand eines großen Datensatzes untersucht, der mit einer Computerspielsimulation der Gepäckkontrolle am Flughafen generiert wurde. Von der generellen Zielprävalenz unterscheiden die Autoren die Häufigkeit, mit der eine bestimmte Kategorie nicht zugelassener Gegenstände das Ziel darstellt. Das wesentliche Ergebnis der Studie war, dass es zwischen Frequenz und (korrekter) Erkennung eines nicht zugelassenen Gegenstandes einen logarithmischen Zusammenhang gab: Insbesondere sehr seltene Gegenstände (bzw. Kategorien) wurden entsprechend äußerst selten erkannt. So war die Rate korrekter Erkennungen von Zielreizen mit Auftretenshäufigkeiten von weniger als 0.15 % nur etwa 27 %. Eine mögliche Gegenmaßnahme basiert auf *Threat Image Projection* (*TIP*). Darunter wird verstanden, dass moderne Systeme bei der Gepäckkontrolle fiktionale Gegenstände in das Röntgenbild projizieren (siehe Hofer & Schwaninger, 2005; Schwaninger, 2006). Die dadurch entstandenen Daten können dann auch zur Bewertung und Evaluation des Personals herangezogen werden. Da kurze Folgen sehr seltener Zielreize verbunden mit Feedback in diesen Durchgängen die Entdeckungsleistung für die sehr seltenen Zielreize erhöhen können (siehe Wolfe et al., 2007, Experimente 6–7), haben Mitroff und Biggs (2014) unter anderem vorgeschlagen, die Frequenz der Projektionen seltener Gegenstände systematisch zu manipulieren.

Auch SSM-Fehler treten – ähnlich wie oben diskutiert für den Fall der Radiologie – bei Gepäckkontrollen auf und ihre Vermeidung ist von großer Bedeutung für die Sicherheit der Flugreisenden. Schließlich sollten bei der Entdeckung (und Entnahme) eines gefährlichen Gegenstandes eventuell vorhandene weitere solche Gegenstände nicht übersehen werden. Auch im Kontext der Gepäckkontrolle besteht eine Unsicherheit über die Anzahl der aktuellen Ziele und auch darüber, welche Ziele und Zielkategorien überhaupt gerade in Betracht kommen (Mitroff, Biggs & Cain, 2015). Während die »wahre« Häufigkeit von SSM-Fehlern unbekannt ist, gibt es Schätzungen von etwa 15% SSM-Fehler über eine große Menge von Durchgängen hinweg (Biggs et al., 2015). Vor dem Hintergrund der TIP-Methode erscheint es sogar möglich, dass die projizierten Gegenstände tatsächlich dafür sorgen, dass echte nicht erlaubte Gegenstände übersehen werden. Hinzu kommt noch eine Häufung von SSM-Fehlern unter Zeitdruck (Fleck, Samei & Mitroff, 2010), ein situationaler Faktor, der bei der Gepäckkontrolle an Flughäfen sicherlich nicht irrelevant sein dürfte. Mitroff, Biggs und Cain (2015) schlagen in ihrem Artikel eine Reihe von Maßnahmen vor, um die Häufigkeit von SSM-Fehlern zu reduzieren, konstatieren aber gleichzeitig, es handele sich um ein Problem »that has been known about for over 50 years in radiological research (Smith, 1967; Tuddenham, 1962) but has yet to be solved« (S. 122; siehe auch Biggs, Kramer & Mitroff, 2018, für eine Diskussion möglicher Maßnahmen zur Verbesserung der Entdeckungsleistung im Allgemeinen).

3.2.3 Multitasking in angewandten Kontexten

Im Alltag oder Beruf versuchen Menschen oft mehr oder weniger erfolgreich, mehrere Aufgaben gleichzeitig zu erledigen (Ophir, Nass & Wagner, 2009). Insofern verwundert es nicht, dass die Auswirkungen von Multitasking auch in angewandten Kontexten untersucht werden. Wichtige Anwendungsbereiche sind zum Beispiel Schule und Bildung, also die Frage, ob und wie Multitasking das Lernen erschwert, aber auch der Straßenverkehr, also inwieweit Multitasking zu Fahrfehlern führen kann. Diese beiden Felder werden im Folgenden näher beleuchtet.

Multitasking im Bildungskontext

Der generell zunehmende Gebrauch von Laptops und Smartphones und die damit einhergehende Nutzung »sozialer Medien« hat auch vor universitären Lernsituationen nicht Halt gemacht (vgl. Lau, 2017). Wenngleich es sicherlich auch positive Aspekte dieser Nutzung gibt (erleichterte Kontaktaufnahme, schneller Austausch etc.), liegt es nahe zu fragen, ob die gleichzeitige Nutzung sozialer Medien (im Englisch dann als *Social Media Multitasking* bezeichnet) in Lernkontexten zu Nachteilen führt. Der generelle Eindruck sowohl von Befragungen als auch aus experimentellen Studien ist, dass derartiges Multitasking mit schlechterer Leistung einhergeht, es aber einige Aspekte gibt, die eine Qualifizierung derart pauschaler Aussagen erfordern (siehe z.B. May & Elder, 2018, oder Van der Schuur et al., 2015, für Übersichten).

Befragungen erfassen oft das Multitasking-Verhalten der Versuchspersonen in Form von Ratingskalen und direkten Fragen wie »I multitask with my social media account while studying« (z.B. Lau, 2017, S. 288). Als Leistungsmaß wird dann beispielsweise der GPA verwendet (*Grade Point Average*; in etwa der Notendurchschnitt im US-amerikanischen System) und die Vorhersage von Multitasking auf den GPA wird dann durch lineare Regressionen bestimmt. Ähnlich wie in anderen Studien, zeigte sich auch bei Lau (2017), dass mehr Multitasking mit einer etwas schlechteren Leistung einherging. Während in dieser und ähnlichen Studien die Versuchspersonen allgemein zu ihrem Verhalten befragt wurden und auch das Kriterium, also die Leistung, in einem zeitlich nicht klaren Verhältnis zum Multitasking-Verhalten steht, gingen Jamet et al. (2020) einen anderen Weg. Die Versuchspersonen in ihrer Studie waren Psychologiestudierende, die regulär an einem Kurs teilnahmen. In einer Sitzung wurde zunächst über ein bestimmtes Thema 20 Minuten gelehrt (Angststörungen und Kognitive Verhaltenstherapie). Direkt im Anschluss wurde dann eine Befragung durchgeführt, die sich auf die vorherigen 20 Minuten bezog und in welcher mehrere Aspekte erfasst wurden, unter anderem auch thematisch nicht zu den Inhalten passendes Medien-Multitasking (soziale Medien, Chats etc.), anderes nicht-digitales Multitasking (Unterhalten mit anderen Studierenden, Zeitung lesen etc.), Erinnern an Fakten des vorherigen Vortrags sowie Fragen zum Verständnis der Thematik. Zunächst zeigte sich auch in dieser Studie, dass ein Großteil der Studierenden angab, während des Vortrags Multitasking betrieben zu haben. Das Ausmaß dieses Multitaskings hatte negative Konsequenzen für die Erinnerung an Fakten, nicht aber auf die Verständnisfragen zum Vortrag. Die in dieser Studie berichtete negative Wirkung von Multitasking auf die (Erinnerungs-)Leistung ist insofern interessant, als dass in dieser Studie zwar auch eine retrospektive Beurteilung durchgeführt wurde, aber diese sich auf einen gerade eben verstrichenen Zeitraum bezog und zudem die Leistung direkt im Anschluss (und nicht verzögert wie beim GPA) erfasst wurde. Warum die negative Wirkung sich bei den Verständnisfragen nicht zeigte, bleibt allerdings ungeklärt und mag Ursachen in den Fragen zur Erfassung haben.

Die bisherigen Studien sind korrelativer Natur. Klarere Ergebnisse hinsichtlich einer möglichen Kausalitätsrichtung bedürfen hingegen (möglichst gut kontrollierter) Experimente. Hembrooke und Gay (2003) implementierten in ihrer Studie eine experimentelle Manipulation, bei der eine Gruppe von Studierenden während einer Vorlesung angehalten wurde, die Laptops wie üblich zu benutzen, während eine andere Gruppe von Studierenden die Laptops schließen sollte. Dies wurde ermöglicht, indem eine Hälfte des Kurses zu einer Laborübung in einen Nachbarraum geschickt wurde, während die andere Hälfte weiter der Veranstaltung folgte (und Laptops benutzen sollte). Im Anschluss wurden die Räume getauscht und die zweite Gruppe erhielt die gleiche Vorlesung (ohne Laptops zu benutzen). Direkt im Anschluss an die Veranstaltung wurden den Studierenden 20 Fragen zum Vorlesungsinhalt gestellt. Zwei Monate später wurde das Experiment wiederholt, allerdings wurden nun die experimentellen Bedingungen (Laptop vs. kein Laptop) zwischen den Studierenden getauscht. In beiden Durchführungen des Experiments gab es bessere Erinnerungsleistungen in der Gruppe, die ohne Laptops zu benutzen der Vorlesung folgte.[9] Aufgrund von detaillierteren Analysen wurde der Anteil an

---

9 Im Detail wurden die insgesamt 20 Fragen teils in Form eines Abruftests und teils eines Rekognitionstests gestellt (▶ Kap. 2.1.2). Der Vorteil in der Erinnerungsleistung zeigte sich

Zeit, die nicht für die Primäraufgabe verwendet wurde, für den Unterschied verantwortlich gemacht. Zusammenfassend weisen Hembrooke und Gay (2003) aber auch darauf hin, dass das generelle Leistungsniveau des untersuchten Kurses gut war und Multitasking mit Laptops sicherlich von Anfang an stattfand, also nicht unbedingt geschlussfolgert werden kann, dass Multitasking ausschließlich negative Wirkungen hat. Insbesondere mag sich die Wirkung von Multitasking auch in Abhängigkeit von der Struktur der Veranstaltung und der Art der Leistungsmessung unterscheiden.

Ein ähnliches Vorgehen wurde von Sana, Weston und Cepeda (2013) verwendet und führte zu ähnlichen Befunden. Die Versuchspersonen in Experiment 1 wohnten einer (fingierten) Meteorologie-Vorlesung bei und sollten ihre Laptops nutzen, um sich Notizen zu machen. Der Hälfte der Versuchspersonen – der Multitasking-Gruppe – wurden 12 zusätzliche Aufgaben gestellt, die sie während der Vorlesung zu einem günstigen Zeitpunkt erledigen beziehungsweise beantworten sollten (z. B.: »Was läuft heute Abend um 22 Uhr auf Kanal 3 im TV?«). In einem anschließenden Test wurde sowohl Faktenwissen aus der Vorlesung als auch die Anwendung des erlernten Stoffes getestet. Es ergab sich, dass die Studierenden in der Multitasking-Gruppe durchschnittlich 9 der 12 Aufgaben tatsächlich bearbeitet hatten und ihre Notizen zur Vorlesung als qualitativ schlechter im Vergleich zur anderen Gruppe bewertet wurden. Darüber hinaus schnitt die Multitasking-Gruppe sowohl in der Abfrage des Faktenwissens als auch in der Anwendung schlechter ab. Dieses Ergebnis repliziert im Wesentlichen die oben berichteten Ergebnisse von Hembrooke und Gay (2003). In einem zweiten Experiment wurde untersucht, ob die Leistung bereits dann beeinträchtigt wird, wenn die Versuchspersonen nicht selbst Multitasking betreiben, sondern nur jemanden dabei beobachten. Dazu wurde ein Teil der Versuchspersonen instruiert, die Laptops nicht zu nutzen. Die kritische Manipulation war allerdings, dass diese Versuchspersonen so platziert wurden, dass nur ein Teil von ihnen zwei andere, konföderierte Versuchspersonen vor sich im Blickfeld sitzen hatte, die zu Multitasking angehalten wurden (ganz so wie die entsprechende Gruppe in Experiment 1). Im Ergebnis schnitten diese Versuchspersonen schlechter ab als Versuchspersonen, die keine Multitasking-betreibende Person vor sich sitzen hatten. In anderen Worten: Nicht nur selbst Multitasking zu betreiben hat negative Auswirkungen auf die Leistung, sondern bereits das Beobachten. Wer Multitasking betreibt, lenkt also potenziell andere Studierende dadurch so hinreichend ab, dass deren Leistung schlechter wird. Sana et al. betonen aber ebenfalls, dass diese Ergebnisse nicht zwangsläufig implizieren, dass Laptops in universitären Veranstaltungen verboten werden sollten, sondern – richtig eingesetzt – der Vorteil ihres Nutzens potenzielle Nachteile überwiegen kann.

Die beiden bisher berichteten experimentellen Studien untersuchten die Auswirkungen von Multitasking auf die Erinnerung und das Verständnis während einer Lehrveranstaltung. In diesem Fall kann verpasstes Lernmaterial natürlich nicht einfach wiederholt angehört werden. Ob sich ein genereller Nachteil durch Multi-

---

deskriptiv insgesamt und über beide Varianten einzeln betrachtet, wobei er für die Fragen in Form eines Rekognitionstests nicht statistisch signifikant wurde.

tasking auch zeigt, wenn Versuchspersonen in der Lage sind, zur Stelle der Unterbrechung durch die Zweitaufgabe zurückzugehen, wurde von Pashler, Kang und Ip (2013) untersucht. In Experiment 1 sollten die Versuchspersonen einen Text lesen, welcher in neun Abschnitten präsentiert wurde, und einen anschließenden Verständnistest bearbeiten. Während von der Kontrollgruppe lediglich der Text gelesen werden sollte, gab es zusätzlich zwei Multitasking-Gruppen, in denen jeweils zu verschiedenen Zeitpunkten kurze Fragen zur Meinung der Versuchspersonen zu bestimmten Themen eingeblendet wurden, die bearbeitet werden sollten. Für eine Multitasking-Gruppe wurden diese Fragen eingeblendet, wenn die Versuchsperson zum nächsten Abschnitt weitergeklickt hatte; für die anderen Multitasking-Gruppe zu zufällig gewählten Zeitpunkten. Im Ergebnis zeigten sich keine Unterschiede im Verständnistest zwischen den drei Gruppen. Bei geschriebenen Texten gibt es natürlich die Möglichkeit, das Lesen einige Wörter/Sätze vor dem Moment der Unterbrechung (durch die Zweitaufgabe) wieder aufzunehmen. In Experiment 2 wurden die Texte daher auditiv präsentiert, wobei diese Präsentation pausiert wurde, wenn die Zweitaufgabe bearbeitet werden sollte. Auch hier zeigte sich kein Unterschied zwischen den drei Bedingungen. In einer normalen Lehrveranstaltung wird aber üblicherweise der Vortrag nicht unterbrochen, wenn es im Auditorium zur Bearbeitung von Zweitaufgaben kommt. Daher wurde in Experiment 3 die Kontrollgruppe mit der zufälligen Multitasking-Gruppe vergleichen; diesmal wurde die Präsentation aber nicht unterbrochen, wenn die Zweitaufgaben eingeblendet wurden. Hier zeigte sich ein Nachteil für die Multitasking-Gruppe im Verständnistext. Gibt es also keine Möglichkeit, zur Position der Unterbrechung zurückzukehren, erweist sich die zusätzliche Betätigung als negativ. Dies dürfte in der typischen Lehrveranstaltung der Fall sein, während die Verwendung von Lernvideos beziehungsweise Vorlesungsaufzeichnungen dem Nachteil also möglicherweise entgegenwirkt. Theoretisch interessant ist zudem ein Vergleich von Experiment 2 und 3. Auf einer theoretischen Ebene (▶ Kap. 3.1.3) sind die Unterbrechungen in Experiment 2 eher dem Aufgabenwechsel zuzuordnen, während in Experiment 3 eine Art Doppelaufgabe implementiert wurde, also zwei Aufgaben zeitgleich (und nicht nacheinander) bearbeitet werden mussten. Möglicherweise haben verschiedene Formen des Multitaskings also verschiedene Auswirkungen auf den Lernerfolg.

Zum Abschluss dieses Abschnitts kommen wir auf den Testungseffekt zurück (Roediger & Karpicke, 2006, ▶ Kap. 2), der beschreibt, dass ein erstes Abrufen von Wissen vor dem eigentlichen Abruf den Lernerfolg im Vergleich zu einem zusätzlichen Lerndurchgang erhöht (für Übersichtsartikel siehe auch Adesope, Trevisan & Sundararajan, 2017; Dunlosky et al., 2013). Wie verhält sich der Testungseffekt, wenn eine zweite Aufgabe zeitgleich mit dem ersten Abruf beziehungsweise dem wiederholten Lernen bearbeitet werden soll? Die Frage ist aus zweierlei Gründen interessant. Zum einen kann die Antwort darauf Hinweise auf die kognitiven Ursachen des Testungseffekt liefern. Dazu ist es zunächst wichtig zu wissen, dass die Bearbeitung einer zweiten Aufgabe während der Enkodierung die Erinnerungsleistung schlechter ausfallen lässt, was während des Abrufs in der Regel nicht der Fall ist. Gleichzeitig ist aber im letzteren Fall die Leistung in der zweiten Aufgabe verschlechtert (z. B. Anderson, Craik & Naveh-Benjamin, 1998; Naveh-Benjamin et al., 1998). Wenn der Testungseffekt auf eine besonders elaborierte, kapazitätsintensive kognitive Verarbeitung während des ersten Abrufs zurückginge, sollte die Bearbeitung einer Zweitaufgabe zu diesem Zeitpunkt mehr Störungen in der Test- als in der Neulernbedingung hervorrufen und entsprechend der Testungseffekt unter Doppelaufgabenbedingungen kleiner werden. Wenn die Wirkungsprozesse des ersten Abrufs jedoch ähnlich dem eines typischen Abrufs in anderen Lernsituationen sind, dann sollte sich die Störung durch die zweite Aufgabe stärker auf die Neulernbedingung auswirken als auf die Testbedingung und der Testungseffekt entsprechend größer werden. Tatsächlich wurde ein größerer Testungseffekt unter Doppel- als unter Einzelaufgaben-Bedingungen in mehreren Studien berichtet, was für die letztgenannte Annahme spricht (Buchin & Mulligan, 2019; Mulligan & Picklesimer, 2016). Diese Befunde sind auch aus einer Anwendungsperspektive interessant. In vielen Lernsituationen ist Multitasking eher der Standard als die Ausnahme und die hilfreichen Konsequenzen des Testens sollten natürlich auch dort existieren. Die gerade erwähnten Studien verwendeten allerdings als Lernmaterial in der Regel labor-typische Wortlisten, die im pädagogischen Alltag eher selten als Lernmaterial vorkommen dürften. Buchin und Mulligan (2019) haben daher in ihrer Studie Suaheli-Englisch-Wortlisten und kurze Prosatexte als Lernmaterialien verwendet. Die Autoren konnten die typischen Wirkungen einer zweiten Aufgabe auf Abruf und Neulernen mit diesem alltagsnäheren Lernmaterial replizieren, der Testungseffekt war aber in dieser Studie in der Doppelaufgaben-Bedingung von gleicher Größe wie in einer Einzelaufgaben-Bedingung (und nicht etwa größer). Insofern erweist sich der Testungseffekt mit realistischerem Lernmaterial auch in Doppelaufgabenbedingungen als resilient. Ein weiterer Abruftest kann also auch unter den üblichen Multitasking-Bedingungen sein förderliches Potenzial weiter entfalten.

Multitasking im Straßenverkehr

Multitasking während des Autofahrens ist ein typischer Zustand, da in der Regel Radio oder Podcast gehört wird, Gespräche mit anderen Personen im Auto aber auch über Mobilfunk geführt werden oder zumindest anderen Gedanken nachgegangen wird. Die dadurch entstehende Ablenkung vom eigentlichen Fahrgeschehen wurde als Risikofaktor für Unfälle im Straßenverkehr ausgemacht (z. B. WHO, 2011) und in zahlreichen Studien empirisch untersucht. Strayer, Castro und McDonnell (2022) haben die Auswirkungen von Multitasking während des Fahrens auf verschiedene Aspekte strukturiert, die sich wiederum allesamt auf das Situationsbewusstsein (engl. *situation awareness*; Endsley, 1995) auswirken können. Im Folgenden greifen wir zunächst mögliche Verzögerungen von Reaktionen auf und betrachten danach die Auswirkungen auf den Umfang dessen, was Personen visuell unter Multitasking-Bedingungen wahrnehmen.

Die Studie von Strayer und Johnston (2001) ist eine frühe und vielzitierte Studie zur Auswirkung des Telefonierens auf die Reaktionsgeschwindigkeit. In Experiment 1 sollten die Versuchspersonen in einer Tracking-Aufgabe mit einem Joystick einen Cursor auf dem Bildschirm über einem sich bewegenden Objekt halten. Diese Aufgabe kann als Approximation an das Spurhalten während des Fahrens betrachtet werden. In unregelmäßigen Abständen hat das Objekt seine Farbe kurz auf rot oder grün gewechselt und die Versuchspersonen sollten mit einem Tastendruck reagieren (die Taste war am Joystick angebracht), wenn das Objekt rot wurde. In den Doppelaufgabenbedingungen sollte zusätzlich entweder Radio gehört oder ein Telefongespräch mit einer anderen Person geführt werden. Dabei wurde noch variiert, ob das Telefon in der Hand gehalten werden musste oder eine Freisprechanlage verwendet wurde. Zunächst zeigte sich, dass zusätzliches Radiohören weder Auswirkungen auf das Entdecken der Farbveränderungen noch auf die RT hatte. Im Unterschied dazu wurden die roten Signale häufiger nicht entdeckt und die RT war verlängert, wenn die Zweitaufgabe aus Telefonieren bestand. Dies war gleichermaßen für Handtelefone wie für die Freisprechanlage der Fall. In Experiment 2 der Studie wurde für andere Zweitaufgaben demonstriert, dass auch die Abweichungen des Cursors vom Objekt in der Tracking-Aufgabe größer werden, wenn die Zweitaufgabe kognitiv anspruchsvoller wird. Diese Ergebnisse deuten vor allem darauf hin, dass entstehende Probleme nicht nur peripherer Natur sind (wie z.B. das Festhalten des Telefons), sondern tatsächlich Aufmerksamkeit vom Fahren an sich abgezogen wird.

Diese Hypothese wurde unter anderem von Levy, Pashler und Boer (2006) weiter aufgegriffen. In ihrer Studie wurde ein Fahrsimulator benutzt und die Versuchspersonen sollten einem vor ihnen fahrenden Führungsfahrzeug in einem bestimmten Abstand folgen. Zusätzlich gab es eine Wahlreaktionsaufgabe in zwei unterschiedlichen Versionen. Zum einen gab es Durchgänge, in denen die Versuchspersonen entscheiden sollten, ob ein Stimulus ein- oder zweimal präsentiert wurde. Zum anderen gab es Durchgänge, in denen in festgelegten Zeitabständen nach dem Stimulus der Wahlreaktionsaufgabe das Bremslicht des Führungsfahrzeugs rot aufleuchtete und somit eine Reaktion (das Bremsen) von den Versuchspersonen verlangt wurde. Das Experiment kann als PRP-Experiment verstanden werden, in dem quasi die SOA manipuliert wurde. Obwohl das Bremsen eine für Autofahrerinnen und Autofahrer hoch überlernte Reaktion darstellt, wurde ein ausgeprägter PRP-Effekt berichtet (siehe auch Janczyk et al., 2014, für PRP-Effekte hoch-überlernter Reaktionen). Der Bremsvorgang scheint also nicht automatisiert zu sein und die Autoren weisen darauf hin, dass selbst die Verzögerungen im Bereich von knapp 170 ms (der Vergleich kurzer und langer SOA) relevante Auswirkungen auf die Strecke haben, die das Auto ab Auftreten des Bremssignals noch zurücklegt.

Zeigen sich nun während einer realen Fahrsituation ähnliche Auswirkungen oder sind diese den artifiziellen Laborbedingungen und den dort verwendeten Aufgaben zuzuschreiben? Strayer et al. (2015) haben die Auswirkungen von sieben verschiedenen Aufgaben (von Radiohören über Telefonieren bis zu komplexen mathematischen Aufgaben samt Erinnerungskomponente) auf die RT (auf das Erscheinen eines Stimulus) und die erlebte Beanspruchung (erfasst durch den NASA-TLX (Task Load Index); Hart & Staveland, 1988) in drei verschiedenen Experimenten untersucht: Experiment 1 war ein Kontrollexperiment im Labor, Experiment 2 fand in einem Fahrsimulator statt und Experiment 3 wurde während einer echten Fahrsituation durchgeführt. Das wesentliche Ergebnis war, dass es eine mit den Anforderungen der Zweitaufgabe konsistent steigende RT und Belastung gab, die sich zudem in allen drei Experimenten ganz ähnlich zeigte (wenngleich das allgemeine Level der RT und der Belastung von Experiment 1 zu 3 zunahm). Auch in dieser

Studie fand sich kein Unterschied zwischen Handtelefon und Freisprechanlage und es wird auch diskutiert, dass manche Tätigkeiten (wie bspw. Radiohören) nur vernachlässigbare Auswirkungen auf RTs und Belastung haben. Allerdings konnte zumindest im Fahrsimulator wiederholt nachgewiesen werden, dass die Fahrleistung bereits dann leidet, wenn Versuchspersonen während des Fahrens mit ihren Gedanken abschweifen, also gar keine Doppelaufgabensituation im eigentlichen Sinne vorliegt (Baldwin et al., 2017; Yanko & Spalek, 2014). Die Fähigkeit, die eigene Aufmerksamkeit selektiv auf das Verkehrsgeschehen zu richten, scheint also durchaus elementar für eine gute Fahrleistung zu sein.

Zu betonen ist in diesem Zusammenhang, dass neben Telefonieren und den eigenen Gedanken nachhängen bereits die Unterhaltung mit anderen mitfahrenden Personen eine hinreichende Ablenkung erzeugen kann, die sich auf die RTs auf Signale auswirken (z. B. die »passenger«-Bedingung in Strayer et al., 2015). Interessant ist hier zudem, dass es auch zu Veränderungen der RT durch die wechselnden Rollen der Gesprächspartnerinnen und -partner kommt: Sprachproduktion wirkt sich stärker aus als Sprachverstehen (Strayer, Biondi & Cooper, 2017).

Insgesamt zeigt sich sehr konsistent über viele Studien, dass Multitasking während des Autofahrens Auswirkungen auf RTs hat. Effekte von Multitasking können aber bereits im Blickverhalten nachgewiesen werden. Recarte und Nunes (2000) ließen beispielsweise ihre Versuchspersonen vier verschiedene Strecken fahren und erfassten währenddessen die Blickbewegungen der Versuchspersonen. Neben einer Einzelaufgabenbedingung als Kontrolle wurde eine verbale und eine visuelle Zweitaufgabe eingesetzt. Unter Bezug auf Wickens (1984) war die Idee, dass insbesondere die visuelle Zweitaufgabe störend wirken sollte, da Autofahren selbst zum großen Teil auf der Verarbeitung visueller Informationen beruht. Dass beide Zweitaufgaben kognitiv anspruchsvoll waren, wurde mit einer Weitung der Pupillen empirisch belegt. Zudem gab es insbesondere in Verbindung mit einer visuellen Zweitaufgabe längere Fixationen und horizontal sowie vertikal räumliche Einengungen der Varianz der Fixationen; ein Phänomen welches manchmal als *visual tunneling* bezeichnet wird. Infolgedessen kam es zu weniger Beachtung der (Rück-) Spiegel und des Tachometers, was wiederum in eine erhöhte Unfallgefahr münden kann. Zu einem ähnlichen Ergebnis kommt Reimer (2009), in dessen Studie als Zweitaufgabe eine *n*-back-Aufgabe verwendet wurde. Auch hier zeigt sich, dass mit zunehmender Schwierigkeit der Zweitaufgabe die vertikale und horizontale Variabilität der Fixationen abnimmt, es also zu einer Einengung der beachteten Umgebung kommt. In beiden Studien bleibt allerdings offen, ob sich ähnliche Auswirkungen auch bei natürlicheren Zweitaufgaben in Fahrsituationen zeigen, oder ob sie insbesondere durch die experimental-typischen Zweitaufgaben prominent gemacht wurden.

In einer weiteren Studie wurde untersucht, ob Telefonieren zu Inattentional Blindness führt und tatsächlich weniger Objekte wahrgenommen werden (Strayer, Cooper & Drews, 2004). Hierzu fuhren Versuchspersonen in einem Fahrsimulator in einer Einzelaufgabenbedingung und in einer Doppelaufgabenbedingung mit Telefonieren als Zweitaufgabe. Während der Fahrt wurden verschiedene Objekte in der Umgebung platziert. Im Anschluss an die Fahrten wurde dann ein (unerwarteter) Gedächtnistest durchgeführt, bei dem zwei Objekte präsentiert wurden, von denen eines bereits während der Fahrt präsentiert worden war und das andere nicht. Die Versuchspersonen sollten dasjenige Objekt auswählen, von dem sie glaubten, dass sie es zuvor gesehen hatten, und die Objekte auch hinsichtlich ihrer Wichtigkeit für die Sicherheit des Straßenverkehrs bewerten. Im Ergebnis zeigte sich, dass es unter Doppelaufgabenbedingungen zu schlechterem Wiedererkennen von Objekten kommt als unter Einzelaufgabenbedingungen. Dieses Ergebnismuster blieb bestehen, wenn nur die Objekte mit einbezogen wurden, die von der Versuchsperson tatsächlich auch während der Fahrt fixiert worden waren. Zudem war das Ergebnis unabhängig von der eingeschätzten Wichtigkeit der Objekte. Dies deutet darauf hin, dass Fahrer und Fahrerinnen nicht unbedingt die Belastung durch eine Zweitaufgabe dadurch kompensieren können, dass sie lediglich wenig relevante Objekte weniger beachten.

3.3 Abschließende Bemerkungen

Aufmerksamkeit und Handeln sind zwei zentrale Themen der Kognitionspsychologie und entsprechende Theorien und Befunde haben, wie wir gesehen haben, zahlreiche Implikationen für angewandte Kontexte.

Die durch Multitasking entstehenden Kosten spielen zum Beispiel auch eine große Rolle im natürlichen Alterungsprozess und entsprechend gibt es eine umfangreiche Literatur zu diesem Thema (siehe z. B. Li & Downey, 2022). Ebenfalls ausgespart haben wir den Bereich der *Automation*. Ein Beispiel wären computergestützte Entscheidungshilfen (engl. *decision support systems*), die dem Anwender oder der Anwenderin Informationen über die Umwelt liefern und mehr oder weniger reliabel einen Entscheidungsvorschlag liefern (Mosier & Manzey, 2020). Derartige Systeme spielen auch für die in Kapitel 3.2.2 behandelten Szenarien eine Rolle, also für die Entdeckung gefährlicher Gegenstände im Gepäck und in medizinischen Kontexten wie der Beurteilung radiologischer Aufnahmen (z. B. Drew, Cunningham & Wolfe, 2012; Huegli, Merks & Schwaninger, 2020; Jiang et al., 2017). Wenngleich der Einsatz derartiger Entscheidungshilfen die Leistung verbessern kann, ist insbesondere bei hoch-reliablen Entscheidungshilfen die unterstützte menschliche Leistung oft immer noch schlechter, als es die der Entscheidungshilfe allein gewesen wäre (Bartlett & McCarley, 2017; Boskemper, Bartlett & McCarley, 2022; Rieger & Manzey, 2022a, 2022b). Eine wichtige Variable in diesem Zusammenhang ist der Zeitdruck, unter dem die Anwenderinnen und Anwender arbeiten müssen. Grundsätzlich ist davon auszugehen, dass Zeitdruck die Leistung verschlechtert. Unter Zeitdruck wenden Menschen aber gerne Heuristiken an (Payne, Bettman & Johnson, 1988), das heißt, sie verarbeiten nicht umfassend alle Informationen, sondern verwenden, nach oberflächlicher Verarbeitung der Informationen oder oft auch nur einer Teilmenge davon, mentale Abkürzungen, um zu einer Entscheidung zu gelangen. Es könnte daher vermutet werden, dass Zeitdruck die Leistung sogar erhöht, wenn Menschen als Heuristik mehr auf die Entscheidungshilfe zurückgreifen. Während manche Studien tatsächlich derartige Ergebnisse berichten (Rice et al., 2010), kommen andere Studien zu dem Schluss, dass Zeitdruck keinen Einfluss auf die Leistung hat, wenn eine hoch reliable Entscheidungshilfe verwendet wird (Rieger & Manzey, 2022a, 2022b). Möglicherweise spielt das Ausmaß des Zeitdrucks, also wie viel Zeit eine Person überhaupt noch hat, den Reiz zu verarbeiten, eine wichtige Rolle für diese diskrepanten Befunde. Dass Menschen grundsätzlich aber oft auf Heuristiken zurückgreifen, wurde in der Vergangenheit in vielen Kontexten empirisch demonstriert und wird ein zentrales Thema im folgenden Kapitel 4 sein.

4 Schlussfolgern, Urteilen und Entscheiden

Dieses Kapitel ist den Themengebieten Schlussfolgern, Urteilen und Entscheiden gewidmet. Wir werden uns in diesem Zusammenhang zunächst damit beschäftigen, was für Auffassungen es von Rationalität und damit verbundenen logischen Schlüssen gibt (▶ Kap. 4.1.1). Daran anschließend diskutieren wir typische Denkfehler und Heuristiken, die Menschen einsetzen, um zu einer Entscheidung zu gelangen (▶ Kap. 4.1.2). In Kapitel 4.2 werden diese Themen dann aus anwendungsorientierter Sichtweise wieder aufgegriffen.

4.1 Relevante Grundlagen

4.1.1 Rationalität und logisches Schließen

In unserem (westlichen) Kulturkreis scheint ein rationales Verhalten in vielen Alltagsbereichen erwünscht zu sein und gemeinhin als zielführend angesehen zu werden. So haben sicher viele Menschen in einem Gespräch mit dem Partner oder mit einer Freundin die Aufforderung zu hören bekommen, man solle doch offen für rationale Argumente sein oder sich gar endlich mal rational verhalten. Auch Aussagen wie »Die Chefin möchte unsere Abteilung nach rationalen Gesichtspunkten umstrukturieren.« oder »Unser Anlageberater trifft Investitionsentscheidungen nach rationalen Gesichtspunkten.« klingen für viele Menschen vermutlich vertraut und vielleicht sogar beruhigend. Woran lässt sich aber erkennen, dass ein Mensch rational schlussfolgert, und wann sind Urteile oder Entscheidungen überhaupt als rational zu bewerten?

Auf diese und ähnliche Fragen geben verschiedene Wissenschaftsdisziplinen, die sich mit rationalem Schließen, Urteilen und Entscheiden beschäftigen, durchaus unterschiedliche Antworten. Für ein vertiefendes Verständnis des Begriffs Rationalität sei auf das kürzlich erschienene und fast 900 Seiten umfassende *Handbook of Rationality* verwiesen, welches einen umfassenden Überblick zur Thematik sowohl aus einer philosophischen als auch aus einer sozialwissenschaftlichen Perspektive liefert (Knauff & Spohn, 2021). Im Folgenden werden wir zunächst auf das denkpsychologische Konzept des rational-logischen Schließens eingehen. Die meisten Alltagssituationen, in denen geurteilt und entschieden werden muss, erfüllen jedoch nicht alle Bedingungen, die notwendig wären, um einen logisch-rationalen Schluss zu ziehen. Daher werden wir außerdem noch die Theorie des rationalen Entscheidens und das eng damit verbundene verhaltensökonomische Konzept des Erwartungsnutzens einführen. Dieses ist nicht nur aus einer Anwendungsperspektive hoch relevant, sondern hat auch die jüngeren Entwicklungen in der kognitionspsychologischen Urteils- und Entscheidungsforschung stark beeinflusst.

Aus kognitionspsychologischer Sicht wird rationales Denken und Handeln oft darüber definiert, dass es (zwingend) auf einer logisch begründbaren Schlussfolgerung basiert. Aus festgelegten Prämissen (oft auch als Antezedenz bezeichnet), die als zutreffend angenommen werden können, sollte sich die Schlussfolgerung oder die gezeigte Reaktion (Konsequenz) zwingend ergeben. Was damit gemeint ist, lässt sich an der Standardaufgabe des deduktiv-logischen Schließens, der sogenannten Konditionalen Wahlaufgabe gut illustrieren (Wason, 1968). Die Aufgabenstellung selbst ist dabei denkbar einfach. Es soll eine Implikationsregel der Art »Immer wenn Antezedenz A vorliegt, dann tritt die Konsequenz K zwingend ein.« überprüft werden. Eine typische Umsetzung der Aufgabe ist in Abbildung 4.1a illustriert. Den Versuchspersonen werden vier Karten vorgelegt. Auf zwei Karten ist jeweils ein Buchstabe abgebildet (hier O und H), auf den anderen beiden Karten jeweils eine Zahl (hier 5 und 8). Die Versuchspersonen werden ferner darauf hingewiesen, dass auf allen Karten auf der einen Seite jeweils ein Buchstabe und auf der anderen Seite jeweils eine Zahl ist. Aufgabe der Versuchspersonen ist es, durch Umdrehen von so wenigen Karten wie möglich die folgende Implikationsregel zu überprüfen: *Immer wenn auf einer Kartenseite ein Vokal ist, dann ist auf der anderen Seite dieser Karte eine ungerade Zahl.*

(a) Klassische Wahlaufgabe

(b) Modifizierte, weniger abstrakte, Wahlaufgabe

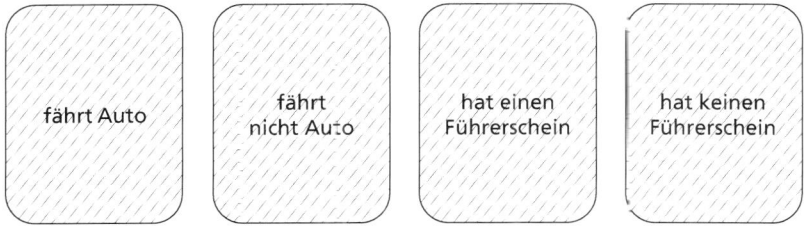

Abb. 4.1: Illustration zweier Varianten einer Konditionalen Wahlaufgabe. (a) Die klassische Wahlaufgabe nach Wason (1968). (b) Eine modifizierte, weniger abstrakte Variante der Wahlaufgabe

Was denken Sie, welche und wie viele der in Abbildung 4.1a dargestellten Karten mindestens umgedreht werden müssen, um die Regel zu überprüfen? Viele Menschen wählen die Karte mit dem O. Dies ist auch korrekt, denn damit die Regel zutrifft, muss auf der Rückseite dieser Karte eine ungerade Zahl gedruckt sein. Die Überprüfung dieser Karte bezeichnet man als Überprüfung der *Prämissensetzung* (lat. *modus ponens*), also die Überprüfung dessen, dass bei Vorliegen von Antezedenz *A* tatsächlich auch die Konsequenz *K* eintritt. Die Mehrheit der Versuchspersonen, die sich mit der Aufgabe konfrontiert sieht (> 95 %), wählt nur diese eine Karte mit dem O oder auch zusätzlich noch die Karte mit der 5 (Wason, 1968). Letztere eignet sich jedoch nicht zur Regelprüfung, da die Regel ja ausdrücklich nicht ausschließt, dass auf der Rückseite einer Karte mit einer ungeraden Zahl nicht auch ein Vokal sein könnte. Es gibt aber in der Tat eine weitere Karte, die zur Regelüberprüfung genutzt werden muss, nämlich die Karte mit der 8. Denn wäre auf der Rückseite der geraden Zahl (also der 8) ein Vokal zu finden, dann wäre die Regel verletzt. Diese Überprüfung der *Konklusionsaufhebung* (lat. *modus tollens*) wird deutlich seltener durchgeführt: in nicht in formaler Logik vorgebildeten Allgemeinbevölkerungsstichproben üblicherweise nur von 10 % aller Personen, die mit diesem Problem konfrontiert werden. Wason (1968) selbst bezeichnet die fehlende Überprüfung des modus tollens auch als *Bestätigungsfehler* (engl. *confirmation bias*), da nur durch das Umdrehen der Karte mit der 8 die aufgestellte Regel eventuell falsifiziert werden könnte. Der Begriff Bestätigungsfehler wird heute generell dafür verwendet, die menschliche Neigung zu beschreiben, eher für Informationen zugänglich zu sein (oder auch eher gezielt nach Informationen zu suchen), die die eigene bereits bestehende Meinung bestätigen, als für solche Informationen, die die eigene Meinung falsifizieren könnten (Lord, Ross & Lepper, 1979; Trope & Bassok, 1982). Auf den Bestätigungsfehler und eventuelle Möglichkeiten ihn zu vermeiden, werden wir später noch einmal zurückkommen, wenn wir uns mit der Entstehung und Persistenz falscher Überzeugungen auseinandersetzen und auch wenn wir uns juristisches Urteilen und Entscheiden im Alltag etwas genauer anschauen. An dieser Stelle sei aber schon einmal darauf hingewiesen, dass die fehlende Überprüfung des modus tollens im Rahmen der Konditionalen Wahlaufgabe deutlich seltener zu beobachten ist, wenn die Aufgabenstellung in weniger abstrakten Begrifflichkeiten gestellt wird. Ein Beispiel hierfür könnte sein (▶ Abb. 4.1b): *Immer wenn eine Person Auto fährt, dann muss sie einen Führerschein haben.*

Die Karten werden nun beschriftet mit »fährt Auto« beziehungsweise »fährt nicht Auto« auf der einen Seite sowie »hat einen Führerschein« und »hat keinen Führerschein« auf der anderen Seite. Bei derartigen Aufgabenstellungen, speziell wenn es um ein potentiell sozial-relevantes oder gar Betrugsverhalten geht, wenden regelmäßig etwa 50 % der Versuchspersonen sowohl den modus ponens (fährt Auto) als auch den modus tollens (hat keinen Führerschein) zur Überprüfung der Regel an (vgl. Gigerenzer & Hug, 1992). Als eine mögliche Erklärung für diesen Befund wird angeführt, Menschen seien im Laufe der Evolution in besonderem Maße darauf angewiesen gewesen, Betrügerinnen und Betrüger zu entlarven. Daher habe der moderne Mensch eine besondere kognitive Sensibilität für das Entdecken von Betrügerinnen und Betrügern oder gar ein eigenes Modul im Gehirn für diesen Zweck (Cosmides, 1989). Plausibler als die Idee eines mentalen Betrügerentdeckungsmoduls erscheint aus heutiger Sicht jedoch die Erklärung von Beller und Spada, (2003). Diese Autoren schlagen eine Zwei-Quellen-Erklärung vor: Durch die Einbettung des Problems in einen sozialen Kontext, können Versuchspersonen nicht nur die syntaktische Form des deduktiv-logischen Schlusses als Quelle zur Lösung des Problems heranziehen, sondern auch ihr allgemeines inhaltliches Wissen. Fällt jedoch die zweite Quelle, also das Vorwissen weg, scheinen Menschen große Schwierigkeiten zu haben, deduktiv-logisch zu schließen, und zwar selbst unter idealisierten Laborbedingungen, also ohne Zeitdruck und mit einer klar definierten Aufgabe.

Im Alltag führen noch weitere Faktoren dazu, dass Menschen sich meist nur begrenzt rational verhalten. Der Nobelpreisträger Herb Simon (1956) geht davon aus, dass Menschen, wenn sie mit Urteils- und Entscheidungsproblemen konfrontiert sind, nicht notwendigerweise nach den besten Ergebnissen, sondern eher nach hinreichend zufriedenstellenden Ergebnissen streben. Er geht in diesem Zusammenhang davon aus, dass zwei »Scherenblätter« die Rationalität beschneiden. Damit meint Simon (1956) zum einen die Begrenztheit der Situation (es stehen in der Entscheidungssituation gar nicht alle entscheidungsrelevanten Informationen zur Verfügung), zum anderen die Begrenztheit der individuellen kognitiven Fähigkeiten (die entscheidende Person will oder kann selbst die zur Verfügung stehende Information nicht vollumfänglich bzw. angemessen verarbeiten).

In der Tat erfüllen die meisten alltäglichen Urteils- und Entscheidungssituationen vermutlich nicht die Voraussetzungen, um überhaupt als logisch-deduktives Problem betrachtet zu werden. Im Fall der Konditionalen Wahlaufgabe sind etwa die postulierten Zusammenhänge zwischen Antezedenz und Konsequenz deterministisch festgelegt. Immer wenn A vorliegt, wird auch zwingend K eintreten und diesbezüglich besteht keine Unsicherheit. Bei Alltagsurteilen, etwa wenn eine Ärztin oder ein Arzt entscheiden muss, welche Krankheit vorliegt, sind die Zusammenhänge zwischen Antezedenz (zum Beispiel: wenn ein Patient eine Grippe hat) und Konsequenz (dann hat der Patient Fieber) aber probabilistisch. Der Eintritt der Konsequenz lässt nur mit einer gewissen Wahrscheinlichkeit p darauf schließen, dass die Antezedenz vorliegt (da zum Beispiel eine Grippe auch ohne Fieber auftreten könnte oder das Fieber eine andere Ursache haben könnte als die Grippe).

Einen recht einfachen Umgang mit der Beurteilung rationalen Verhaltens in derartigen probabilistischen Entscheidungssituationen liefert der Philosoph Frank P. Ramsey (1929/1990). Er schlägt vor, die Annahme der Aussage »Wenn A, dann K« immer dann als rational anzusehen, wenn die Wahrscheinlichkeit, dass K bei Vorliegen von A tatsächlich eintritt, hinreichend groß ist, zum Beispiel $p(K|A) > 0{,}50$. Durch dieses Vorgehen verschiebt sich das Problem jedoch dahingehend, dass das Festlegen der kritischen Wahrscheinlichkeit $p(K|A)$ der Willkür der urteilenden Person unterliegt. Somit könnte eine Person, die auf Basis von $p(K|A) = 0{,}11$ zu dem Schluss kommt, dass das Verschwinden ihrer Verdauungsbeschwerden auf den Schnaps nach dem Essen zurückzuführen ist, sich selbst zu Recht als rational betrachten, wenn sie eine entsprechend kleine kritische Wahrscheinlichkeit festgelegt hat (z. B. $p(K|A) = 0{,}10$). Die meisten anderen Menschen würden jedoch, wenn die Verdauungsbeschwerden in nur 11 % der Fälle, in denen ein Schnaps getrunken wurde, verschwanden, den Schnaps nicht als ein Heilmittel gegen Verdauungsbeschwerden betrachten. Hinzu kommt, dass im Alltag $p(K|A)$ oft gar nicht bestimmbar ist, da sich die Urteils- oder Entscheidungssituation gar nicht oft genug wiederholen lässt. Im Beispiel der Verdauungsbeschwerden, denen mit einem Schnaps begegnet wird, mögen sich bei einer Person mit entsprechendem Forschungsgeist noch genügend Beobachtungssituationen herstellen lassen, aber bei kritischeren medizinischen Entscheidungen, etwa der Gabe eines bestimmten Medikaments bei einer schweren Krankheit, nicht unbedingt. Die Probleme mit einem deduktiven Vorgehen im Alltag sind aber noch weitreichender, da der angenommene Zusammenhang von A und K eventuell für sich selbst genommen gar kein gegebenes Faktum darstellt, sondern auf Basis einzelner Beobachtungen erschlossen wurde. Was damit gemeint ist, lässt sich wiederum gut am Beispiel der Ärztin beziehungsweise des Arztes erläutern, die oder der davon ausgeht, das Fieber sei wahrscheinlich eine Konsequenz von Grippe. Dieser Schluss könnte darauf basieren, dass im Medizinstudium gelernt wird, dass Fieber – zumindest in unseren Breitengraden – oft eine Konsequenz einer Grippeerkrankung ist. Deduktiv-logisch könnte der Arzt beziehungsweise die Ärztin nun versuchen, dieses Buchwissen durch Anwendung des modus tollens zu falsifizieren. Dies würde bedeuten, dass nach Fällen gesucht werden müsste, in denen eine Grippe *ohne* Fieber auftrat.

Solches Wissen über Prävalenzraten ist wissenschaftlich bedeutsam und wichtig; für die praktische Einzelfalldiagnose ist dieser Falsifikationsansatz aber offensichtlich nicht zielführend. Eine erfahrene Ärztin beziehungsweise ein erfahrener Arzt, die oder der sich im Laufe des Studiums das Wissen über die Prävalenzrate angeeignet hat, hat in den vergangenen Jahren auf dieser Basis im Zuge der ärztlichen Tätigkeit wahrscheinlich schon einige Patientinnen und Patienten mit Fieber mit Grippe diagnostiziert und auch entsprechend behandelt. Eventuell gab es dann von den Patientinnen und Patienten auch die Rückmeldung, dass die verschriebenen Medikamente geholfen haben oder es konnte indirekt auf die Richtigkeit der Diagnose geschlossen werden, da die Behandelten in den nächsten Tagen nicht noch einmal vorstellig wurden. Auf der Basis dieses Erfahrungsschatzes diagnostiziert die erfahrene Ärztin beziehungsweise der erfahrene Arzt nun bei der nächsten Person, die mit Fieber vorstellig wird, wiederum eine Grippe. Eine solche Generalisierung auf Basis von früheren bestätigenden Einzelbeobachtungen wird als *Induktionsschluss* bezeichnet.

Der Induktionsschluss ist in vielen Fällen, wie auch im eben ausgeführten fiktiven Beispiel, pragmatisch nützlich, aber *nie* logisch gerechtfertigt. Die Person, die ihn anwendet, urteilt also vielleicht nach bestem Wissen, aber nach der oben genannten Definition eben nicht rational. Selbst wenn alle bisherigen Personen, die mit Fieber vorstellig wurden, auch eine Grippe hatten, kann nicht davon ausgegangen werden, dass die nächste Person mit Fieber zwangsläufig die gleiche Krankheit aufweist. Etwa könnte es sein, dass sich gerade ein (noch unbekanntes) SARS-CoV-Virus ausbreitet, welches grippeähnliche Symptome, unter anderem auch Fieber, verursacht. Gegen das gerade ausgeführte illustrative Beispiel für einen Induktionsschluss könnte man anführen, dass eine gute Ärztin oder ein guter Arzt im Alltag für eine Diagnose sicher nicht nur die Fiebersymptome heranziehen würden, sondern auch grippeuntypische Symptome bei der Diagnose mitberücksichtigen würde (etwa Verlust des Geruchsinns). Dadurch würde die Ärztin oder der Arzt eventuell zum Schluss kommen, dass wahrscheinlich keine Grippe, sondern eine andere Erkrankung vorliegt. Ein solches (alltagspraktisches) Urteilsverhalten wurde von dem Mathematiker und Philosoph Charles S. Peirce in seinen Abhandlungen zum nicht-deduktiven Schließen als Abduktionsschluss bezeichnet (zitiert nach Fann, 1970). Allgemein lässt sich der Abduktionsschluss als Schluss auf die plausibelste aller Möglichkeiten bezeichnen. Wird eine überraschende Konsequenz K_x beobachtet, dann wird die Antezedenzbedingung A' angenommen, die die Konsequenz K_x (und alle anderen beobachteten Konsequenzen K_i) am besten erklären kann. Der Abduktionsschluss ist zwar deutlich flexibler als das statische induktive Schließen, stellt aber nichtsdestotrotz eine Unterform des Induktionsschlusses dar und ist somit logisch nicht zwingend. Entsprechend ist auch das abduktive Schließen nach unserer bisherigen Definition nicht als rational zu bewerten, selbst wenn es zum bestmöglichen Urteils- beziehungsweise Entscheidungsergebnis führt.

Neben der oft unklaren Informationslage auf Seiten der Entscheidungssituation stellt, wie bereits oben erwähnt, auch das Individuum, welches die Entscheidung trifft, eine Begrenzung der Rationalität dar (Simon, 1956). Als ein wichtiger Faktor wird in diesem Zusammenhang immer wieder auf die Limitierung der Arbeitsgedächtniskapazität hingewiesen, die wir in Kapitel 2 bereits angesprochen haben. Die Annahme hierbei ist, dass die Urteils- und Entscheidungssituationen, in denen sich Menschen regelmäßig wiederfinden, so komplex sind, dass es vielen Menschen gar nicht gelingt, alle relevanten Informationen gleichzeitig im Arbeitsgedächtnis zu halten. Empirisch unterstützt wird diese Annahme durch Befunde, dass die Wahrscheinlichkeit einer formal-logisch richtigen Lösung in Laboraufgaben wie der Konditionalen Wahlaufgabe sinkt, wenn das Arbeitsgedächtnis zusätzlich mit irrelevanter Information belastet wird (Neys, 2006; Pfeiffer & Czech, 2001). Personen mit einer höheren Arbeitsgedächtniskapazität urteilen und entscheiden regelmäßig rationaler als Personen mit einer geringeren Arbeitsgedächtniskapazität, was ebenfalls für eine zentrale Rolle der Arbeitsgedächtniskapazität spricht (Barrett, Tugade & Engle, 2004; Kyllonen & Christal, 1990; Stanovich & West, 1998). Die Komplexität von Urteils- und Entscheidungssituationen wird laut Johnson-Laird (1983) durch das Individuum dadurch reduziert, dass Menschen sich mentale Modelle der Situation generieren, die eine vereinfachte Abbildung der Wirklichkeit darstellen. Dies führt dazu, dass nicht alle in der Urteils- oder Entscheidungssituation tatsächlich vorliegenden relevanten Informationen vollständig berücksichtigt werden (Johnson-Laird, 2010). So werden unter anderem quantitative Zusammenhänge lediglich als qualitative Zusammenhänge mental repräsentiert, die sowieso schon beschränkte beobachtbare Stichprobe mental weiter verkleinert, weil nicht alle relevanten Beobachtungen gleichzeitig präsent gehalten werden können, und es werden unzulässige Analogieschlüsse im Sinne des oben erläuterten Abduktionsschlusses gezogen. Alltägliches Urteilen und Entscheiden scheint also in den seltensten Fällen tatsächlich als rational bewertbar, wenn man das Kriterium des logisch-deduktiven Schließens anlegen würde. Daher bietet sich zur Bewertung von Urteils- und Entscheidungsverhalten eine alternative Konzeptualisierung von Rationalität an, die nicht auf den obigen Überlegungen zum logischen Schließen basiert.

Die Theorie der rationalen Entscheidung (engl. *rational choice theory*) basiert auf der Annahme, dass Menschen durch ihr Entscheidungsverhalten bemüht sind, den eigenen Nutzen zu maximieren. Grundlegend für diese Theorie ist das ursprünglich ökonomische Konzept des *Erwartungsnutzens* (Von Neumann & Morgenstern, 1944). Demnach ist eine rationale Entscheidung diejenige Entscheidung, bei der der eigene erwartbare Nutzen maximiert wird. Der erwartbare Nutzen einer Entscheidung lässt sich als die Summe der Nutzenswerte aller möglichen Konsequenzen gewichtet mit deren Eintretenswahrscheinlichkeit berechnen. Hierbei gilt zudem das Prinzip des Grenznutzens (Bernoulli-Prinzip), also dass der Nutzen einer Konsequenz abnimmt, je mehr man von dieser Konsequenz bereits besitzt. Beispielsweise wäre für eine Person der Nutzen einer weiteren halben Stunde Freizeit pro Woche geringer, wenn sie bisher bereits sehr viel Freizeit hatte, als wenn sie bisher nur sehr wenig Freizeit hatte.

Zum besseren Verständnis wollen wir das Konzept des Erwartungsnutzens an einem weiteren Beispiel illustrieren. Nehmen wir an, die Psychologiedozentin Miriam denkt darüber nach, was sie am Samstagabend unternehmen möchte. Sie hat zwei Optionen: Sie kann entweder mit der einen Freizeitgruppe ins Kino gehen oder mit einer anderen Freizeitgruppe ins Restaurant essen gehen. Prinzipiell geht sie ganz gerne ins Kino und der Kinobesuch hat für sie daher einen generellen Erwartungsnutzen von 70 Nutzenspunkten (wir gehen in diesem Beispiel von einer fiktiven Nutzensskala von -100 bis 100 aus). Beim Restaurantbesuch ist die Lage etwas komplizierter. Generell geht sie sehr gerne mit der Gruppe ins Restaurant. Daher hätte der Restaurantbesuch eigentlich einen Nutzen von 90 Punkten. Anders als im Kino muss Miriam sich beim Essen aber mit den anderen Personen unterhalten. Das ist für sie prinzipiell in Ordnung (beeinflusst den Nutzen für sie also nicht), aber wenn aber der nervige Ralf beim Essen dabei wäre, würde das dazu führen, dass der Restaurantbesuch nur noch einen Nutzen von -20 Nutzenspunkten für sie hätte. Ralf spielt zum Glück Samstag abends meist Oboe im Orchester, aber an 20 % aller Samstage lässt er die Probe ausfallen, um etwas mit der Freizeitgruppe zu unternehmen. Das entscheidet er allerdings immer ganz spontan, so dass man vorher nicht weiß, ob er dabei ist oder nicht. Mit diesem Wissen lässt sich der Erwartungsnutzen des Restaurantbesuchs für Miriam für den Restaurantbesuch jedoch wie folgt berechnen:

$$EN_{Restaurantbesuch} = 0,8 \cdot 90 + 0,2 \cdot (-20) = 68$$

Da für Miriam der Erwartungsnutzen für den Restaurantbesuch (EN = 68) also kleiner ist als der für den Kinobesuch (EN = 70), sollte sie sich nach dieser Definition von Rationalität für den Kinobesuch entscheiden.

Wichtig ist zu betonen, dass es sich bei diesem Urteils- und Entscheidungsmodell um ein *Als-ob-Modell* handelt. Das Modell kann das Verhalten gut vorhersagen, daher wirkt es so, »als ob« Menschen tatsächlich entsprechende Nutzenberechnungen anstellen würden, um zu einer Entscheidung oder einem Urteil zu kommen. Psychologisch ist jedoch nicht davon auszugehen, dass Menschen ihr Entscheidungsverhalten tatsächlich auf solchen Berechnungen basieren, schon alleine, weil dies bei mehreren Optionen mit mehreren Einflussfaktoren die Kopfrechenfähigkeiten der meisten Menschen überschreiten würde. Warum sollte man dann aber ein Verhalten, welches den persönlichen Erwartungsnutzen maximiert, als rational bewerten? Dafür gibt es zunächst einmal ein utilitaristisches Argument: Würde eine Person regelmäßig in ihrem Verhalten den persönlichen Erwartungsnutzen maximieren, würde sie langfristig durch ihr Verhalten auch ihren Gesamtnutzen maximieren. Zudem gibt es auch ein strukturelles Argument, nämlich dass Entscheidungen nach dem Erwartungsnutzen in sich kohärent wären, da sie drei zentralen Axiomen folgen würden:

- *Transitivität:* Wenn für mehrere Entscheidungsoptionen A > B und B > C gilt, dann muss auch A > C gelten.
- *Unabhängigkeit:* Wenn die Entscheidungsoptionen A und B (u. a.) die gleiche Konsequenz K haben, dann sollte K für die Entscheidung zwischen A und B keine Rolle spielen.
- *Invarianz:* Wenn für mehrere Entscheidungsoptionen gilt: A = A' und B = B', dann sollte eine Person, die A gegenüber B präferiert, auch A' gegenüber B' präferieren.

Entscheidende Personen, die regelmäßig den persönlichen Erwartungsnutzen maximieren, wären in sich hinsichtlich ihres Entscheidungsverhaltens über verschiedene Entscheidungssituationen hinweg konsistent und würden langfristig (über viele Entscheidungen hinweg) das bestmögliche Ergebnis für sich selbst erzielen. Dieses Verhalten könnte man entsprechend als rational (i. S. v. vorhersagbar und zielführend) bewerten. Wie wir im folgenden Abschnitt erörtern werden, verletzen Menschen in ihrem Alltagsverhalten aber regelmäßig diese Axiome. Daher würden wir menschliches Entscheidungsverhalten auch nach dem Erwartungsnutzen-Ansatz nicht als rational bezeichnen.

4.1.2 Denkfehler und Heuristiken

Empirisch lässt sich mit Hilfe fiktiver Entscheidungsszenarien leicht nachweisen, dass menschliche Entscheidungen nicht immer das Kriterium der Transitivität erfüllen. In einer Studie von Tversky (1969) bekamen Versuchspersonen eine Reihe von Lotterien zur Auswahl (der Erwartungsnutzen EN war dabei selbstverständlich nicht mit angegeben):

- Lotterie A: mit $p = 0{,}29$ werden **5,00\$** gewonnen (EN = 1,45)
- Lotterie B: mit $p = 0{,}33$ werden **4,75\$** gewonnen (EN = 1,57)
- Lotterie C: mit $p = 0{,}38$ werden **4,50\$** gewonnen (EN = 1,71)
- Lotterie D: mit $p = 0{,}42$ werden **4,25\$** gewonnen (EN = 1,79)
- Lotterie E: mit $p = 0{,}46$ werden **4,00\$** gewonnen (EN = 1,84)

Etwa die Hälfte aller Versuchspersonen verhielt sich systematisch intransitiv, das heißt, sie bevorzugten A gegenüber B, B gegenüber C, C gegenüber D und D über E aber dann E gegenüber A.

Des Weiteren demonstriert das bereits 1953 vom Ingenieur und Wirtschaftswissenschaftler Maurice Allais beschriebene so genannte Allais-Paradoxon anschaulich, dass Menschen auch regelmäßig gegen das Unabhängigkeitsaxiom verstoßen (Allais, 1953). Auch dieses Paradoxon lässt sich leicht mit Hilfe einer Lotterieentscheidungssituation illustrieren. Nehmen wir an, Versuchspersonen werden randomisiert auf zwei Gruppen verteilt. Die erste Gruppe bekommt die Aufgabe, zwischen den folgenden beiden Lotterien zu wählen:

- Lotterie A: Mit $p = 1,00$ wird **1\$** gewonnen.
- Lotterie B: Mit $p = 0,89$ wird **1\$**; mit $p = 0,10$ werden **5\$**; mit $p = 0,01$ werden **0\$** gewonnen.

Die zweite Gruppe hingegen soll zwischen den folgenden beiden Lotterien wählen:

- Lotterie A': Mit $p = 0,89$ werden **0\$**; mit $p = 0,11$ wird **1\$** gewonnen.
- Lotterie B': Mit $p = 0,90$ werden **0\$**; mit $p = 0,10$ werden **5\$** gewonnen.

Typischerweise bevorzugen Versuchspersonen der Gruppe 1 mehrheitlich die Lotterie A gegenüber der Lotterie B, die Versuchspersonen der Gruppe 2 jedoch mehrheitlich die Lotterie B' gegenüber A'. Dies ist überraschend, da A äquivalent zu A' und B äquivalent zu B' ist, wenn man die jeweils identischen Konsequenzen von A und B beziehungsweise A' und B' unberücksichtigt lässt: Sowohl A als auch B weisen beide mit mindestens $p = 0,89$ einen Gewinn von 1\$ aus. Rechnet man diesen heraus, reduziert sich der Vergleich von A und B auf:

- Lotterie A: Mit $p = 0,10$ wird **1\$**; mit $p = 0,01$ wird **1\$** gewonnen.
- Lotterie B: Mit $p = 0,10$ werden **5\$**; mit $p = 0,01$ werden **0\$** gewonnen.

Analog weisen A' und B' beide mit mindestens $p = 0,89$ einen Gewinn von 0\$ aus. Rechnet man auch diesen wiederum heraus, dann reduziert sich die Lotterieentscheidung auf:

- Lotterie A': Mit $p = 0,10$ wird **1\$**; mit $p = 0,01$ wird **1\$** gewonnen.
- Lotterie B': Mit $p = 0,10$ werden **5\$**; mit $p = 0,01$ werden **0\$** gewonnen.

Unter dem Axiom der Unabhängigkeit sollte also eine Person, die A gegenüber B präferiert, auch A' gegenüber B' präferieren. In empirischen Untersuchungen zeigt sich dies jedoch häufig nicht (Blavatskyy, Ortmann & Panchenko, 2022).

Schließlich gibt es auch klare empirische Evidenz, dass das Invarianzaxiom regelmäßig durch das menschliche Urteils- und Entscheidungsverhalten verletzt wird. Ein klassischer empirischer Befund in diesem Zusammenhang ist der von Tversky und Kahneman (1981) beschriebene *Rahmungseffekt* (engl. *framing effect*). Die Autoren der Studie konfrontierten die Versuchspersonen unter anderem mit folgendem Szenario: *Um einer Epidemie entgegenzuwirken, die das Leben von 600.000 Menschen bedroht, können Sie zwischen verschiedenen Interventionen wählen.*

Weiter wurden die Versuchspersonen dann zufällig in zwei Gruppen aufgeteilt und bei Gruppe 1 wurde das Szenario spezifiziert mit: *Wenn Sie Intervention A wählen, dann werden sicher 200.000 Menschen gerettet. Wenn Sie Intervention B wählen, dann werden mit p = 1/3 alle Menschen gerettet und mit p = 2/3 wird niemand gerettet.*

Für Gruppe 2 hingegen wurde folgende Spezifikation verwendet: *Wenn Sie Intervention A wählen, dann werden sicher 400.000 Menschen sterben. Wenn Sie Intervention B wählen, dann wird mit p = 1/3 niemand sterben und mit p = 2/3 werden alle sterben.*

Es ist leicht ersichtlich, dass die Ergebnisse von Intervention A und Intervention B für beide Gruppen identisch sind. Trotzdem wählten in dieser Untersuchung 72 % der Gruppe 1 die Intervention A, wohingegen 78 % der Gruppe 2 die Intervention B wählten.

Auf Basis der Erkenntnis, dass die Axiome des Erwartungsnutzen in der empirischen Realität regelmäßig verletzt werden, entwickelten Kahneman und Tversky (1988) eine Erweiterung des normativen Konzepts des Erwartungsnutzens, die sogenannte *Prospect Theory*. Diese geht ebenso wie das Erwartungsnutzenkonzept davon aus, dass der subjektive Wert oder Nutzen einer Sache und deren objektiver Wert oder Nutzen in einem bestimmten Verhältnis zueinander stehen und dass dieses Verhältnis über eine Wertefunktion beschrieben werden kann. Die Grundannahme der Prospect Theory ist, dass die Wertefunktionen im Verlust- und im Gewinnbereich unterschiedlich sind. Menschen können unterschiedliche Wertefunktionen aufweisen, aber typischerweise verläuft die Wertefunktion im Verlustbereich steiler als im Gewinnbereich. In Abbildung 4.2 ist eine typische Wertefunktion der Prospect Theory dargestellt. Im Gewinnbereich gilt hier für den Zusammenhang des objektiven Werts x und des subjektiven Werts $V(x) = x^\alpha$. Typischerweise ist $\alpha = [0; 1]$, da die Veränderung des subjektiven Werts im Gewinnbereich dem Grenznutzenprinzip folgt. Steigt der objektive Wert einer Sache von 200 auf 600 Wertepunkte an, wie die gestrichelten Linien im rechten oberen Quadranten illustrieren, steigt der subjektive Wert disproportional, nämlich langsamer an. Im Verlustbereich gilt jedoch $V(x) = -\lambda(-x^\alpha)$, das heißt, die Steigung der Kurve verändert sich dort um den Faktor λ. Da laut Prospect Theory üblicherweise Verluste kognitiv stärker gewichtet werden als Gewinne, gilt für die meisten Menschen $\lambda > 1$. Entsprechend illustrieren die gestrichelten Linien im linken unteren Quadranten, dass die Veränderung des subjektiven Werts, wenn sich der objektive Wert von -200 auf -600 verändert, größer ist als der bei einer entsprechenden Veränderung im Gewinnbereich von 200 auf 600. Auch der Referenzpunkt, also ab wann eine Veränderung des objektiven Werts als Gewinn oder als Verlust begriffen wird, unterscheidet sich von Person zu Person. Dabei spielen die subjektiven Erwartungen eine entscheidende Rolle, da das gleiche objektive Ergebnis sich für unterschiedliche Personen entweder als Gewinn oder als Verlust darstellen kann, je nachdem wie es mental repräsentiert wird. In der oben beschriebenen Studie zum Rahmungseffekt würde experimentell manipuliert, ob ein Ereignis als Gewinn oder Verlust repräsentiert wurde. Die dort berichteten Ergebnisse lassen sich im Rahmen der Prospect Theory entsprechend durch eine experimentell induzierte Verschiebung des Referenzpunktes erklären.

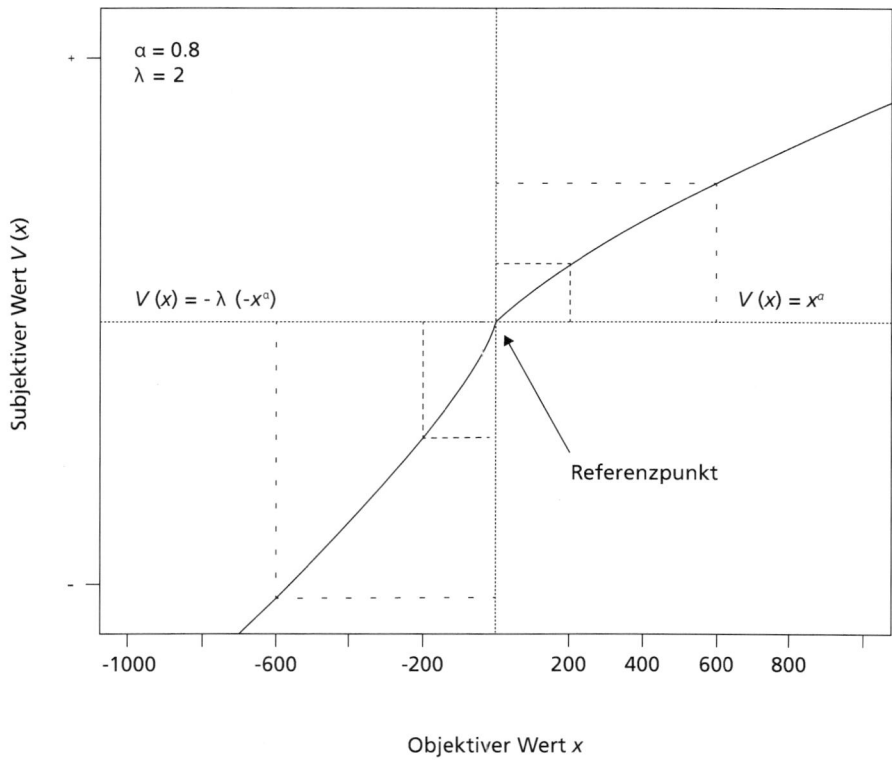

Abb. 4.2: Illustration der Prospect Theory (Kahneman & Tversky, 1988).

Für diese Überlegungen zur Prospect Theory erhielt Daniel Kahneman später den Wirtschafts-Nobelpreis[10], da die Prospect Theory tatsächliches menschliches Entscheidungsverhalten sehr gut beschreiben kann, also ein verbessertes Als-ob-Modell darstellt. Das Forschungsprogramm von Kahneman und Tversky zeigt zudem aber auch, dass Menschen oft nicht rational urteilen und entscheiden, da sich in ihren Untersuchungen eine ganze Reihe von Verzerrungen im menschlichen Urteils- und Entscheidungsverhalten zeigten. Den Rahmungseffekt haben wir bereits kennengelernt. Weitere solche Verzerrungen werden im Folgenden kurz eingeführt, da diese auch in der Anwendung eine wichtige Rolle spielen.

Als *Sicherheitseffekt* (engl. *certainty effect*) beschreiben Tversky und Kahneman (1989) das Phänomen, dass Menschen dazu neigen, Ereignisse, die sie als sicher erachten, systematisch zu bevorzugen gegenüber Ereignissen, die sie als nicht sicher erachten – selbst wenn der eigene Nutzen dadurch verringert wird. So wählten Versuchspersonen lieber die

---

10 Amos Tversky war zu diesem Zeitpunkt bereits gestorben und erhielt keinen Nobelpreis, da dieser nur an lebende Personen verliehen wird. Dass der Preis im Bereich Wirtschaft vergeben wurde, rührt daher, dass es keinen Nobelpreis für Psychologie gibt.

- **Alternative A**, die mit der Wahrscheinlichkeit $p = 1{,}00$ einen Gewinn von 3000$ liefert

als die

- **Alternative B**, die mit der Wahrscheinlichkeit $p = 0{,}80$ einen Gewinn von 4000$ liefert,

obwohl der Erwartungsnutzen von B höher ist als der von A. Wurden beide Wahrscheinlichkeiten jedoch mit 0,25 multipliziert, dann wählten Versuchspersonen mehrheitlich die

- **Alternative B'**, die mit $p = 0{,}20$ einen Gewinn von 4000$ liefert,

statt der

- **Alternative A'**, die mit $p = 0{,}25$ einen Gewinn von 3000$ liefert.

In letzterem Fall maximierten die Versuchspersonen also ihren Erwartungsnutzen, im ersteren nicht. Zusätzlich zeigt sich in diesen Studien, dass auch die Wahrscheinlichkeiten des Eintretens selbst die Risikoneigung beeinflussten. Relativ gesehen wurden niedrige Wahrscheinlichkeiten subjektiv oft als höher aufgefasst als sie tatsächlich waren; mittlere und hohe Wahrscheinlichkeiten wurden subjektiv hingegen oft als niedriger aufgefasst.

Wurde die gleiche Entscheidungssituation in der Studie von Tversky und Kahneman (1989) hingegen als Verlust dargestellt (d. h. als Verlust von 4000$ bzw. 3000$ mit den oben gegebenen Wahrscheinlichkeiten), bevorzugte die Mehrheit der Versuchspersonen den probabilistisch höheren Verlust in Alternative B gegenüber dem sicheren, aber geringeren Verlust in Alternative A. Dies deckt sich mit den Vorhersagen der Prospect Theory, dass Menschen im Gewinnbereich eher risikoavers, im Verlustbereich aber risikofreudig entscheiden (▶ Abb. 4.2). Diesen Befund bezeichneten Tversky und Kahneman (1981) als *Reflektionseffekt* (engl. *reflection effect*) und er zeigt sich tatsächlich auch in realen Entscheidungssituationen. In einer entsprechenden Studie teilten Kahneman, Knetsch und Thaler (1990) ihre Versuchspersonen auf zwei Gruppen auf. Die eine Gruppe (»Verkaufsbedingung«) erhielt eine Tasse mit dem Universitätslogo, welche sie entweder mit nach Hause nehmen oder verkaufen konnten. Die Versuchspersonen dieser Gruppe wurden gebeten anzugeben, ab welcher Summe sie bereit wären, die Tasse herzugeben. Im Mittel waren dies 7$. Die Versuchspersonen in der anderen Gruppe (»Kaufbedingung«) sollten angeben, wie viel Geld man ihnen mindestens zahlen müsste, damit sie das Geld statt der Tasse nehmen würden. Dies waren im Mittel 3$. Erklärt werden kann dieser Befund im Sinne der von der Prospect Theory beschriebenen Verlustaversion damit, dass die Versuchspersonen in der Verkaufsbedingung bei der Weggabe der Tasse, die ja bereits in ihrem Besitz war, einen Verlust empfinden, wohingegen die Versuchspersonen in der Kaufbedingung die Tasse als einen potenziellen, noch nicht realisierten Gewinn betrachten. Dieser Befund wird auch als *Besitztumseffekt* (engl. *endowment effect*) bezeichnet.

Ähnliche Ergebnismuster ließen sich in einer ganzen Reihe von Studien beobachten, sodass Newell, Lagnado und Shanks (2022) eine allgemeine Regel aufstellten, das sogenannte Vierfachmuster des Entscheidungsverhaltens unter Unsicherheit. Das in Tabelle 4.1 dargestellte Vierfelderschema mag zum Beispiel erklären, warum immer noch viele Menschen in Deutschland Lotto spielen (IfD-Allensbach, 2023). Bei kleinen Gewinnwahrscheinlichkeiten ist nämlich eine Risikoneigung zu beobachten, bei mittleren und großen Gewinnwahrscheinlichkeiten eher eine Risikoaversion. Bei mittleren und großen Verlustwahrscheinlichkeiten ist hingegen eine Risikoneigung zu beobachten, bei kleinen Verlustwahrscheinlichkeiten jedoch eine Risikoaversion.

Tab. 4.1: Vierfelderschema der Risikoneigung beim Entscheiden unter Unsicherheit.

	Gewinne	Verluste
Mittlere/große Wahrscheinlichkeit	Risikoaversion	Risikoneigung
Kleine Wahrscheinlichkeit	Risikoneigung	Risikoaversion

Während die bisher behandelten Effekte zwar in direktem Widerspruch zum Konzept des Erwartungsnutzen stehen, aber im Sinne der Prospect Theory noch als vorhersagbar (und somit zumindest in Teilen rational) gewertet werden können, zeigten Kahneman und Tversky in ihrem Forschungsprogramm noch eine Reihe weiterer kognitiver Verzerrungen beim Urteilen und Entscheiden auf, die als klar irrational zu bewerten sind. Ein klassisches Beispiel dafür ist das sogenannte *Linda-Problem*, welches einen *Verknüpfungs-Fehlschluss* (engl. *conjunction fallacy*) aufzeigt (Tversky & Kahneman, 1973). Das Problem lautet wie folgt:

Linda ist 31 Jahre alt, alleinstehend, offen und intelligent. Sie hat Philosophie studiert und hat sich in ihrer Studienzeit sehr gegen soziale Ungerechtigkeit und Diskrimination eingesetzt. Sie nahm auch an Anti-Atomkraft-Demos teil.

Die Versuchspersonen bekommen zunächst das Problem zu lesen und werden dann gefragt, welche der folgenden beiden Aussagen wahrscheinlicher ist:

(a) »Linda arbeitet in einer Bank.« oder
(b) »Linda arbeitet in einer Bank und setzt sich aktiv für die Frauenbewegung ein.«

Obwohl (a) in (b) enthalten ist und somit (b) weniger wahrscheinlich ist als (a) – da nicht anzunehmen ist, dass alle Personen, die in einer Bank arbeiten auch in der Frauenbewegung aktiv sind –, wählen viele Versuchspersonen dennoch die Option (b). Mit einem ähnlichen Szenario demonstrierte Tversky (1973), dass Menschen sogenannte Prävalenzfehler (engl. *base rate neglect*) begehen, also die Verteilung eines Merkmals in der Grundgesamtheit beim Urteilen und Entscheiden nicht oder nur unzureichend berücksichtigen. Beispielsweise wurde in einem entsprechenden Experiment den Versuchspersonen folgende Beschreibung vorgelegt:

Jack ist 45 Jahre alt. Er ist verheiratet und hat vier Kinder. Er ist recht konservativ, sorgfältig und auch ehrgeizig. Er interessiert sich nicht für Politik oder soziale Fragen und verwendet den größten Teil seiner Freizeit darauf, seine Hobbys, wie zum Beispiel Tischlern, Segeln und mathematische Denksportaufgaben lösen, auszuüben.

Den Versuchspersonen wurde des Weiteren gesagt, diese Beschreibung sei zufällig aus einer Grundgesamtheit von 70 Juristen und 30 Ingenieuren gezogen worden. Sie sollten nun abschätzen, ob Jack eher ein Jurist oder ein Ingenieur sei. Viele der Versuchspersonen, denen dieses Szenario vorgelegt wurde, hielten Jack für einen Ingenieur und berücksichtigten die Grundverteilung von Juristen und Ingenieuren somit nicht.

Der Autor erklärt diesen Befund, wie auch den Befund des Linda-Problems, damit, dass Menschen eine *Repräsentativitätsheuristik* (engl. *representativeness heuristic*) anwenden. Daher wählen sie beim Urteilen und Entscheiden diejenige Option aus, die ihren prototypischen Vorstellungen am nächsten kommt und lassen statistische Wahrscheinlichkeiten dabei unberücksichtigt. Daneben scheinen Menschen sich beim Urteilen und Entscheiden auch auf eine Art *Verfügbarkeitsheuristik* (engl. *availability heuristic*) zu verlassen, das heißt, es wird diejenige Entscheidungsoption gewählt, die leichter aus dem Gedächtnis abgerufen werden kann oder aus anderen Gründen in der Entscheidungssituation leichter mental verfügbar ist. Oft lassen sich Menschen beim Urteilen und Entscheiden auch durch entscheidungsirrelevante Informationen in der Umgebung beeinflussen. Dieses Phänomen wird als *Ankerheuristik* (engl. *anchoring heuristic*) bezeichnet. In einer der ersten Studien dazu, die ebenfalls von Tversky und Kahneman (1974) durchgeführt wurde, wurden Versuchspersonen aufgefordert, ein Glücksrad (mit den Werten von 0 bis 100) zu drehen und dann eine Prozentschätzung auf eine Frage abzugeben (z. B.: »Wie viele afrikanische Staaten sind in der UNO?«). Die Ergebnisse zeigten, dass die erzielten Glücksradwerte die Schätzungen systematisch beeinflussten. In seinem bekannten populärwissenschaftlichen Buch mit dem Titel *Thinking Fast and Slow* fasst Daniel Kahneman die Erkenntnisse seines mit Amos Tversky und anderen Forscherinnen und Forschern durchgeführten Forschungsprogramms eindrucksvoll zusammen (Kahneman, 2011).

Dort beschreibt er zwei kognitive Systeme des menschlichen Entscheidens. Das phylogenetisch ältere *System 1* nutzt Heuristiken, um zu schnellen Urteilen und Entscheidungen zu kommen. Daran beteiligte Prozesse laufen oft unbewusst ab, sodass ein reflektierendes Eingreifen in dieses System kaum möglich ist. *System 2* hingegen arbeitet langsam und analytisch. Die reflektiven Denkprozesse, die in diesem System ablaufen, sind bewusst zugänglich und somit auch prinzipiell korrigierbar. Nach Kahnemans Vorstellung verlassen sich Menschen allzu oft auf System 1, vermutlich deshalb, weil es kognitiv anstrengend ist, System 2 hinzuzuziehen, welches eben stark auf das Arbeitsgedächtnis angewiesen ist und daher kognitive Kontrolle erfordert (▶ Kap. 2). Da Menschen aber *kognitive Geizhälse* sind (engl.

cognitive miser; Fiske & Taylor, 1991; Stanovich, 2009), also stets darum bemüht sind, den kognitiven Aufwand möglichst gering zu halten, verlassen Menschen sich (zu) oft auf das System 1 (Evans & Stanovich, 2013; siehe auch Evans, 2008, für eine weitere Differenzierung und Generalisierung der Zwei-Systeme-Annahme). Die Vertreterinnen und Vertreter der Zwei-Systeme-Annahme argumentieren, dass die menschliche Veranlagung zum kognitiven Geizhals zur Folge hat, dass selbst intelligente Menschen mit einer hohen Arbeitsgedächtniskapazität regelmäßig unter ihren Möglichkeiten bleiben, wenn es darum geht, optimale Urteile oder Entscheidungen zu treffen, da die Menschen mehrheitlich »zu knausrig« sind, wenn es darum geht, den entscheidungsrelevanten Sachverhalt gut zu durchdenken (Stanovich, 2009).

Wir haben nun bereits eine ganze Reihe von Denkfehlern und Heuristiken kennengelernt, die häufig auftreten und immer wieder dazu führen, dass Urteile und Entscheidungen nur begrenzt rational ausfallen. Die Liste dieser Denkfehler ließe sich auch noch deutlich erweitern. Dies ist im Einklang mit der Vorstellung, dass Menschen sich stark auf ihr System 1 verlassen. Wie zu Beginn dieses Abschnitts angesprochen, suchen Menschen häufig nach bestätigender Evidenz, statt nach falsifizierender (Wason, 1960, 1968). Zudem begehen Menschen *Rückschaufehler* (engl. *hindsight bias*; Fischhoff, 1975), das heißt, Menschen überschätzen nach Eintreten eines probabilistischen Ereignisses die Vorhersagbarkeit dieses Ereignisses. Diese letzteren beiden Phänomene führen sicher unter anderem dazu, dass auch wenig Korrekturen von nicht-rationalen Entscheidungen durch System 2 stattfinden, wenn sie einmal durch System 1 getroffen wurden. Die Menge an Denkfehlern beim menschlichen Urteilen und Entscheiden lässt den Eindruck entstehen, dass dieses recht defizitär ist.

Allerdings gibt es auch durchaus eine andere Sichtweise auf diesen Sachverhalt. Gerd Gigerenzer und seine Kolleginnen und Kollegen betonen, dass es gerade diese einfachen Entscheidungsheuristiken sind, die uns »schlau« machen, denn sie erlauben uns, trotz unvollständiger Informationslage und zudem noch schnell und ohne großen kognitiven Aufwand, zu oft recht guten Urteilen und Entscheidungen zu kommen (Gigerenzer, Todd & ABC Research Group, 1999). Diese Forschungsgruppe prägte dafür den Begriff der *ökologischen Rationalität*, der besagt, dass Entscheidungs- und Urteilsverhalten nicht formal korrekt, sondern vor allem zielführend sein muss, um als rational zu gelten. In diesem Zusammenhang werden die oben dargestellten Heuristiken (sowie noch einige weitere) nicht als defizitäre mentale Abkürzungen betrachtet, sondern vielmehr als nützliche Werkzeuge aus einer mentalen Werkzeugkiste, die adaptiv eingesetzt werden können, um schnell zielführende Entscheidungen zu treffen. Für einen entsprechenden Überblick über die grundlagenwissenschaftliche Debatte darüber, inwieweit heuristisches Urteilen und Entscheiden als rational angesehen werden kann, verweisen wir auf die entsprechenden Werke zu diesem Thema (Gigerenzer, Hertwig & Pachur, 2011). Das Ergebnis dieser wissenschaftlichen Debatte ist jedoch, dass die Überlegungen zu den beiden Urteils- und Entscheidungssystemen in jüngster Zeit revidiert wurden. Hinzu kommt, dass einige Tiere – von denen man ja annehmen sollte, ihre Entscheidungen würden stärker auf dem phylogenetisch älteren System 1 basieren als die von Menschen – sich in einigen Situationen »rationaler« zu verhalten scheinen als Menschen (Stanovich, 2013). Stare verhalten sich zum Beispiel in Entscheidungssituationen so, dass sie die Axiome der Transitivität und Unabhängigkeit erfüllen (Monteiro, Vasconcelos & Kacelnik, 2013); möglicherweise folgt also System 1 durchaus Rationalitätskriterien. Oaksford und Hall (2016) argumentieren deshalb, dass die Irrationalität des menschlichen Urteils- und Entscheidungsverhaltens sich nicht primär auf ein übermäßiges Sich-Verlassen auf System 1 zurückführen lässt, sondern aus einer defizitären Interaktion der beiden Systeme heraus entsteht, und die Beschränkungen von System 2 (vor allem die begrenzte Arbeitsgedächtniskapazität sowie generelle Schwierigkeiten, formale Probleme sprachlich präzise zu erfassen) Irrationalität verursachen. Vorwissen und das eigene Vertrauen in ebendieses sind mögliche Faktoren, die auf die Interaktion zwischen den beiden Systemen einen Einfluss haben könnten (Fischhoff & Broomell, 2020). Die beiden Autoren weisen darauf hin, dass Menschen im Alltag meist nicht mit für sie völlig neuen Problemen konfrontiert sind, sondern schon ein gewisses Vorwissen bezüglich der jeweiligen Problematik mitbringen. Dieses Vorwissen kann unvollständig oder sogar falsch sein; es beeinflusst aber nichtsdestoweniger das Urteil beziehungsweise die Entscheidung. Auch das Vertrauen in das eigene Vorwissen spielt hierbei laut den Autoren eine Rolle. Dieses kann mehr oder weniger im Einklang mit dem tatsächlichen Wissensstand stehen und entsprechend dazu führen, dass das eigene Vorwissen in Bezug auf ein zu treffendes Urteil oder eine zu treffende Entscheidung zu stark oder nicht stark genug gewichtet wird. Auch wenn es bei der Interaktion zwischen den beiden Systemen also wiederum zu kognitiven Verzerrungen kommen kann, ist das aus einer Anwendungsperspektive eventuell sogar eine gute Neuigkeit. Denn die bewusste Verarbeitung in System 2 bietet potenziell mehr Anknüpfungspunkte, um Irrationalität entgegenzuwirken. Darauf werden wir in den folgenden Abschnitten noch einmal zurückkommen.

4.2 Beispiele anwendungsorientierter Forschung

Wir greifen nun die behandelten kognitionspsychologischen Befunde aus Kapitel 4.1 auf und diskutieren zunächst Phänomene wie Fehlinformationen und Selbsttäuschung beim Schlussfolgern im Alltag (▶ Kap. 4.2.1). Danach wenden wir uns dem Umgang mit Fehlinformationen (▶ Kap. 4.2.2) und einer besonders extremen Form davon, dem Irrglauben, zu (▶ Kap. 4.2.3). Zuletzt befassen wir uns noch mit Urteilen und Entscheiden im Alltag und Beruf, wobei wir insbesondere auf Beispiele aus der juristischen und medizinischen Praxis kurz zu sprechen kommen (▶ Kap. 4.2.4).

4.2.1 Schlussfolgern im Alltag: Fehlinformationen und Selbsttäuschung

Wenn Menschen im Alltag Urteile und Entscheidungen treffen, führen – wie wir in den vorangegangenen Abschnitten gesehen haben – Beschränkungen der Entscheidungssituation und kognitive Beschränkungen im Umgang mit diesen Informationen dazu, dass die menschliche Rationalität quasi von zwei Seiten beschnitten wird (vgl. Simon, 1956). Aber selbst alle unsere bisherigen Überlegungen zu den möglichen Beschränkungen der Rationalität stellen, wie wir nun sehen werden, vermutlich in vielen Fällen immer noch eine Idealisierung der Wirklichkeit dar.

In den Laborszenarien, die wir bisher kennengelernt haben, konnte die Informationslage unvollständig und die zu erwartenden Ergebnisse mit Unsicherheit behaftet sein. Im Alltag ist jedoch selbst bezüglich der tatsächlich vorliegenden Informationen oft unklar, ob diese überhaupt verlässlich sind, also der Wahrheit entsprechen. Informationen, die nicht oder zumindest nicht ganz der Wahrheit entsprechen, werden laut der Amerikanischen Psychologischen Vereinigung (engl. *American Psychological Association*, *APA*) als *Fehlinformationen* bezeichnet (American Psychological Association, 2023). Die APA grenzt in diesem Zusammenhang die absichtlich verbreitete *Desinformation* noch einmal als Spezialfall von der Fehlinformation ab (siehe auch Lewandowsky et al., 2013). Wir werden im Folgenden jedoch weitgehend den Oberbegriff Fehlinformation nutzen und auf die Abgrenzung zur Desinformation nur dann gesondert eingehen, wenn dies aus kognitionspsychologischer Sicht bedeutsam erscheint. Unabhängig davon mit welcher Absicht Fehlinformationen verbreitet werden, ist deren Folge, dass die potentielle Fehlerbehaftetheit der Informationslage einen weiteren situativen Faktor darstellt, der dazu führt, dass die Urteils- und Entscheidungsgrundlage im Alltag noch weniger optimal ist als in den in Kapitel 4.1 diskutierten Laborszenarien.

Tatsächlich wurde hinsichtlich der äußeren Umstände, die zu nicht rationalem Urteilen und Entscheiden im Alltag beitragen, in jüngster Zeit das allgegenwärtige Vorhandensein von Fehlinformationen, vor allem in den sozialen Medien, identifiziert (Allcott, Gentzkow & Yu, 2019; Lazer et al., 2018). Es ist zu beobachten, dass sich gerade politisch relevante Fehlinformationen, die in diesem Zusammenhang oft auch als *Fake News* bezeichnet werden, im öffentlichen Leben und vor allem über das Internet heutzutage oft sogar schneller verbreiten als korrekte Informationen (Vosoughi, Roy & Aral, 2018). Wenn sie sich einmal verbreitet haben, sind die Fehlinformationen zudem nur äußerst schwer wieder zu korrigieren (Ecker, Lewandowsky & Chadwick, 2020). Fehlinformationen können zu Urteilen und Entscheidungen führen, die nicht nur negative Konsequenzen für die Entscheidenden selbst, sondern auch für die Gesellschaft als Ganzes haben, sofern sie zum Beispiel politische Wahlentscheidungen oder öffentliche Gesundheitsmaßnahmen betreffen (Kuklinski et al., 2000; Southwell et al., 2019). Sind Menschen wiederholt der gleichen Fehlinformation ausgesetzt, kann dies im Sinne der bereits oben angesprochenen Verfügbarkeitsheuristik dazu führen, dass diese Information allein aufgrund des mit ihr verbundenen starken Gefühls von Vertrautheit als wahr betrachtet wird (Nadarevic et al., 2020; Pennycook, Cannon & Rand, 2018; Vellani et al., 2023).

Dieser Befund wird auch als *illusorischer Wahrheitseffekt* (engl. *illusory truth effect*) bezeichnet (Brashier & Marsh, 2020; Hasher, Goldstein & Toppino, 1977). Beachtlich ist in diesem Zusammenhang, dass allein die wiederholte Darbietung bestimmter Aussagen dazu führen kann, diese eher als wahr zu erachten (Unkelbach et al., 2019). In dem Ausmaß zu dem der illusorische Wahrheitseffekt also die Folge davon ist, dass Menschen bestimmten Informationen gehäuft ausgesetzt sind, würde er also dazu beitragen, dass im Alltag sehr präsente Fehlinformationen eher für wahr gehalten werden. Allerdings sollte dies prinzipiell für *jede* Art vor Information, der Menschen im Alltag wiederholt ausgesetzt sind, der Fall sein. Dies scheint auch tatsächlich der Fall zu sein, und zwar unabhängig von der Plausibilität der dargebotenen Information (Fazio, Rand & Pennycook, 2019). Entsprechend könnte der illusorische Wahrheitseffekt sogar dafür genutzt werden, um den Glauben an faktisch korrekte Informationen zu erhöhen, wie Unkelbach und Speckmann (2021) am Beispiel von wiederholt dargebotenen korrekten, aber wenig bekannten Fakten zur Covid-19-Pandemie demonstriert haben. Allerdings werden in den sozialen Medien *Fake News* deutlich häufiger aufgegriffen als echte Fakten und dann schnell weiterverbreitet (Lazer et al., 2018), sodass das Problem hier besonders prävalent zu sein scheint. Wichtig ist jedoch in diesem Zusammenhang zu berücksichtigen, dass die Studien in diesem Bereich auch nahelegen, dass Fehlinformationen sich selbst in den sozialen Medien oft nur begrenzt, innerhalb bestimmter sozialer Subgruppen, ausbreiten. So zeigte sich in einer Analyse der während der US-Präsidentschaftswahl 2016 verbreiteten *Fake News* auf der Plattform *Twitter* (heute X), dass lediglich 1 % der Nutzerinnen und Nutzer für das Teilen von 80 % aller *Fake News* verantwortlich waren (Grinberg et al., 2019). In diesem Zusammenhang sollte zusätzlich erwähnt werden, dass eine Person, die Fehlinformationen (durch Teilen oder »Liken«) in sozialen Netzwerken verbreitet, diese Fehlinformation nicht zwingend für korrekt halten muss (Pennycook et al., 2021). Trotzdem trägt ihr Verhalten dazu bei, dass sich die Fehlinformation weiterverbreitet und gegebenenfalls andere Personen einem illusorischen Wahrheitseffekt erliegen. Zudem zeigt sich auch ein gesellschaftlicher Trend, dass immer mehr Personen sich nicht mehr über Nachrichten oder Zeitungen politisch informieren, sondern über soziale Medien (Gil de Zúñiga & Diehl, 2019). Auch wenn viele Personen *Fake News* nicht weiter teilen, etwa weil sie soziale Medien eher passiv als Informationsquelle nutzen, könnten sie daher trotzdem *Fake News* ausgesetzt sein und in ihren Urteilen dadurch beeinflusst werden.

Aus psychologischer Sicht stellt sich im Zusammenhang mit der Verbreitung von *Fake News* jedoch auch die Frage, warum Menschen überhaupt anfällig dafür sind, diesen Nachrichten Glauben zu schenken, und ob es interindividuelle Unterschiede hinsichtlich dieser Anfälligkeit gibt. Auf Seiten der in der Person liegenden Faktoren haben wir bisher vor allem kognitive Faktoren, primär die Beschränkung der Arbeitsgedächtniskapazität sowie die Neigung zum kognitiven Geizhals und die damit verbundene Neigung zum heuristischen Urteilen besprochen. Diese beiden Faktoren scheinen auch elementar für die Anfälligkeit für *Fake News* zu sein. So legt eine Studie von Pennycook und Rand (2019) nahe, dass eine unzureichende kognitive Verarbeitung und Prüfung der *Fake News*, die sich im Sinne der Idee eines kognitiven Geizhalses erklären lassen, die Hauptursache für den Glauben an ebendiese darstellt. In der Studie zeigte sich zudem, dass Personen, die gut im sogenannten *Cognitive Reflection Test* abschnitten (ein Test, bei dem eine Reihe von Denkaufgaben gelöst werden muss und dessen Leistung hoch mit der Leistung in klassischen Intelligenztests korreliert ist), besser in der Lage waren, zwischen Fakten und *Fake News* zu unterscheiden. Dies zeigte sich selbst für Themenbereiche, in denen die Personen aufgrund ihrer politischen Überzeugungen durchaus hätten motiviert sein können, den Fehlinformationen Glauben zu schenken (Pennycook & Rand, 2019). Allerdings sollte man auf Basis dieser Befunde nicht voreilig schließen, die Anfälligkeit für Fehlinformationen sei alleine auf kognitives Unvermögen, die gegebenen Informationen angemessen zu verarbeiten, und einen kognitiven Geiz, also eine Art generelle übermäßige *Bequemlichkeit* bei der kognitiven Verarbeitung, zurückzuführen. Andere Studien legen nämlich nahe, dass selbst Personen mit sehr guten kognitiven Fähigkeiten (in diesem Fall erfasst mit einem validierten Intelligenztest) anfällig für einen illusorischen Wahrheitseffekt sind (De Keersmaecker et al., 2020), der ja als grundlegend für die Verbreitung von *Fake News* identifiziert wurde (Pennycook, Cannon & Rand, 2018). Es gibt also durchaus Befunde, die nahelegen, dass die Anfälligkeit für *Fake News* kein rein kognitives Problem darstellt. So kann auch eine hohe wahrgenommene Glaubwürdigkeit der Quelle, von der eine Information stammt, unabhängig von ihrem tatsächlichen Wahrheitsgehalt, dazu beitragen, die Information eher als wahr anzusehen (Nadarevic et al., 2020). Einige Autorinnen und Autoren schlagen zudem vor, dass Überzeugungen, sofern sie als integraler Bestandteil der eigenen Identität empfunden werden (▶ Kap. 2.2.2 zum autobiographischen Gedächtnis), Personen durchaus dazu motivieren könnten, denjenigen Fehlinformationen Glauben zu schenken, die mit ihren Überzeugungen im Einklang stehen (Druckman, Peterson & Slothuus, 2013; Van Bavel et al., 2020; Van Bavel & Pereira, 2018). Die oben besprochene Studie von Pennycook und Rand (2019) sowie weitere empirische Studien (Clayton et al., 2019) liefern für diese Annahme jedoch keine empirische Unterstützung. Auch sonst gibt es bisher kaum empirische Hinweise, die die Annahme unterstützen, Fehlinformationen würden tatsächlich eher für wahr gehalten werden, wenn sie im Einklang mit den eigenen Überzeugungen stehen. Allerdings scheint auch umgekehrt das Bekanntwerden von Fehlinformationen als unwahr (etwa im Zusammenhang einiger Aussagen von Donald Trump während seiner Amtsperiode als Präsident) nicht zu einer Änderung der eigenen Überzeugungen zu führen (Lewandowsky, Jetter & Ecker, 2020). Allgemein wird das Verhalten, im Einklang mit den eigenen Überzeugungen irrational zu urteilen oder zu entscheiden und zudem einmal nach irrationalen Kriterien aber im Einklang mit den eigenen Überzeugungen getroffene Urteile und Entscheidungen nicht zu revidieren, in der psychologischen (sowie auch der philosophischen) Fachliteratur als *Selbsttäuschung* bezeichnet (Chance & Norton, 2015; Kunda, 1990; Mele, 1997; Mijović-Prelec & Prelec, 2010). Auch wenn der Einfluss solcher Selbsttäuschungen im Umgang mit *Fake News* eher gering erscheint (Pennycook & Rand, 2019), gibt es doch einige theoretische Gründe zur Annahme, eine Motivation zur Selbsttäuschung könne in bestimmten Situationen durchaus mit dazu beitragen, dass Fehlinformationen zunächst als valide angenommen und auch später nicht korrigiert werden (Butterworth, Trivers & von Hippel, 2022; Ecker et al., 2022; Von

Hippel & Trivers, 2011). Eine empirische Überprüfung dieser Annahme steht jedoch auch in anderen Bereichen noch weitgehend aus.

4.2.2 Umgang mit Fehlinformationen

Wie kann Fehlinformationen aber begegnet werden, damit sie möglichst wenig gesellschaftlichen Schaden anrichten? Die offensichtlichste Antwort hierauf ist, dass die Fehlinformation durch das Bereitstellen der entsprechenden Fakten korrigiert werden sollte. Eine Metaanalyse von Chan et al. (2017) legt jedoch nahe, dass Fehlinformationen, selbst nachdem sie korrigiert wurden, das menschliche Urteilen und Entscheiden weiterhin beeinflussen. Wenn wir uns an unsere Überlegungen zur Funktionsweise des Langzeitgedächtnisses in Kapitel 2 erinnern, mag dies auch nicht verwundern. Denn es ist anzunehmen, dass die korrektiven Fakten im Langzeitgedächtnis zwar mit der Fehlinformation beim Abruf interferieren, aber die Fehlinformation durch die Korrektur nicht einfach aus diesem verschwindet (Shtulman & Valcarcel, 2012). Zwei Möglichkeiten zum Umgang damit sind denkbar (vgl. Ecker et al., 2022) und beide machen sich zu Nutze, dass unser Gedächtnis assoziativ arbeitet und Informationen, die stark miteinander assoziiert sind, zu größeren Einheiten zusammengefasst werden. Der erste Ansatz basiert darauf, dass die Assoziation zwischen Fehlinformation und korrektiven Fakten durch Elaboration und wiederholtes Abrufen so gestärkt werden muss, dass uns die Fakten anschließend immer automatisch gemeinsam mit der Fehlinformation in den Sinn kommen, sobald wir an die Fehlinformation denken (Kendeou et al., 2019). Der zweite Ansatz hingegen zielt darauf ab, die Fakten nicht mit den Fehlinformationen zu »verwässern«, da darunter natürlich auch die Qualität der Fakten leiden könnte. Stattdessen wird vorgeschlagen, darauf hinzuarbeiten, die Fehlinformationen im Langzeitgedächtnis mit dem Begriff *falsch* zu assoziieren (Ecker et al., 2011; Swire, Ecker & Lewandowsky, 2017). Es ist davon auszugehen, dass ähnlich wie beim Erwerb von Fehlinformationen (Nadarevic et al., 2020) auch bei der Korrektur die Glaubwürdigkeit der Quelle der korrektiven Fakten eine Rolle spielt (Ecker & Antonio, 2021; Guillory & Geraci, 2013). Natürlich unterscheidet sich die wahrgenommene Glaubhaftigkeit einer bestimmten Quelle von Person zu Person, und Personen, die besonders anfällig für Fehlinformationen sind, schenken eventuell gerade denjenigen offiziellen Quellen kein Vertrauen, die für die meisten Menschen als besonders vertrauenswürdig erscheinen (Hornsey & Fielding, 2017; Lewandowsky, 2021). Diesen Gedanken werden wir in Kapitel 4.2.3 noch einmal gesondert aufgreifen. Es sei an dieser Stelle auch darauf hingewiesen, dass die allgemeine Weltanschauung (also religiöse, ethische und politische Überzeugungen) in diesem Zusammenhang von Bedeutung sein könnte, auch wenn sie im Zusammenhang mit dem Vertrauen in Fehlinformationen bei deren Erwerb, wenn überhaupt, nur eine untergeordnete Rolle zu spielen scheint (siehe oben). Es gibt einige empirische Hinweise, dass Fehlinformationen, die mit der eigenen Weltanschauung in Einklang sind, sich nur schwer durch Fakten nachhaltig widerlegen lassen (Nyhan & Reifler, 2010).

Das Bereitstellen von korrigierenden Fakten ist vermutlich die am häufigsten verwendete Maßnahme, um Fehlinformationen im Alltag zu begegnen, da sie sich auch in den sozialen Medien gut umsetzen lässt. Es sind aber auch weitere Ansatzpunkte denkbar. Manche Forscherinnen und Forscher schlagen beispielsweise vor, Denkfehler und unplausible Annahmen, die eventuell den Fehlinformationen zugrunde liegen, direkt als solche zu entlarven (Schmid & Betsch, 2019). Eine weitere Möglichkeit wäre, die Glaubhaftigkeit der Quelle einer Fehlinformation in Frage zu stellen (Hughes et al., 2014). Im Folgenden werden wir auf die vielversprechendsten Interventionen, die zur Bekämpfung von Fehlinformationen bisher vorgeschlagen wurden und die an einem oder mehreren der genannten Ansatzpunkte anknüpfen, genauer eingehen und dabei auch die empirische Datenbasis hinsichtlich ihrer jeweiligen Effektivität mit im Auge behalten.

Eine Intervention, die auch in der breiten Öffentlichkeit in letzter Zeit viel Aufmerksamkeit erhalten hat, ist das sogenannte *Prebunking*[11] (Jolley & Douglas, 2017). Mit *Prebunking* ist gemeint, dass einer Person die Fakten dargelegt werden, *bevor* sie die Fehlinformationen überhaupt kennt. Dies gelingt im Alltag gemeinhin über strategische Aufklärungskampagnen. Konkret bedeutet dies, dass parallel zur Verbreitung der Fehlinformationen versucht wird, die Fakten, die diese Fehlinformationen korrigieren, möglichst weit zu verbreiten und dabei die gleichen Kanäle zu nutzen wie die Fehlinformationen. Dadurch besteht die Chance, dass Personen mit den tatsächlichen Fakten *vor* den Fehlinformationen in Berührung kommen. Diese Intervention zielt also darauf ab, Personen, die sich in einem Themenbereich noch keine starke Meinung gebildet haben, vorab mit den Fakten zu »impfen«, damit sie, wenn sie sich das erste Mal mit den Fehlinformationen konfrontiert sehen, diese kritisch gegen die Faktenlage prüfen und im besten Fall direkt als falsch verwerfen (Schmid & Betsch, 2019). Es gibt Hinweise darauf, dass die »Impfwirkung« der *Prebunking*-Intervention zudem dadurch verbessert werden kann, dass die Fakten direkt mit einem Hinweis angereichert werden, dass Fehlinformationen zum relevanten Thema in Umlauf sind. Wenn möglich, können auch direkt die Logikfehler oder die unzureichende oder falsche Datenlage, die die Fehlinformationen aufweisen, mit angesprochen werden (Maertens et al., 2021). Diese Art von »Impfung« hat sich in verschiedensten gesellschaftlich relevanten Themenbereichen in empirischen Untersuchungen als durchaus wirksam erwiesen (Cook, Lewandowsky & Ecker, 2017; Lewandowsky & Yesilada, 2021; Van der Linden et al., 2017).

Derartige themenspezifische *Prebunking*-basierte »Impfmaßnahmen« über Aufklärungskampagnen sind natürlich sehr aufwändig und damit nur sinnvoll bei großen gesellschaftlichen Themen einsetzbar. Eine alternative Idee ist deshalb, Menschen allgemein im kritisch-logischen Denken beim Umgang mit den Inhalten sozialer Medien zu schulen und sie dadurch weniger anfällig für Fehlinformationen zu machen (Breakstone et al., 2021; Jones-Jang, Mortensen & Liu, 2021). Die empirische Überprüfung der allgemeinen Wirksamkeit dieser Art der Intervention hat gemischte Ergebnisse erzielt (Guess et al., 2020; Hameleers, 2022; Tully, Vraga & Bode, 2020). Neuerdings gibt es sogar einige computerspielartige Interventionsin-

---

11 Eine deutsche Übersetzung dieses englischen Begriffs sowie des komplementären Begriffs des *Debunkings* gibt es momentan (noch) nicht.

strumente, die Medienkompetenz im Umgang mit potenziellen Fehlinformationen vermitteln soll (siehe z. B. Micallef et al., 2021; Roozenbeek & Van der Linden, 2020; TILT, 2023); wie wirksam diese app- oder computer-basierten Interventionen sind, gilt es allerdings noch empirisch zu überprüfen. Eine kürzlich erschienene Studie legt nahe, dass diese Interventionen nicht unbedingt die Leistung verbessern, Fehlinformationen als solche zu identifizieren, sondern eher eine generelle skeptische Antwort-Tendenz verursacht. Eine signalentdeckungstheoretische Auswertung (▶ Kap. 2.1) der Wirksamkeit einer solchen Intervention legte zumindest nahe, dass nicht nur Fehlinformationen, sondern auch Fakten nach der Intervention für wenig weniger wahrscheinlich als wahr gehalten wurden (Modirrousta-Galian & Higham, 2023).

Nicht immer ist es jedoch möglich, Menschen gegen Fehlinformationen zu immunisieren, bevor sie diesen ausgesetzt sind. Gerade im Bereich der *Fake News*, die über soziale Medien verbreitet werden, haben wir ja bereits gelernt, dass die Fehlinformation sich oft schneller verbreitet als die Fakten. Daher gibt es auch Maßnahmen, die Fehlinformation zu »behandeln«, sie also zu korrigieren, nachdem sie bereits als vermeintliches Faktum kognitiv verarbeitet wurde. Diese Art der Intervention wird oft auch Englisch als *Debunking* bezeichnet (Lewandowsky et al., 2020) und hat sich in vielen Bereichen als durchaus wirksam erwiesen, wie etwa Metaanalysen zeigen (Chan et al., 2017; Walter & Murphy, 2018). In ihrem Handbuch zur *Debunking*-Intervention schlagen Lewandowsky et al. eine Reihe von Maßnahmen vor, um die Intervention besonders wirksam zu gestalten. Die meisten dieser Maßnahmen lassen sich direkt aus den grundlagenwissenschaftlichen Arbeiten und Befunden ableiten, die wir zu Beginn des Kapitels besprochen haben. Die wichtigsten Punkte, die es zu beachten gilt, werden im Folgenden zusammengefasst (siehe auch Ecker et al., 2022; Paynter et al., 2019):

1) Neben einer Korrektur der Fehlinformation sollte auch immer die tatsächliche Faktenlage (und wenn möglich eine Alternativerklärung für die der Fehlinformation zugrundeliegenden Phänomene) dargelegt werden. Dabei sollten die Fakten möglichst detailliert und nachvollziehbar kommuniziert werden, damit sie allgemein verständlich sind.
2) Die Fehlinformation selbst sollte im Rahmen der Korrektur mit aufgegriffen werden, um eine Assoziation zwischen den bereits im Gedächtnis gespeicherten Fehlinformationen und den Fakten herzustellen. Dabei sollte die Fehlinformation jedoch direkt, deutlich und explizit als *falsch* deklariert werden, um auch diese Assoziation aufzubauen.
3) Die Verlässlichkeit der Quelle, aus der die Fakten stammen, sollte deutlich gemacht werden, um die Glaubwürdigkeit der Fakten zu erhöhen.
4) Wann immer möglich, sollte darauf hingewiesen werden, dass ein wissenschaftlicher (siehe z. B. Lewandowsky, Gignac & Vaughan, 2013; Van der Linden et al., 2017 und/oder gesellschaftlicher Konsens (Vlasceanu & Coman, 2022) herrscht, dass die Fakten eher zutreffend sind als die Fehlinformationen. Dies kann die soziale Motivation erhöhen, die Fehlinformation zu korrigieren.
5) Auch die Sprache der Kommunikation sollte sorgfältig gewählt werden. Die Fakten sollten leicht verständlich und eventuell mit Abbildungen angereichert

werden, um es dem *kognitiven Geizhals* so leicht wie möglich zu machen, die Fakten nachzuvollziehen. Natürlich sollte der Person, die eventuell die Fehlinformation bereits in ihre eigene Weltsicht integriert hat, immer mit Wertschätzung begegnet werden (Steffens et al., 2019).

6) Schließlich sollte gerade bei *Debunking*-Interventionen immer mitberücksichtigt werden, dass es selbstwertschädigend sein kann, wenn jemand feststellt, mit den eigenen Überzeugungen lange auf dem Holzweg unterwegs gewesen zu sein. Optimalerweise sollte daher im Rahmen des *Debunkings* der Selbstwert der »behandelten« Personen direkt mit gestärkt werden (Carnahan et al., 2018; Sherman & Cohen, 2002). Ob und wie dies außerhalb von direkten persönlichen Gesprächen möglich und umsetzbar ist, muss jedoch sicherlich im konkreten Einzelfall entschieden werden.

7) Schließlich sollte die *Debunking*-Intervention auch so schnell wie möglich erfolgen, damit die Fehlinformation nicht weiter unkorrigiert in Gesprächen abgerufen und so weiter elaboriert und konsolidiert wird.

Wir haben nun *Prebunking* als »Impfmethode« und *Debunking* als »Behandlungsmethode« gegen den negativen Einfluss von Fehlinformationen kennengelernt. Beide Methoden haben sich in empirischen Untersuchungen als wirksam erwiesen, das bedeutet, über mehrere Personen hinweg kommt es im Durchschnitt zu einer Korrektur der Fehlinformation durch die jeweiligen Maßnahmen. Aber ähnlich wie bei den medizinischen Maßnahmen, die hier als Analogie genutzt wurden, ist nicht davon auszugehen, alle Personen würden auf die Interventionen ansprechen und diejenigen, die ansprechen, tun dies vermutlich nicht alle in gleichem Ausmaß. Eine empirische Überprüfung, welche psychologischen Faktoren der Responsivität für Korrekturen von Fehlinformationen zugrunde liegen, steht noch weitgehend aus. Ein Personenkreis, der für Fehlinformationen aber besonders anfällig zu sein scheint, sind Anhängerinnen und Anhänger von Verschwörungsmythen (die häufig auch als Verschwörungstheoretiker und Verschwörungstheoretikerinnen bezeichnet werden). Da sich diese Gruppe in jüngerer Zeit als eine Gruppe von besonderer sozialer Relevanz herausgestellt hat, werden wir auf die psychologische Forschung zu dieser Gruppe im Folgenden eingehen.

4.2.3 Irrglaube

Dass Menschen sich in ihrer Neigung unterscheiden, Verschwörungserzählungen Glauben zu schenken, wurde bereits 1987 von Moscovici diskutiert (Moscovici, 1987). Inzwischen gibt es Fragebögen zur Erfassung interindividueller Unterschiede in dieser Neigung (für verschiedene Sprach- und Kulturräume, u.a. auch für Deutschland z.B. von Bruder et al., 2013). Ein typisches Item aus diesem Fragebogen lautet etwa: *Ich glaube, dass es Geheimorganisationen gibt, die politische Entscheidungen stark beeinflussen.* Personen, die besonders hohe Werte auf derartigen Fragebögen erzielen, werden als Personen mit einer Verschwörungsmentalität betrachtet, da sie nicht nur an eine bestimmte, sondern an mehrere verschiedene Verschwörungserzählungen, glauben. Verschwörungserzählungen verändern sich über die Zeit in

Abhängigkeit der gesellschaftlichen Ereignisse und der Personen, die gerade wichtige gesellschaftliche Positionen innehaben (Van Prooijen & Douglas, 2017). Typische Verschwörungserzählungen betreffen beispielsweise die Auffassung, das Coronavirus sei in einem chinesischen Labor als Biowaffe entwickelt worden und die Covid-19-Pandemie wäre auf eine Art Testlauf der Waffe durch die chinesische Regierung zurückzuführen (Freeman et al., 2022). Natürlich kann man nicht vollkommen ausschließen, dass diese Erzählung wahr ist. Es gibt jedoch Alternativerklärungen, die plausibler erscheinen und keine fremde Macht als Verantwortliche annehmen. In einer repräsentativen Umfrage zeigte sich, dass etwa 10% der deutschen Bevölkerung während der Pandemie an solche, mit dem Coronavirus verbundene, Erzählungen glaubten (Kuhn et al., 2022).

Da die Verschwörungserzählungen in der jüngeren Vergangenheit recht viel mediale Aufmerksamkeit erhalten haben, könnte der Eindruck entstehen, dass die Prozentzahl an Personen mit Verschwörungsmentalität in jüngster Zeit zugenommen hat. Tatsächlich scheint weltweit die Prozentzahl in der Bevölkerung in den letzten 50 Jahren aber relativ stabil geblieben zu sein (Uscinski et al., 2022). Studien zeigten zudem, dass Personen mit einer besonders stark ausgeprägten Verschwörungsmentalität eine Reihe von Verhaltensweisen an den Tag legen, die gesamtgesellschaftlich als problematisch angesehen werden können und auch für die Betroffenen selbst sowie für deren Umfeld nachteilig sein können (Jolley, Marques & Cookson, 2022). So misstrauen diese Personen in der Regel primär der Politik und dem Staat, weil sie glauben, diese seien Marionetten einer mächtigen und bösen Geheimorganisation (Douglas et al., 2019; Van Prooijen & Douglas, 2018). Sie misstrauen aber oft auch der klassischen Schulmedizin und der Wissenschaft, da sie davon überzeugt sind, dass diese ebenfalls im Dienste der Geheimorganisation stehen und handeln würden. Entsprechend betrachten Personen mit Verschwörungsmentalität alle Vorschläge und Maßnahmen, die aus der Richtung dieser Autoritäten kommen, natürlich mit Skepsis und versuchen, sich diesen so weit wie möglich zu widersetzen. So lassen diese Personen häufig sich und gegebenenfalls auch ihre Kinder nicht impfen und widersetzen sich staatlichen Verordnungen und Maßnahmen, wie etwa dem Tragen einer Maske im Falle einer akuten pandemischen Lage (Ripp & Röer, 2022).

Warum bestimmte Menschen eine Verschwörungsmentalität entwickeln, ist unklar, auch wenn sich Zusammenhänge mit paranoiden und narzisstischen Persönlichkeitszügen zeigen lassen (Bowes, Costello & Tasimi, 2023; Brandenstein, 2022; Stasielowicz, 2022). In der Metaanalyse von Bowes, Costello und Tasimi (2023) zeigte sich, dass Personen mit einer Verschwörungsmentalität häufig eine Bedrohung empfinden, die ihnen Angst macht, und in der Vergangenheit Dinge erlebt haben, die sie als stark belastend, unerwartet und unkontrollierbar wahrgenommen hatten. Dieser Befund deckt sich mit der Hypothese einiger Forscherinnen und Forscher, Verschwörungsmentalität würde sich aus dem Wunsch heraus entwickeln, Ordnung in eine als unvorhersehbar und bedrohlich erlebte Welt zu bringen (Stojanov & Halberstadt, 2020). Eine andere Annahme ist, dass Personen mit Verschwörungsmentalität einen besonders starken Wunsch verspüren, einzigartig zu sein (Imhoff & Lamberty, 2017). Im Einklang mit dieser Hypothese steht der Befund von Bowes, Costello und Tasimi (2023), dass die Neigung zur Verschwörungsmentalität mit der einer narzisstischen Persönlichkeitsakzentuierung korreliert ist. Zudem zeigte sich in dieser Metaanalyse auch, dass Personen mit einer Verschwörungsmentalität sich der breiten Bevölkerung überlegen fühlen. Entsprechend wurde in einer nordamerikanischen Studie berichtet, Personen mit einer Verschwörungsmentalität würden eine eigens für diese Studie ausgedachte Verschwörungserzählung (der deutsche Staat habe bei der gesamten Bevölkerung Rauchmelder installieren lassen, die Schallwellen absondern, die Krankheiten verursachen und ein berenteter Ingenieur habe dies herausgefunden) besonders dann für besonders glaubhaft halten, wenn die Mehrheit der Bevölkerung (81 %) diese, laut Aussage in der Studie, nicht glaubte. Alle anderen Versuchspersonen hielten die Erzählung eher für glaubhaft, wenn auch die Mehrheit der Bevölkerung sie glaubte (Imhoff & Lamberty, 2017, Studie 3). Diese Studienergebnisse stehen im Einklang mit der Idee, die Neigung zur Verschwörungsmentalität würde aus dem Wunsch nach Einzigartigkeit entstehen. Sie macht aber auch deutlich, dass diese Personen besonders irrational urteilen und entscheiden, wenn sie mental »gegen den Strom schwimmen«. Entsprechend ist es nicht überraschend, dass eine gute Schulbildung negativ mit der Neigung zur Verschwörungsmentalität zusammenhängt (Van Prooijen, 2017). Allerdings zeigen sich keine klaren Korrelationen zwischen der Neigung zur Verschwörungsmentalität und der Leistung in logischen Denkaufgaben (Georgiou, Delfabbro & Balzan, 2021).

4.2.4 Urteilen und Entscheiden in Alltag und Beruf: Beispiele aus der juristischen und medizinischen Praxis

Im Alltag müssen Menschen permanent Entscheidungen treffen: *Was will ich heute Abend essen? Gehe ich mit meiner Freizeitgruppe ins Kino? Welches neue Mobiltelefon möchte ich mir kaufen? Will ich das Jobangebot annehmen? Will ich die Bewerberin einstellen? Wohin will ich im Sommer in den Urlaub fahren? Will ich mit ihm den Rest meines Lebens verbringen? Will ich in Zukunft ein besserer Mensch werden?* Die Theorie der Rationalen Entscheidung und das Konzept des Erwartungsnutzens (▶ Kap. 4.1) sind so formuliert, dass sie prinzipiell auf all diese Entscheidungen anwendbar sind. Unterschiedliche Entscheidungssituationen lassen sich aber hinsichtlich einer ganzen Vielzahl potenziell relevanter Variablen kategorisieren. Einige Entscheidungen sind für die meisten Menschen (aber nicht für alle) von hoher persönlicher Relevanz, andere von eher geringer Relevanz. Einige Entscheidungen treffen Menschen in der Regel nur einmal im Leben, andere wiederholt. Einige Entscheidungen sind irreversibel, andere lassen sich (mit mehr oder weniger Aufwand) rückgängig machen (etwa die Entscheidung für eine Ankertätowierung auf dem Unterarm). Auch bezüglich der Entscheidungsinhalte gibt es eine ganze Reihe unterschiedlicher Anwendungsfelder. Das vermutlich innerhalb der kognitiven Psychologie am umfangreichsten beforschte Anwendungsfeld ist der Bereich der ökonomischen Entscheidungen (Konsumentscheidungen, strategische Unternehmensentscheidungen, Personalentscheidungen etc.). Die Forschung in diesem Bereich, die nicht nur von Psychologinnen und Psychologen, sondern auch von Wirtschaftswissenschaftlerinnen und Wirtschaftswissenschaftlern betrieben wird, ist inzwischen so umfangreich, dass sie sich im Rahmen dieses Buches kaum sinnvoll zusammenfassen lässt. Für eine illustrative, aktuelle Übersicht zum Bereich der ökonomischen Entscheidungen in der Tradition der in Kapitel 4.1 angesprochenen Forschungsprogramme von Herb Simon, Daniel Kahneman und Amos Tversky sowie Gerd Gigerenzer und Kolleginnen und Kollegen sei daher auf das *Handbook of Behavioural Economics and Smart Decision Making* von Morris Altman (2017) verwiesen.

Ein weiteres wichtiges Anwendungsfeld der kognitiven Entscheidungsforschung innerhalb der Psychologie sind juristische Entscheidungen. Laut dem Open Knowledge Repository der Weltbank (Worldbank, 2023), erfüllen juristische Entscheidungsträgerinnen und -träger drei wichtige gesellschaftliche Funktionen: (1) Sie regeln, wie sich Individuen und auch Organisationen verhalten dürfen und wie nicht, (2) sie beschränken die Macht der Legislative und (3) sie legen fest, wer für welches Fehlverhalten verantwortlich gemacht werden kann (vgl. Satzung der Weltbank, Kapitel 3, Absatz 1). Angesichts dieser ungeheuren Tragweite juristischer Urteile und Entscheidungen wäre es natürlich wünschenswert, dass diese unverzerrt und fehlerfrei getroffen werden und dass die Personen, die diese Urteile und Entscheidungen zu treffen haben, besonders gute Entscheiderinnen und Entscheider sind. Allerdings sind Juristinnen und Juristen in ihren Berufen regelmäßig mit Urteils- und Entscheidungssituationen konfrontiert, in denen die Informationslage unvollständig ist. Die Richterschaft, die Staatsanwaltschaft aber auch Rechtsanwältinnen und Rechtsanwälte müssen sich naturgemäß bei der Erfassung der Situation auf Aussagen, Empfehlungen oder Fachwissen von Dritten verlassen, denen wiederum gegebenenfalls nur unvollständige Informationen vorliegen und deren Urteil eventuell bereits kognitiv verzerrt ist (Edmond et al., 2015). Auch sind viele Situationen, in denen juristische Urteile oder Entscheidungen anfallen, dadurch gekennzeichnet, dass bestimmte Parteien daran interessiert sein können, zentrale Informationen ganz bewusst zu verschweigen. Schließlich sind natürlich auch Juristinnen und Juristen selbst nicht davor gefeit, in ihren Urteilen und Entscheidungen Verzerrungen zu unterliegen (Findley, 2012). Eine der am häufigsten untersuchten Verzerrungen in diesem Zusammenhang ist der *forensische Bestätigungsfehler*, der sich in unterschiedlichster Art und Weise manifestieren kann (Kassin, Dror & Kukucka, 2013; Kukucka, 2018). Häufig kann es sein, dass für die Person, die das juristische Urteil trifft, die Schuld der beschuldigten Person schon feststeht (etwa wegen einer fehlerhaften Zeugenaussage; ▶ Kap. 2.2.4). Die urteilende Person, die einen Bestätigungsfehler begeht, beachtet dann weitere widersprüchliche Beweise nicht oder nur ungenügend und ist zudem oft noch motiviert, den Fall schnell abzuschließen (Marksteiner et al., 2011). Es gibt empirische Befunde, die dafür sprechen, dass erfahrene Richterinnen und Richter sowie Anwältinnen und Anwälte bessere juristische Entscheidungen treffen als Laien (Baez et al., 2020). Trotzdem scheinen selbst die Expertinnen und Experten bei ihren juristischen Urteilen durch die eigene Weltanschauung beeinflusst zu werden. Empirisch hat sich etwa gezeigt, dass diese etwa durch Hautfarbe und Geschlecht der angeklagten Personen stark beeinflusst werden, zumindest wenn diese Faktoren für den Fall eine Rolle spielen (Boyd, 2016). Natürlich können auch die anderen kognitiven Verzerrungen, die wir in Kapitel 4.1 kennengelernt haben, juristische Entscheidungsträgerinnen und -träger auf unterschiedlichste Art und Weise beeinflussen (vgl. Findley, 2012). Hinzu kommt, dass die Verzerrungen, denen die urteilenden und entscheidenden Juristinnen und Juristen unterliegen, nicht unbedingt unabhängig von den Verzerrungen sind, die die anderen Personen, die die relevanten Informationen geliefert haben, beeinflusst haben. Beide Gruppen von Personen könnten zum Beispiel einen ähnlichen kulturellen oder Bildungshintergrund haben, der eine bestimmte Verzerrung beim Urteilen und Entscheiden begünstigt. Daher kann es zu einer gegenseitigen Verstärkung der Verzerrungseffekte kommen, man spricht hierbei von einem *Verzerrungs-Schneeballeffekt* (engl. *bias snowball effect*; Dror et al., 2017).

Auch in der Medizin spielen Entscheidungen eine wichtige Rolle. Die *Society for Medical Decision Making* definiert auf ihrer Homepage medizinische Entscheidungsforschung als ein Feld mit verschiedenen Zielen (Society for Medical Decision Making, 2023). Demnach besteht ein normatives Forschungsinteresse darin, Standards für optimale Entscheidungen zu setzen. Ein deskriptives Forschungsinteresse besteht darin, medizinische Entscheidungen von ärztlicher und Patienten- und Patientinnenseite besser zu verstehen. Ein prädiktives Forschungsinteresse besteht darin, der Ärzteschaft, den Patientinnen und Patienten sowie den Entscheidungsträgerinnen und Entscheidungsträgern der Gesundheitspolitik wissenschaftlich basierte Ratschläge an die Hand zu geben, wie die Entscheidungsfindung bei klinischen und Gesundheitsfragen optimiert werden kann (vgl. auch Schwartz & Bergus, 2008). Bereits Ende der 1980er Jahren wurde darauf aufmerksam gemacht, dass viele der von Kahneman, Slovic und Tversky (1982) beschriebenen Verzerrungen auch im klinischen Alltag eine wichtige Rolle spielen (Dawson & Arkes, 1987). Die diagnostische Entscheidung von erfahrenen Ärztinnen und Ärzten ist zwar besser als die von unerfahrenen Ärztinnen und Ärzten oder Medizinstudierenden (Chatterjee et al., 2019), aber selbst sehr erfahrene Ärztinnen und Ärzte sind nicht vor kognitiven Verzerrungen gefeit. Dawson und Arkes (1987) beschreiben verschiedene Szenarien, in denen es zu kognitiven Verzerrungen kam. Zum Beispiel beschreiben sie ein Szenario, in dem ein erfahrener Arzt der Verfügbarkeitsheuristik folgt, indem er, nachdem er selbst im höheren Alter eine schwere akute Blinddarmentzündung hatte, häufiger bei Patientinnen und Patienten seines Alters eine Blinddarmentzündung diagnostizierte. Ein anderes Beispiel wäre eine Situation, in der die Symptome für zwei unterschiedliche Diagnosen sprechen könnten und die Ärztin oder der Arzt im Sinne der Repräsentativitätsheuristik diejenige Diagnose stellt, die der Erkrankung entspricht, die typischer für junge Männer wie den vorstelligen Patienten ist. Ähnlich könnte eine Patientin oder ein Patient aufgrund der Verfügbarkeitsheuristik eine eigentlich sinnvolle Impfung ablehnen, weil sie oder er am Vortag eine Reportage über Impfschäden im Fernsehen gesehen hat. In einer Metaanalyse konnten Blumenthal-Barby und Krieger (2015) zeigen, dass sich sowohl bei Ärztinnen und Ärzten als auch bei Patientinnen und Patienten bei deren gesundheitsbezogenen Entscheidungen verschiedene Verzerrungen nachweisen lassen. Die Datenlage war naturgemäß besser für die Gruppe der Patientinnen und Patienten, da diese Stichproben leichter zu rekrutieren sind. Als wichtige Einschränkung diskutieren die beiden Autorinnen, dass die von ihnen für die Metaanalyse identifizierten Studien mehrheitlich mit hypothetischen Szenarien und Fallvignetten arbeiten. Dies stellt eine Einschränkung der externen Validität der Studien dar, da davon auszugehen ist, dass praktische medizinische Entscheidungen zum einen als wichtiger empfunden werden als hypothetische, und dass zum anderen im medizinischen Alltag Entscheidungen meist im Dialog zwischen Ärztinnen und Ärzten im Team aber auch im Dialog zwischen Ärztinnen und Ärzten und Patientinnen und Patienten getroffen werden. Tatsächlich zeigt Forschung zur sogenannten Weisheit der Vielen (engl. *wisdom of crowds*), dass Entscheidungen besser ausfallen, wenn sie in einem Team von Expertinnen und Experten getroffen werden (Barnett et al., 2019; Kämmer et al., 2017; Kurvers et al., 2016; Wolf et al., 2015). In jüngster Zeit wurden zudem verschiedene computer-basierte Instrumente vorgeschlagen, die dabei helfen sollen, medizinisch-klinische Entscheidungen zu optimieren. Global lassen sich hier zwei Arten von Instrumenten unterscheiden (Sutton et al., 2020). Wissensbasierte Instrumente greifen auf eine zuvor in das Instrument eingespeicherte Datenbank mit medizinischem Faktenwissen zurück (Sim et al., 2001). Das Wissen wird bei diesen Instrumenten oft in Form von *Wenn-Dann-Sätzen*, den sogenannten *Produktionenregeln* (engl. *production rules*), hinterlegt. Diese Instrumente können dabei helfen, die medizinische Entscheidung möglichst rational und im Einklang mit dem aktuell vorherrschenden medizinischen Wissen zu treffen. Datenbasierte Instrumente hingegen greifen im besten Fall auf eine große und diverse Datenbasis von allen möglichen Patientinnen und Patienten zurück und suchen dort nach Symptom- und Beschwerdemustern, die dem der vorstelligen Patientin beziehungsweise des vorstelligen Patienten möglichst entsprechen. Dabei machen sie sich Methoden des maschinellen Lernens zunutze (vgl. Deo, 2015, für eine ausführliche Darstellung dieser Instrumente). Ein Vorteil dieser Instrumente ist, dass sie dank moderner Ansätze des maschinellen Lernens große Datenmengen gleichzeitig berücksichtigen können und somit die Beschränkung des menschlichen Arbeitsgedächtnisses überwinden können. Ein weiterer Vorteil ist, dass sie dabei helfen können, erste medizinische Entscheidungen ohne Fachpersonal (also kosteneffizient) zu treffen. Ein Nachteil ist, dass momentan die Gründe, aus denen das Instrument einen bestimmten Entscheidungsvorschlag macht, für die Nutzerinnen und Nutzer nicht nachvollziehbar sind. Natürlich stellen sich in diesem Zusammenhang auch rechtliche Fragen, etwa wer für Fehlentscheidungen haftbar gemacht werden kann. Die wichtige Frage, inwieweit technische Neuerungen generell dabei helfen können, Urteils- und Entscheidungsprozesse bei Gesundheitsfragen zu optimieren, steht auch im Mittelpunkt der Forschung am Harding-Zentrum für Risikokompetenz (Harding-Zentrum, 2023). Es ist davon auszugehen, dass die beeindruckenden Fortschritte im Bereich der künstlichen Intelligenz in den kommenden Jahren die medizinische Entscheidungsfindung stark beeinflussen werden. Einen Ausblick, welche Entscheidungsbereiche in nächster Zeit besonders betroffen sein könnten, liefert Giordano et al. (2021).

4.3 Abschließende Bemerkungen

Schlussfolgern, Urteilen und Entscheiden sind die letzten inhaltlichen Themen, die wir in diesem Buch abgedeckt haben. Diese Themen betreffen große Bereiche des alltäglichen Lebens und wir haben dies in einer Auswahl an Befunden ausgeführt.

Auch im sozialen Bereich müssen Menschen Entscheidungen treffen, etwa wenn es darum geht, mit welchen Freunden man Zeit verbringt oder mit welcher Person einen Lebensabschnitt (z. B. Asendorpf, Penke & Back, 2011). Ein großer, hier nicht thematisierter Bereich, sind ökonomische Entscheidungen jeder Art, wie etwa auf der individuellen Ebene Kauf- und Konsumentscheidungen (Lynch & Zauberman, 2007) oder auf der organisatorischen Ebene Investitions- (Virlics, 2013) oder Personalentscheidungen (Schmidt & Hunter, 1998). Auch politische Entscheidungen sind ein Bereich, der interdisziplinär beforscht wird (Hafner-Burton, Hughes & Victor, 2013).

5 Abschließende Überlegungen

5.1 Angewandte Kognitionspsychologie: Ein Fach mit zwei Forschungsperspektiven?

Wie in Kapitel 1 dargelegt, verstehen wir Angewandte Kognitionspsychologie als eine anwendungsorientierte Grundlagenwissenschaft. Gemäß der Taxonomie von Stokes (1997, ▶ Kap. 1), nach der Grundlagen- und Anwendungsrelevanz von Forschung zwei orthogonale Dimensionen (und daraus resultierend vier Quadranten) bilden, würde sie folglich im Pasteur-Quadranten verordnet werden – Forschung mit Anwendungsbezug, die aber ohne Theorien und Methoden der Grundlagenwissenschaft nicht auskommt und sich ihrer bedient. Entsprechend haben wir in den inhaltlichen Kapiteln 2–4 zunächst die psychologischen Grundlagen der jeweiligen Inhaltsbereiche dargestellt und uns darauf aufbauend dann Themenbereichen gewidmet, in denen diese Grundlagen konkrete Anwendung finden. Wir haben also versucht Forschungsthemen zu identifizieren, die in den Bereich des Pasteur-Quadranten fallen und die nur einen kleinen Teil des weiten Feldes der Kognitionspsychologie darstellen können.

Mit dem vorliegenden Buch wollen wir Möglichkeiten aufzeigen, den vermeintlichen Widerspruch von Grundlagenforschung und angewandter Forschung innerhalb der Kognitionspsychologie ein Stück weit aufzulösen. Wir sind überzeugt, dass dies weder zu Lasten des Erkenntnisfortschritts auf Seiten der Grundlagenforschung noch zu Lasten des Innovationspotentials auf Seiten der Anwendungsforschung gehen muss, sondern dass sich beide Perspektiven, wie in Kapitel 1 beschrieben, gegenseitig stimulieren und voneinander profitieren können.

Um dies zu gewährleisten, müssen jedoch beide Forschungsperspektiven auch parallel im Blick behalten werden. Grundlagenwissenschaftlicher Fortschritt entwickelt sich in der Regel inkrementell aufbauend auf dem bestehenden Wissen. Innovationen in der Anwendungsforschung hingegen entstehen oft als Antwort auf gesellschaftliche Fragen und sind somit in einen zeitlichen und kulturellen Kontext eingebettet. In den Kapiteln 2–4 haben wir uns auf solche Anwendungsfelder bezogen, die schon einige Jahre oder gar Jahrzehnte intensiv beforscht werden und somit bereits einen Grundstock an gesichertem Wissen aufweisen. Zum Abschluss wollen wir nun noch kurz einige Themenfelder anreißen, die in jüngerer Zeit besonders in den Fokus des öffentlichen Interesses gelangt sind.

5 Abschließende Überlegungen

5.2 Kognitionspsychologie im öffentlichen Interesse

Im Bereich der anwendungsorientierten Lern- und Gedächtnisforschung sind unter anderem zwei Fragen besonders in den Mittelpunkt gerückt. Ein psychologischer Aspekt, der eng mit dem gesellschaftlichen Wandel hin zu einer stärkeren Automatisierung und Digitalisierung in allen möglichen Lebensbereichen in Zusammenhang steht, ist das lebenslange Lernen (z. B. Steffens, 2015). Durch Automatisierung und Digitalisierung verändern sich bestehende Berufsfelder in immer kürzeren Zyklen. Einige fallen sogar ganz weg, während gleichzeitig an anderer Stelle neue Berufsfelder entstehen. Dadurch verändern sich auch die kognitiven Anforderungsprofile auf Seiten der arbeitenden Bevölkerung, da bestehendes berufsbezogenes Wissen schneller als noch vor einigen Jahren veraltet beziehungsweise nicht mehr benötigt wird (Frank et al., 2019). Aber auch die Partizipation am öffentlichen Leben allgemein erfordert in vielen Bereichen inzwischen einen Umgang mit digitalen Medien, der wiederum erlernt werden muss (van Deursen & van Dijk, 2011). Alltägliche Aufgaben, wie etwa die Inanspruchnahme von bürgernahen Diensten oder auch nur das Reservieren im Restaurant, die noch vor einigen Jahren fast ausschließlich persönlich oder telefonisch erledigt werden konnten, sind heutzutage sehr häufig online zu erledigen. So ist es wenig verwunderlich, dass ältere Personen, die an entsprechenden Bildungsprogrammen partizipieren, ein höheres Wohlbefinden berichten als solche, die dies nicht tun (Narushima, Liu & Diestelkamp, 2018). Das Erlernen des Umgangs mit digitalen Medien in Beruf und Alltag stellt entsprechend für viele Menschen, aber gerade auch oft für ältere Menschen, eine Hürde da (Hänninen et al., 2023). Aus Sicht der Angewandten Kognitionspsychologie kann man in diesem Zusammenhang die Frage stellen, welche Personen prinzipiell kognitiv in der Lage sind, diese Hürden zu überwinden (Monteiro et al., 2017), aber auch, wie die kognitiven Anforderungen durch Optimierung der Bedienbarkeit möglichst gering gehalten werden können (Grabowski, 2014).

Ebenfalls nicht unabhängig von diesen gesellschaftlichen Veränderungen im Zuge der Automatisierung und Digitalisierung ist die Frage zu sehen, ob sich die kognitive Leistungsfähigkeit durch kognitive Trainings steigern lässt, und inwieweit es möglich ist, den altersassoziierten kognitiven Abbau durch Trainings aufzuhalten. Auch hier ist die Befundlage gemischt. Vorgeschlagen wurden in diesem Zusammenhang Trainingsprogramme mit basalen kognitiven Aufgaben, kognitiv fordernde Computerspiele und sogar Meditationstraining. Während man durch das intensive Trainieren dieser Aufgaben üblicherweise eine substantielle Verbesserung in eben diesen Aufgaben und auch in Aufgaben, die den zu Trainingszwecken genutzten Aufgaben recht ähnlich sind, erzielen kann (man spricht dann von *nahen Transfereffekten*, engl. *near transfer*), findet sich jedoch bisher nur wenig empirische Unterstützung für *ferne Transfereffekte* (engl. *far transfer*). Ferner Transfer bedeutet in diesem Zusammenhang, dass das Training auch einen Effekt auf die Leistung in anderen Aufgaben hat, die den trainierten Aufgaben unähnlich sind. Gerade solche Trainingseffekte erscheinen wünschenswert, da sie dafürsprechen, dass durch das Training tatsächlich die kognitive Funktionalität und nicht lediglich die Fähigkeit, eine bestimmte Art von Aufgabe zu lösen, trainiert wurde. Eine Übersicht über den aktuellen Forschungsstand zur Effektivität verschiedener Arten des kognitiven Trainings liefern Strobach und Karbach (2016) und auch das entsprechende Kapitel von Julia Karbach im Buch *Kognitive Psychologie* (Karbach, 2020).

Im Bereich der anwendungsorientierten Aufmerksamkeits- und Handlungsforschung gibt es ebenfalls mit der Digitalisierung und Automatisierung verbundene, weitere aktuelle Fragestellungen. Zum Beispiel werden Möglichkeiten der berührungsfreien Interaktion mit Infotainmentsystemen in Autos sicherlich zunehmend Fortschritte machen. Des Weiteren ist anzunehmen, dass sich die computergestützten Entscheidungshilfen bei visuellen Suchaufgaben durch Methoden der künstlichen Intelligenz weiter verbessern werden. Vor allem auch im Bereich des autonomen Fahrens wird es, neben all den technischen Herausforderungen, auch Herausforderungen für die Handlungssteuerung und Handlungsumsetzung innerhalb der Mensch-Fahrzeug-Interaktion geben (Yurtsever et al., 2020). Die Weiterentwicklungen des autonomen Fahrens werden in Stufen eingeteilt. Stufe 0 beschreibt hierbei das klassische Fahrzeug ohne Automatisierung und Stufe 5 das vollkommen autonome Fahrzeug. Bis eine volle Automatisierung des Fahrvorgangs erreicht ist (Stufe 5), wird es jedoch Zwischenstufen geben. Auf den Stufen 3 und 4 wird der Fahrer beziehungsweise die Fahrerin einen Großteil des Fahrprozesses bereits nicht mehr selbst ausführen, aber diesen noch überwachen müssen. Bei diesen halbautonomen Fahrzeugen wird die Fahrzeugsteuerung zu einer Zweitaufgabe, die, wie wir in Kapitel 3 besprochen haben, eine erhebliche kognitive Belastung darstellen kann (Sibi et al., 2016). Auch das Problem der Übergabe der Fahrzeugkontrolle von der Fahrassistenz an den Fahrer oder die Fahrerin in kritischen Situationen, das bisher noch nicht zufriedenstellend gelöst wurde, ist durch limitierende Faktoren der menschlichen Aufmerksamkeit und Handlungssteuerung beeinflusst (Walch et al., 2015).

Im Bereich anwendungsorientierter Forschung zum Denken und Entscheiden ist auch ein Einfluss gesellschaftlicher Zeitgeistthemen zu beobachten. Bereits vor mehr als einem Jahrzehnt wurde darauf hingewiesen, dass der Klimawandel (ebenso wie eine Reihe anderer Umweltprobleme) zu großen Teilen durch umweltschädliches menschliches Verhalten verursacht wird (Koger & Scott, 2007) Die in Kapitel 4 angesprochenen kognitiven Verzerrungen werden auch in diesem Zusammenhang als Mitursache dafür diskutiert, warum Menschen sich auch heutzutage noch, besserem Wissen zuwider, für klimaschädliche und gegen klimafreundliche Verhaltensoptionen entscheiden, etwa wenn es um Konsumentscheidungen geht (van Vugt, Griskevicius & Schultz, 2014). Weber (2017) wies in diesem Zusammenhang darauf hin, dass menschliches Entscheidungsverhalten dahingehend verzerrt ist, den Status Quo kurzfristig aufrecht zu erhalten, selbst wenn die Wahl alternativer Entscheidungsoptionen prinzipiell für die mittlere Zukunft von Vorteil wäre, und dass diese »Gegenwartsorientierung« im Entscheidungsverhalten ein Problem für die Zukunft der Menschheit darstellen könnte. In diesem Zusammenhang wurden auch einige kognitive Interventionsstrategien vorgeschlagen, um die Gegenwartsorientierung bei umweltrelevanten Entscheidungen zu überwinden. Ein viel diskutierter Interventionsansatz ist das sogenannte *Nudging*, also das Anwenden psychologischer Erkenntnisse, um Verhaltensänderungen anzustoßen, ohne monetäre Anreize oder Zwang anzuwenden (Kahneman, Knetsch & Thaler, 1991; Thaler &

Sunstein, 2003). Dies könnte zum Beispiel über die Induktion einer zukunftsorientierteren Entscheidungsperspektive gelingen (Zaval, Markowitz & Weber, 2015). Wie wirksam diese Interventionen in der Praxis sind, muss zukünftige Forschung zeigen.

Diese Sammlung von Zeitgeistthemen ist naturgemäß eine Momentaufnahme, die schnell veralten kann. In einigen Jahren mögen zu einigen dieser Themen bereits umfassende Forschungsprogramme vorliegen. Andere Themen mögen im Zuge der weiteren gesellschaftlichen Entwicklungen als weniger relevant erscheinen als zum Zeitpunkt, an dem dieses Buch verfasst wurde. Daher wollen wir unsere abschließenden Überlegungen hiermit beenden. Wir hoffen, dass es uns gelungen ist, einen interessanten und ansprechenden Überblick zu ausgewählten Themen der Angewandten Kognitionspsychologie zusammenzustellen, auf die Wichtigkeit der Grundlagenforschung hingewiesen zu haben und die Leserinnen und Leser dieses Buches zu inspirieren, sich weiter mit dem interessanten und vielfältigen Themenfeld der Kognitionspsychologie auseinanderzusetzen.

Literaturverzeichnis

Aberle, I., Rendell, P. G., Rose, N. S., McDaniel, M. A. & Kliegel, M. (2010). The age prospective memory paradox: Young adults may not give their best outside of the lab. *Developmental Psychology*, *46*(6), 1444–1453. https://doi.org/10.1037/a0020718

Adamo, S. H., Gereke, B. J., Shomstein, S. & Schmidt, J. (2021). From »satisfaction of search« to »subsequent search misses«: A review of multiple-target search errors across radiology and cognitive science. *Cognitive Research: Principles and Implications*, *6*(1), 59. https://doi.org/10.1186/s41235-021-00318-w

Addis, D. R. & Tippett, L. (2004). Memory of myself: Autobiographical memory and identity in Alzheimer's disease. *Memory*, *12*(1), 56–74. https://doi.org/10.1080/09658210244000423

Adesope, O. O., Trevisan, D. A. & Sundararajan, N. (2017). Rethinking the use of tests: A meta-analysis of practice testing. *Review of Educational Research*, *87*(3), 659–701. https://doi.org/10.3102/0034654316689306

Adriaanse, M. A., Vinkers, C. D. W., De Ridder, D. T. D., Hox, J. J. & De Wit, J. B. F. (2011). Do implementation intentions help to eat a healthy diet? A systematic review and meta-analysis of the empirical evidence. *Appetite*, *56*(1), 183–193. https://doi.org/10.1016/j.appet.2010.10.012

Alber, J., Della Sala, S. & Dewar, M. (2014). Minimizing interference with early consolidation boosts 7-day retention in amnesic patients. *Neuropsychology*, *28*(5), 667–675. https://doi.org/10.1037/neu0000091

Alhaj Ahmad Alaboud, M., Güldenpenning, I., Steggemann-Weinrich, Y., Kunde, W. & Weigelt, M. (2016). Täuschungshandlungen im Sport. Der Blicktäuschungseffekt im Basketball unter quasirealistischen Bedingungen. *Sportwissenschaft*, *46*(3), 223–231. https://doi.org/10.1007/s12662-016-0401-8

Allais, M. (1953). Le comportement de l'homme rationnel devant le risque: Critique des postulats et axiomes de l'école américaine. *Econometrica: Journal of the Econometric Society*, *21*(4), 503–546. https://doi.org/10.2307/1907921

Allcott, H., Gentzkow, M. & Yu, C. (2019). Trends in the diffusion of misinformation on social media. *Research & Politics*, *6*(2), 2053168019848554 https://doi.org/10.1177/2053168019848554

Allen, R. J. (2018). Classic and recent advances in understanding amnesia. *F1000Research*, *7*, 331. https://doi.org/10.12688/f1000research.13737.1

Altgassen, M., Koban, N. & Kliegel, M. (2012). Do adults with autism spectrum disorders compensate in naturalistic prospective memory tasks? *Journal of Autism and Developmental Disorders*, *42*(10), 2141–2151. https://doi.org/10.1007/s10803-012-1466-3

Altman, M. (2017). *Handbook of behavioural economics and smart decision-making: Rational decision-making within the bounds of reason*. Edward Elgar Publishing. https://doi.org/10.4337/9781782549598

Alzheimerforschung (2019): *Aluminium und Alzheimer: Der aktuelle Stand*. Retrieved 09.04.2024, from https://www.alzheimer-forschung.de/forschung/aktuell/aluminium/

Anderson, N. D., Craik, F. I. M. & Naveh-Benjamin, M. (1998). The attentional demands of encoding and retrieval in younger and older adults: 1. Evidence from divided attention costs. *Psychology and Aging*, *13*(3), 405–423. https://doi.org/10.1037/0882-7974.13.3.405

Ansorge, U. (2002). Spatial intention–response compatibility. *Acta Psychologica*, *109*(3), 285–299. https://doi.org/10.1016/s0001-6918(01)00062-2

Asendorpf, J. B., Penke, L. & Back, M. D. (2011). From dating to mating and relating: Predictors of initial and long-term outcomes of speed-dating in a community sample. *European Journal of Personality*, 25(1), 16–30. https://doi.org/10.1002/per.768

Ashley, S. (2014). Touch-less control coming to cars. *Automotive Engineering*, 21.

American Psychological Association (2023). *Misinformation and disinformation*. Retrieved 17.08.2023, from https://www.apa.org/topics/journalism-facts/misinformation-disinformation

Atkins, A. S. & Reuter-Lorenz, P. A. (2008). False working memories? Semantic distortion in a mere 4 seconds. *Memory & Cognition*, 36(1), 74–81. https://doi.org/10.3758/MC.36.1.74

Atkinson, R. C., & Shiffrin, R. M. (1968). Human memory: A proposed system and its control processes. In *The Psychology of Learning and Motivation* (Vol. 2, pp. 89–195). Elsevier. https://doi.org/10.1016/S0079-7421(08)60422-3

Bacon, W. F. & Egeth, H. E. (1994). Overriding stimulus-driven attentional capture. *Perception & Psychophysics*, 55(5), 485–496. https://doi.org/10.3758/BF03205306

Baez, S., Patiño-Sáenz, M., Martínez-Cotrina, J., Aponte, D. M., Caicedo, J. C., Santamaría-García, H., Pastor, D., González-Gadea, M. L., Haissiner, M., García, A. M. & Ibáñez, A. (2020). The impact of legal expertise on moral decision-making biases. *Humanities and Social Sciences Communications*, 7(1), 1–12. https://doi.org/10.1057/s41599-020-00595-8

Baker, M. (2016). 1,500 scientists lift the lid on reproducibility. *Nature*, 533(7604), 452–454. https://doi.org/10.1038/533452a

Baldwin, C. L., Roberts, D. M., Barragan, D., Lee, J. D., Lerner, N. & Higgins, J. S. (2017). Detecting and quantifying mind wandering during simulated driving. *Frontiers in Human Neuroscience*, 11, 406. https://doi.org/10.3389/fnhum.2017.00406

Ball, C. T. & Little, J. C. (2006). A comparison of involuntary autobiographical memory retrievals. *Applied Cognitive Psychology*, 20(9), 1167–1179. https://doi.org/10.1002/acp.1264

Balota, D. A. & Neely, J. H. (1980). Test-expectancy and word-frequency effects in recall and recognition. *Journal of Experimental Psychology: Human Learning and Memory*, 6(5), 576–587. https://doi.org/10.1037/0278-7393.6.5.576

Banks, W. P. (1970). Signal detection theory and human memory. *Psychological Bulletin*, 74(2), 81–99. https://doi.org/10.1037/h0029531

Barnett, M. L., Boddupalli, D., Nundy, S. & Bates, D. W. (2019). Comparative accuracy of diagnosis by collective intelligence of multiple physicians vs individual physicians. *JAMA Network Open*, 2(3), e190096. https://doi.org/10.1001/jamanetworkopen.2019.0096

Barrett, L. F., Tugade, M. M. & Engle, R. W. (2004). Individual differences in working memory capacity and dual-process theories of the mind. *Psychological Bulletin*, 130(4), 553–573. https://doi.org/10.1037/0033-2909.130.4.553

Barrouillet, P. & Camos, V. (2012). As time goes by: Temporal constraints in working memory. *Current Directions in Psychological Science*, 21(6), 413–419. https://doi.org/10.1177/0963721412459513

Bartlett, F. C. (1932). *Remembering: A study in experimental and social psychology*. Cambridge University Press.

Bartlett, M. L. & McCarley, J. S. (2017). Benchmarking aided decision making in a signal detection task. *Human Factors*, 59(6), 881–900. https://doi.org/10.1177/0018720817700258

Bartsch, L. M., Loaiza, V. M. & Oberauer, K. (2019). Does limited working memory capacity underlie age differences in associative long-term memory? *Psychology and Aging*, 34(2), 268–281. https://doi.org/10.1037/pag0000317

BBC (2020): *Coronavirus: Outcry after Trump suggests injecting disinfectant as treatment*. Retrieved 09.04.2024, from https://www.bbc.com/news/world-us-canada-52407177

Begley, C. G. & Ellis, L. M. (2012). Raise standards for preclinical cancer research. *Nature*, 483(7391), 531–533. https://doi.org/10.1038/483531a

Beller, S. & Spada, H. (2003). The logic of content effects in propositional reasoning: The case of conditional reasoning with a point of view. *Thinking and Reasoning*, 9(4), 335–378. https://doi.org/10.1080/13546780342000007

Bellhouse, D. R. (1988). A brief history of random sampling methods. In P.R. Krishnaiah and C.R. Rao (Eds.) *Handbook of Statistics* (Vol. 6, pp. 1–14). Elsevier. https://doi.org/10.1016/S0169-7161(88)06003-1

Berbaum, K., Franken, E., Caldwell, R., Schartz, K. & Madsen, M. (2010). Satisfaction of search in radiology. In E. Samei, E. A. Krupinski & W. Hendee (Eds.), *The Handbook of Medical Image Perception and Techniques* (pp. 121–166). Cambridge University Press.

Berns, E. A., Hendrick, R. E., Solari, M., Barke, L., Reddy, D., Wolfman, J., Segal, L., DeLeon, P., Benjamin, S. & Willis, L. (2006). Digital and screen-film mammography: Comparison of image acquisition and interpretation times. *American Journal of Roentgenology*, 187(1), 38–41. https://doi.org/10.2214/AJR.05.1397

Berntsen, D. (2010). The unbidden past: Involuntary autobiographical memories as a basic mode of remembering. *Current Directions in Psychological Science*, 19(3), 138–142. https://doi.org/10.1177/0963721410370301

Berntsen, D. (2021). Involuntary autobiographical memories and their relation to other forms of spontaneous thoughts. *Philosophical Transactions of the Royal Society B*, 376(1817), 20190693. https://doi.org/10.1098/rstb.2019.0693

Biggs, A. T., Adamo, S. H., Dowd, E. W. & Mitroff, S. R. (2015). Examining perceptual and conceptual set biases in multiple-target visual search. *Attention, Perception & Psychophysics*, 77(3), 844–855. https://doi.org/10.3758/s13414-014-0822-0

Biggs, A. T., Kramer, M. R. & Mitroff, S. R. (2018). Using cognitive psychology research to inform professional visual search operations. *Journal of Applied Research in Memory and Cognition*, 7(2), 189–198. https://doi.org/10.1016/j.jarmac.2018.04.001

Biggs, A. T. & Mitroff, S. R. (2015). Improving the efficacy of security screening tasks: A review of visual search challenges and ways to mitigate their adverse effects *Applied Cognitive Psychology*, 29(1), 142–148. https://doi.org/10.1002/acp.3083

Bjork, E. L. & Bjork, R. A. (2011). Making things hard on yourself, but in a good way: Creating desirable difficulties to enhance learning. *Psychology and the Real World: Essays Illustrating Fundamental Contributions to Society*, 2, 56–64.

Bjork, R. A. (1994). Memory and metamemory considerations in the training of human beings. In J. Metcalfe & A. P. Shimamura (Eds.), *Metacognition: Knowing about knowing* (pp. 185–205). MIT Press.

Blavatskyy, P., Ortmann, A. & Panchenko, V. (2022). On the experimental robustness of the Allais paradox. *American Economic Journal: Microeconomics*, 14(1), 143–163. https://doi.org/10.1257/mic.20190153

Blumenthal-Barby, J. S. & Krieger, H. (2015). Cognitive biases and heuristics in medical decision making: A critical review using a systematic search strategy. *Medical Decision Making*, 35(4), 539–557. https://doi.org/10.1177/0272989X14547740

Bobrow, S. A. & Bower, G. H. (1969). Comprehension and recall of sentences. *Journal of Experimental Psychology*, 80(3, Pt.1), 455–461. https://doi.org/10.1037/h0027461

Bohr, N. (1921). Atomic structure. *Nature*, 107(2682), 104–107. https://doi.org/10.1038/107104a0

Boskemper, M. M., Bartlett, M. L. & McCarley, J. S. (2022). Measuring the efficiency of automation-aided performance in a simulated baggage screening task. *Human Factors*, 64(6), 945–961. https://doi.org/10.1177/0018720820983632

Bowes, S. M., Costello, T. H. & Tasimi, A. (2023). The conspiratorial mind: A meta-analytic review of motivational and personological correlates. *Psychological Bulletin*, 149(5–6), 259–293. https://doi.org/10.1037/bu 0000392

Boyd, C. L. (2016). Representation on the courts? The effects of trial judges' sex and race. *Political Research Quarterly*, 69(4), 788–799. https://doi.org/10.1177/1065912916663653

Brady, L. M., Fryberg, S. A. & Shoda, Y. (2018). Expanding the interpretive power of psychological science by attending to culture. *Proceedings of the National Academy of Sciences*, 115(45), 11406–11413. https://doi.org/10.1073/pnas.1803526115

Brandenstein, N. (2022). Going beyond simplicity: Using machine learning to predict belief in conspiracy theories. *European Journal of Social Psychology*, 52(5–6), 910–930. https://doi.org/10.1002/ejsp.2859

Brashier, N. M. & Marsh, E. J. (2020). Judging truth. *Annual Review of Psychology*, 71, 499–515. https://doi.org/10.1146/annurev-psych-010419-050807

Breakstone, J., Smith, M., Connors, P., Ortega, T., Kerr, D. & Wineburg, S. (2021). Lateral reading: College students learn to critically evaluate internet sources in an online course. *The Harvard Kennedy School Misinformation Review*. https://doi.org/10.37016/mr-2020-56

Bremner, J. D., Scott, T. M., Delaney, R. C., Southwick, S. M., Mason, J. W., Johnson, D. R., Innis, R. B., McCarthy, G. & Charney, D. S. (1993). Deficits in short-term memory in posttraumatic stress disorder. *American Journal of Psychiatry*, *150*(7), 1015–1019. https://doi.org/10.1176/ajp.150.7.1015

Bröder, A. (2011). *Versuchsplanung und experimentelles Praktikum*. Hogrefe.

Bruder, M., Haffke, P., Neave, N., Nouripanah, N. & Imhoff, R. (2013). Measuring individual differences in generic beliefs in conspiracy theories across cultures: Conspiracy Mentality Questionnaire. *Frontiers in Psychology*, *4*, 225. https://doi.org/10.3389/fpsyg.2013.00225

Brunmair, M. & Richter, T. (2019). Similarity matters: A meta-analysis of interleaved learning and its moderators. *Psychological Bulletin*, *145*(11), 1029–1052. https://doi.org/10.1037/bul0000209

Buchin, Z. L. & Mulligan, N. W. (2019). The testing effect under divided attention: Educational application. *Journal of Experimental Psychology: Applied*, *25*(4), 558–575. https://doi.org/10.1037/xap0000230

Bush, V. & Holt, R. D. (1945). *Science, the endless frontier*. Princeton University Press. https://doi.org/10.2307/j.ctv15r5879

Butterworth, J., Trivers, R. & von Hippel, W. (2022). The better to fool you with: Deception and self-deception. *Current Opinion in Psychology*, *47*, 101385. https://doi.org/10.1016/j.copsyc.2022.101385

Button, K. S., Ioannidis, J. P., Mokrysz, C., Nosek, B. A., Flint, J., Robinson, E. S. & Munafò, M. R. (2013). Power failure: Why small sample size undermines the reliability of neuroscience. *Nature Reviews Neuroscience*, *14*(5), 365–376. https://doi.org/10.1038/nrn3475

Cabeza, R., Dolcos, F., Graham, R. & Nyberg, L. (2002). Similarities and differences in the neural correlates of episodic memory retrieval and working memory. *Neuroimage*, *16*(2), 317–330. https://doi.org/10.1006/nimg.2002.1063

Camerer, C. F., Dreber, A., Forsell, E., Ho, T. H., Huber, J., Johannesson, M., Kirchler, M., Almenberg, J., Altmejd, A., Chan, T., Heikensten, E., Holzmeister, F., Imai, T., Isaksson, S., Nave, G., Pfeiffer, T., Razen, M. & Wu, H. (2016). Evaluating replicability of laboratory experiments in economics. *Science*, *351*(6280), 1433–1436. https://doi.org/10.1126/science.aaf0918

Carnahan, D., Hao, Q., Jiang, X. & Lee, H. (2018). Feeling fine about being wrong: The influence of self-affirmation on the effectiveness of corrective information. *Human Communication Research*, *44*(3), 274–298. https://doi.org/10.1093/hcr/hqy001

Carpenter, S. K. (2009). Cue strength as a moderator of the testing effect: The benefits of elaborative retrieval. *Journal of Experimental Psychology: Learning, Memory, and Cognition*, *35*(6), 1563–1569. https://doi.org/10.1037/a0017021

Carrier, M. & Pashler, H. (1992). The influence of retrieval on retention. *Memory & Cognition*, *20*(6), 633–642. https://doi.org/10.3758/bf03202713

Chambers, C. (2017). *The seven deadly sins of psychology: A manifesto for reforming the culture of scientific practice*. Princeton University Press. https://doi.org/10.2307/j.ctvc779w5

Chan, M.-P. S., Jones, C. R., Hall Jamieson, K. & Albarracín, D. (2017). Debunking: A meta-analysis of the psychological efficacy of messages countering misinformation. *Psychological Science*, *28*(11), 1531–1546. https://doi.org/10.1177/0956797617714579

Chance, Z. & Norton, M. I. (2015). The what and why of self-deception. *Current Opinion in Psychology*, *6*, 104–107. https://doi.org/10.1016/j.copsyc.2015.07.008

Chapanis, A., Garner, W. R. & Morgan, C. T. (1949). *Applied experimental psychology: Human factors in engineering design*. John Wiley & Sons Inc. https://doi.org/10.1037/11152-000

Chapanis, A. & Lindenbaum, L. E. (1959). A reaction time study of four control-display linkages. *Human Factors*, *1*(4), 1–7. https://doi.org/10.1177/001872085900100401

Chatterjee, S., Desai, S., Manesh, R., Sun, J., Nundy, S. & Wright, S. M. (2019). Assessment of a simulated case-based measurement of physician diagnostic performance. *JAMA Network Open*, *2*(1), e187006. https://doi.org/10.1001/jamanetworkopen.2018.7006

Chen, J. & Proctor, R. W. (2013). Response-effect compatibility defines the natural scrolling direction. *Human Factors*, 55(6), 1112–1129. https://doi.org/10.1177/0018720813482329

Chen, J., Šabić, E., Mishler, S., Parker, C. & Yamaguchi, M. (2022). Effectiveness of lateral auditory collision warnings: Should warnings be toward danger or toward safety? *Human Factors*, 64(2), 418–435. https://doi.org/10.1177/0018720820941618

Chen, O., Kalyuga, S. & Sweller, J. (2015). The worked example effect, the generation effect, and element interactivity. *Journal of Educational Psychology*, 107(3), 639–704. https://doi.org/10.1037/edu0000018

Chin, M. D., Evans, K. K., Wolfe, J. M., Bowen, J. & Tanaka, J. W. (2018). Inversion effects in the expert classification of mammograms and faces. *Cognitive Research: Principles and Implications*, 3, 31. https://doi.org/10.1186/s41235-018-0123-6

Clayton, K., Davis, J., Hinckley, K. & Horiuchi, Y. (2019). Partisan motivated reasoning and misinformation in the media: Is news from ideologically uncongenial sources more suspicious? *Japanese Journal of Political Science*, 20(3), 129–142. https://doi.org/10.2139/ssrn.3035272

Cohen, J. (1988). *Statistical power analysis for the behavioral sciences* (Vol. 2). Erlbaum.

Commission of the European Communities (2001). *Communication from the commission: Making a European area of lifelong learning a reality*. https://eur-lex.europa.eu/LexUriServ/LexUriServ.do?uri=COM:2001:0678:FIN:EN:PDF

Conway, M. A. (2005). Memory and the self. *Journal of Memory and Language*, 53(4), 594–628. https://doi.org/10.1016/j.jml.2005.08.005

Conway, M. A., Justice, L. V. & D'Argembeau, A. (2019). The self-memory system revisited: Past, present, and future. In J. H. Mace (Ed.), *The Organization and Structure of Autobiographical Memory* (pp. 28–51). Oxford University Press. https://doi.org/10.1093/oso/9780198784845.003.0003

Conway, M. A. & Pleydell-Pearce, C. W. (2000). The construction of autobiographical memories in the self-memory system. *Psychological Review*, 107(2), 261–288. https://doi.org/10.1037/0033-295x.107.2.261

Cook, J., Lewandowsky, S. & Ecker, U. K. H. (2017). Neutralizing misinformation through inoculation: Exposing misleading argumentation techniques reduces their influence. *PLoS One*, 12(5), e0175799. https://doi.org/10.1371/journal.pone.0175799

Cook, T. D. & Campbell, D. T. (1979). *Quasi-experimentation: Design & analysis issues for field settings*. Houghton Mifflin.

Cosmides, L. (1989). The logic of social exchange: Has natural selection shaped how humans reason? Studies with the Wason selection task. *Cognition*, 31(3), 187–276. https://doi.org/10.1016/0010-0277(89)90023-1

Cowan, N. (2010). The magical mystery four: How is working memory capacity limited, and why? *Current Directions in Psychological Science*, 19(1), 51–57. https://doi.org/10.1177/0963721409359277

Cowan, N., Beschin, N. & Della Sala, S. (2004). Verbal recall in amnesiacs under conditions of diminished retroactive interference. *Brain*, 127(4), 825–834. https://doi.org/10.1093/brain/awh107

Crothers, I. R., Gallagher, A. G., McClure, N., James, D. T. D. & McGuigan, J. (1999). Experienced laparoscopic surgeons are automated to the »fulcrum effect«: An ergonomic demonstration. *Endoscopy*, 31(05), 365–369. https://doi.org/10.1055/s-1999-26

Crovitz, H. F. & Schiffman, H. (1974). Frequency of episodic memories as a function of their age. *Bulletin of the Psychonomic Society*, 4(5), 517–518. https://doi.org/10.3758/BF03334277

Cunningham, C. A. & Wolfe, J. M. (2014). The role of object categories in hybrid visual and memory search. *Journal of Experimental Psychology: General*, 143(4), 1585–1599. https://doi.org/10.1037/a0036313

D'Argembeau, A. & Van der Linden, M. (2008). Remembering pride and shame: Self-enhancement and the phenomenology of autobiographical memory. *Memory*, 16(5), 538–547. https://doi.org/10.1080/09658210802010463

Dawson, N. V. & Arkes, H. R. (1987). Systematic errors in medical decision making: Judgment limitations. *Journal of General Internal Medicine*, 2(3), 183–187. https://doi.org/10.1007/BF02596149

De Jong, R., Liang, C. C. & Lauber, E. (1994). Conditional and unconditional automaticity: A dual-process model of effects of spatial stimulus-response correspondence. *Journal of Experimental Psychology: Human Perception and Performance, 20*(4), 731–750. https://doi.org/10.1037//0096-1523.20.4.731

De Keersmaecker, J., Dunning, D., Pennycook, G., Rand, D. G., Sanchez, C., Unkelbach, C. & Roets, A. (2020). Investigating the robustness of the illusory truth effect across individual differences in cognitive ability, need for cognitive closure, and cognitive style. *Personality and Social Psychology Bulletin, 46*(2), 204–215. https://doi.org/10.1177/0146167219853844

Deese, J. (1959). On the prediction of occurrence of particular verbal intrusions in immediate recall. *Journal of Experimental Psychology: General, 58*(1), 17–22. https://doi.org/10.1037/h0046671

Demiray, B. & Janssen, S. M. J. (2015). The self-enhancement function of autobiographical memory. *Applied Cognitive Psychology, 29*(1), 49–60. https://doi.org/10.1002/acp.3074

Deo, R. C. (2015). Machine learning in medicine. *Circulation, 132*(20), 1920–1930. https://doi.org/10.1161/CIRCULATIONAHA.115.001593

Descartes, R. (1664). *Traité de l'homme.* Girard.

Dewar, M., Della Sala, S., Beschin, N. & Cowan, N. (2010). Profound retroactive interference in anterograde amnesia: What interferes? *Neuropsychology, 24*(3), 357–367. https://doi.org/10.1037/a0018207

Dewey, J. (1896). The reflex arc concept in psychology. *Psychological Review, 3*(4), 357–370. https://doi.org/10.1037/h0070405

DFG (2023). *Satzung der Deutschen Forschungsgemeinschaft.* Retrieved 29.04.2024, from https://www.dfg.de/dfg_profil/ueber_die_dfg/satzung/

Diamond, A. (2013). Executive functions. *Annual Review of Psychology, 64*, 135–168. https://doi.org/10.1146/annurev-psych-113011-143750

Diamond, R. & Carey, S. (1986). Why faces are and are not special: An effect of expertise. *Journal of Experimental Psychology: General, 115*(2), 107–117. https://doi.org/10.1037//0096-3445.115.2.107

Ding, D., & Proctor, R. W. (2017). Interactions between the design factors of airplane artificial horizon displays. *Proceedings of the Human Factors and Ergonomics Society Annual Meeting, 61*(1), 84–88. https://doi.org/10.1177/1541931213601487

Dotson, V. M. & Duarte, A. (2020). The importance of diversity in cognitive neuroscience. *Annals of the New York Academy of Sciences, 1464*(1), 181–191. https://doi.org/10.1111/nyas.14268

Douglas, K. M., Uscinski, J. E., Sutton, R. M., Cichocka, A., Nefes, T., Ang, C. S. & Deravi, F. (2019). Understanding conspiracy theories. *Political Psychology, 40*, 3–35. https://doi.org/10.1111/pops.12568

Drew, T., Cunningham, C. & Wolfe, J. M. (2012). When and why might a computer-aided detection (CAD) system interfere with visual search? An eye-tracking study. *Academic Radiology, 19*(10), 1260–1267. https://doi.org/10.1016/j.acra.2012.05.013

Drew, T., Võ, M. L. & Wolfe, J. M. (2013). The invisible gorilla strikes again: Sustained inattentional blindness in expert observers. *Psychological Science, 24*(9), 1848–1853. https://doi.org/10.1177/0956797613479386

Dror, I. E., Morgan, R. M., Rando, C. & Nakhaeizadeh, S. (2017). The bias snowball and the bias cascade effects: Two distinct biases that may impact forensic decision making. *Journal of Forensic Sciences, 62*(3), 832–833. https://doi.org/10.1111/1556-4029.13496

Druckman, J. N., Peterson, E. & Slothuus, R. (2013). How elite partisan polarization affects public opinion formation. *American Political Science Review, 107*(1), 57–79. https://doi.org/10.1017/S0003055412000500

Duarte, A., & Dulas, M. R. (2020). Episodic memory decline in aging. In A. K. Thomas & A. Gutchess (Eds.), *The Cambridge handbook of cognitive aging: A life course perspective* (pp. 200–217). Cambridge University Press. https://doi.org/10.1017/9781108552684.013

Dunlosky, J., Rawson, K. A., Marsh, E. J., Nathan, M. J. & Willingham, D. T. (2013). Improving students' learning with effective learning techniques: Promising directions from cognitive and educational psychology. *Psychological Science in the Public Interest, 14*(1), 4–58. https://doi.org/10.1177/1529100612453266

Ebbinghaus, H. (1885). *Über das Gedächtnis: Untersuchungen zur Experimentellen Psychologie.* Duncker & Humblot.

Ecker, U. K. H. & Antonio, L. M. (2021). Can you believe it? An investigation into the impact of retraction source credibility on the continued influence effect. *Memory & Cognition, 49*(4), 631–644. https://doi.org/10.3758/s13421-020-01129-y

Ecker, U. K. H., Lewandowsky, S. & Chadwick, M. (2020). Can corrections spread misinformation to new audiences? Testing for the elusive familiarity backfire effect. *Cognitive Research: Principles and Implications, 5*(1), 41. https://doi.org/10.1186/s41235-020-00241-6

Ecker, U. K. H., Lewandowsky, S., Cook, J., Schmid, P., Fazio, L. K., Brashier, N., Kendeou, P., Vraga, E. K. & Amazeen, M. A. (2022). The psychological drivers of misinformation belief and its resistance to correction. *Nature Reviews Psychology, 1*(1), 13–29. https://doi.org/10.1038/s44159-021-00006-y

Ecker, U. K. H., Lewandowsky, S., Swire, B. & Chang, D. (2011). Correcting false information in memory: Manipulating the strength of misinformation encoding and its retraction. *Psychonomic Bulletin & Review, 18*(3), 570–578. https://doi.org/10.3758/s13423-011-0065-1

Ecklund-Johnson, E. & Torres, I. (2005). Unawareness of deficits in Alzheimer's disease and other dementias: Operational definitions and empirical findings. *Neuropsychology Review, 15*(3), 147–166. https://doi.org/10.1007/s11065-005-9026-7

Edmond, G., Tangen, J. M., Searston, R. A. & Dror, I. E. (2015). Contextual bias and cross-contamination in the forensic sciences: The corrosive implications for investigations, plea bargains, trials and appeals. *Law, Probability and Risk, 14*(1), 1–25. https://doi.org/10.1093/lpr/mgu018

Ehlers, A., Hackmann, A., Steil, R., Clohessy, S., Wenninger, K. & Winter, H. (2002). The nature of intrusive memories after trauma: The warning signal hypothesis. *Behaviour Research and Therapy, 40*(9), 995–1002. https://doi.org/10.1016/s0005-7967(01)00077-8

Eidgenössisches Departement für Umwelt, Verkehr, Energie und Kommunikation (2002). *Schlussbericht des Büros für Flugunfalluntersuchungen über den Unfall des Flugzeugs Saab 340Bm HB-AKK, betrieben durch Crossair unter der Flugnummer CRX 498.*

Einstein, G. O. & McDaniel, M. A. (1990). Normal aging and prospective memory. *Journal of Experimental Psychology: Learning, Memory, and Cognition, 16*(4), 717–726. https://doi.org/10.1037//0278-7393.16.4.717

Eliseev, E. D. & Marsh, E. J. (2021). Externalizing autobiographical memories in the digital age. *Trends in Cognitive Sciences, 25*(12), 1072–1081. https://doi.org/10.1016/j.tics.2021.08.005

Elsner, B. & Hommel, B. (2001). Effect anticipation and action control. *Journal of Experimental Psychology: Human Perception and Performance, 27*(1), 229–240. https://doi.org/10.1037//0096-1523.27.1.229

Endsley, M. R. (1995). Toward a theory of situation awareness in dynamic systems. *Human Factors, 37*(1), 32–64. https://doi.org/10.1518/001872095779049543

Erickson, K. I., Voss, M. W., Prakash, R. S., Basak, C., Szabo, A., Chaddock, L., Kim, J. S., Heo, S., Alves, H., White, S. M., Wojcicki, T. R., Mailey, E., Vieira, V. J., Martin, S. A., Pence, B. D., Woods, J. A., McAuley, E. & Kramer, A. F. (2011). Exercise training increases size of hippocampus and improves memory. *Proceedings of the National Academy of Sciences, 108*(7), 3017–3022. https://doi.org/10.1073/pnas.1015950108

Eronen, M. I. & Bringmann, L. F. (2021). The theory crisis in psychology: How to move forward. *Perspectives on Psychological Science, 16*(4), 779–788. https://doi.org/10.1177/1745691620970586

Evans, J. S. B. T. (2008). Dual-processing accounts of reasoning, judgment, and social cognition. *Annual Review of Psychology, 59*, 255–278. https://doi.org/10.1146/annurev.psych.59.103006.093629

Evans, J. S. B. T. & Stanovich, K. E. (2013). Dual-process theories of higher cognition: Advancing the debate. *Perspectives on Psychological Science, 8*(3), 223–241. https://doi.org/10.1177/1745691612460685

Evans, K. K., Georgian-Smith, D., Tambouret, R., Birdwell, R. L. & Wolfe, J. M. (2013). The gist of the abnormal: Above-chance medical decision making in the blink of an eye. *Psychonomic Bulletin & Review, 20*(6), 1170–1175. https://doi.org/10.3758/s13423-013-0459-3

Falk, C. E. (1973). An operational, policy-oriented research categorization scheme. *Research Policy*, *2*(3), 186–202. https://doi.org/10.1016/0048-7333(73)90002-4

Falk, E. B., Hyde, L. W., Mitchell, C., Faul, J., Gonzalez, R., Heitzeg, M. M., Keating, D. P., Langa, K. M., Martz, M. E., Maslowsky, J., Morrison, F. J., Noll, D. C., Patrick, M. E., Pfeffer, F. T., Reuter-Lorenz, P. A., Thomason, M. E., Davis-Kean, P., Monk, C. S. & Schulenberg, J. (2013). What is a representative brain? Neuroscience meets population science. *Proceedings of the National Academy of Sciences*, *110*(44), 17615–17622. https://doi.org/10.1073/pnas.1310134110

Fann, K. T. (1970). *Peirce's theory of abduction*. Springer. https://doi.org/10.1007/978-94-010-3163-9

Fazio, L. K., Rand, D. G. & Pennycook, G. (2019). Repetition increases perceived truth equally for plausible and implausible statements. *Psychonomic Bulletin & Review*, *26*(5), 1705–1710. https://doi.org/10.3758/s13423-019-01651-4

Fernandes, M. A., Wammes, J. D. & Meade, M. E. (2018). The surprisingly powerful influence of drawing on memory. *Current Directions in Psychological Science*, *27*(5), 302–308. https://doi.org/10.1177/0963721418755385

Findley, K. A. (2012). Tunnel vision. In B. L. Cutler (Ed.), *Conviction of the innocent: Lessons from psychological research*. American Psychological Association. https://doi.org/10.1037/13085-014

Firth, J., Stubbs, B., Vancampfort, D., Schuch, F., Lagopoulos, J., Rosenbaum, S. & Ward, P. B. (2018). Effect of aerobic exercise on hippocampal volume in humans: A systematic review and meta-analysis. *Neuroimage*, *166*, 230–238. https://doi.org/10.1016/j.neuroimage.2017.11.007

Fischer, R. & Janczyk, M. (2022). Dual-task performance with simple tasks. In A. Kiesel, L. Johannsen, I. Koch, H. Müller, *Handbook of Human Multitasking* (pp. 3–36). Springer. https://doi.org/10.1007/978-3-031-04760-2_1

Fischhoff, B. (1975). Hindsight is not equal to foresight: The effect of outcome knowledge on judgment under uncertainty. *Journal of Experimental Psychology: Human Perception and Performance*, *1*(3), 288–299. https://doi.org/10.1037/0096-1523.1.3.288

Fischhoff, B. & Broomell, S. B. (2020). Judgment and decision making. *Annual Review of Psychology*, *71*, 331–355. https://doi.org/10.1146/annurev-psych-010419-050747

Fisher, R. P. & Craik, F. I. M. (1980). The effects of elaboration on recognition memory. *Memory & Cognition*, *8*(5), 400–404. https://doi.org/10.3758/bf03211136

Fiske, S. T. & Taylor, S. E. (1991). *Social cognition*. McGraw-Hill Book Company.

Fitts, P. M. & Deininger, R. L. (1954). S-R compatibility: Correspondence among paired elements within stimulus and response codes. *Journal of Experimental Psychology*, *48*(6), 483–492. https://doi.org/10.1037/h0054967

Fitts, P. M. & Seeger, C. M. (1953). SR compatibility: Spatial characteristics of stimulus and response codes. *Journal of Experimental Psychology*, *46*(3), 199–210. https://doi.org/10.1037/h0062827

Fivush, R., Habermas, T., Waters, T. E. A. & Zaman, W. (2011). The making of autobiographical memory: Intersections of culture, narratives and identity. *International Journal of Psychology*, *46*(5), 321–345. https://doi.org/10.1080/00207594.2011.596541

Fleck, M. S., Samei, E. & Mitroff, S. R. (2010). Generalized »satisfaction of search«: Adverse influences on dual-target search accuracy. *Journal of Experimental Psychology: Applied*, *16*(1), 60–71. https://doi.org/10.1037/a0018629

Frank, M. R., Autor, D., Bessen, J. E., Brynjolfsson, E., Cebrian, M., Deming, D. J., Feldman, M., Groh, M., Lobo, J., Moro, E., Wang, D. S., Youn, H. & Rahwan, I. (2019). Toward understanding the impact of artificial intelligence on labor. *Proceedings of the National Academy of Sciences*, *116*(14), 6531–6539. https://doi.org/10.1073/pnas.1900949116

Freeman, D., Waite, F., Rosebrock, L., Petit, A., Causier, C., East, A., Jenner, L., Teale, A.-L., Carr, L., Mulhall, S., Bold, E. & Lambe, S. (2022). Coronavirus conspiracy beliefs, mistrust, and compliance with government guidelines in England. *Psychological Medicine*, *52*(2), 251–263. https://doi.org/10.1017/S0033291720001890

Fueller, C., Loescher, J. & Indefrey, P. (2013). Writing superiority in cued recall. *Frontiers in Psychology*, *4*, 764. https://doi.org/10.3389/fpsyg.2013.00764

Gadenne, V. (1976). *Die Gültigkeit psychologischer Untersuchungen.* Kohlhammer.
Galton, F. (1879). Psychometric experiments. *Brain, 2*(2), 149–162. https://doi.org/10.1093/brain/2.2.149
Garrett, B. L. (2011). *Convicting the innocent: Where criminal prosecutions go wrong.* Harvard University Press.
Georgiou, N., Delfabbro, P. & Balzan, R. (2021). Conspiracy theory beliefs, scientific reasoning and the analytical thinking paradox. *Applied Cognitive Psychology, 35*(6), 1523–1534. https://doi.org/10.1002/acp.3885
Gigerenzer, G., Hertwig, R. & Pachur, T. (2011). *Heuristics: The foundations of adaptive behavior.* Oxford University Press. https://doi.org/10.1093/acprof:oso/9780199744282.001.0001
Gigerenzer, G. & Hug, K. (1992). Domain-specific reasoning: Social contracts, cheating, and perspective change. *Cognition, 43*(2), 127–171. https://doi.org/10.1016/0010-0277(92)90060-u
Gigerenzer, G., Todd, P. M. & ABC Research Group (1999). *Simple heuristics that make us smart.* Oxford University Press, USA.
Gil de Zúñiga, H. & Diehl, T. (2019). News finds me perception and democracy: Effects on political knowledge, political interest, and voting. *New Media & Society, 21*(6), 1253–1271. https://doi.org/10.1177/1461444818817548
Gilbertson, M. W., Gurvits, T. V., Lasko, N. B., Orr, S. P. & Pitman, R. K. (2001). Multivariate assessment of explicit memory function in combat veterans with posttraumatic stress disorder. *Journal of Traumatic Stress, 14*(2), 413–432. https://doi.org/10.1023/A:1011181305501
Giordano, C., Brennan, M., Mohamed, B., Rashidi, P., Modave, F. & Tighe, P. (2021). Accessing artificial intelligence for clinical decision-making. *Frontiers in Digital Health, 3*, 645232. https://doi.org/10.3389/fdgth.2021.645232
Glover, J. A. (1989). The »testing« phenomenon: Not gone but nearly forgotten. *Journal of Educational Psychology, 81*(3), 392–399. https://doi.org/10.1037/0022-0663.81.3.392
Gollwitzer, P. M. (1999). Implementation intentions: Strong effects of simple plans. *American Psychologist, 54*(7), 493–503. https://doi.org/10.1037/0003-066X.54.7.493
Goulet-Pelletier, J.-C. & Cousineau, D. (2018). A review of effect sizes and their confidence intervals, Part I: The Cohen's d family. *The Quantitative Methods for Psychology, 14*(4), 242–265. https://doi.org/10.20982/tqmp.14.4.0242
Grabowski, J. (2005). Der Schriftlichkeitsüberlegenheitseffekt. *Zeitschrift für Psychologie/Journal of Psychology, 213*(4), 193–204. https://doi.org/10.1026/0044-3409.213.4.193
Grabowski, J. (2014). Medienkompetenz. In J. Grabowski (Ed.), *Sinn und Unsinn von Kompetenzen. Fähigkeitskonzepte im Bereich von Sprache, Medien und Kultur* (pp. 189–210). Verlag Barbara Budrich.
Greene, R. L. (1989). Spacing effects in memory: Evidence for a two-process account. *Journal of Experimental Psychology: Learning, Memory, and Cognition, 15*(3), 371–377. https://doi.org/10.1037/0278-7393.15.3.371
Greenwald, A. G. (1970). Sensory feedback mechanisms in performance control: With special reference to the ideo-motor mechanism. *Psychological Review, 77*(2), 73–99. https://doi.org/10.1037/h0028689
Grinberg, N., Joseph, K., Friedland, L., Swire-Thompson, B. & Lazer, D. (2019). Fake news on Twitter during the 2016 US presidential election. *Science, 363*(6425), 374–378. https://doi.org/10.1126/science.aau2706
Gross, A. & Manzey, D. (2014). Enhancing spatial orientation in novice pilots: Comparing different attitude indicators using synthetic vision systems. *Proceedings of the Human Factors and Ergonomics Society Annual Meeting, 58*(1), 1033–1037. https://doi.org/10.1177/1541931214581216
Guess, A. M., Lerner, M., Lyons, B., Montgomery, J. M., Nyhan, B., Reifler, J. & Sircar, N. (2020). A digital media literacy intervention increases discernment between mainstream and false news in the United States and India. *Proceedings of the National Academy of Sciences, 117*(27), 15536–15545. https://doi.org/10.1073/pnas.1920498117
Guillory, J. J. & Geraci, L. (2013). Correcting erroneous inferences in memory: The role of source credibility. *Journal of Applied Research in Memory and Cognition, 2*(4), 201–209. https://doi.org/10.1016/j.jarmac.2013.10.001

Güldenpenning, I., Kunde, W. & Weigelt, M. (2017). How to trick your opponent: A review article on deceptive actions in interactive sports. *Frontiers in Psychology*, 8, 917. https://doi.org/10.3389/fpsyg.2017.00917

Habermas, T. & Bluck, S. (2000). Getting a life: The emergence of the life story in adolescence. *Psychological Bulletin*, 126(5), 748–769. https://doi.org/10.1037/0033-2909.126.5.748

Hacker, W. (1979). Zu einigen Wechselbeziehungen zwischen Allgemeiner Psychologie und Arbeitspsychologie. *Schweizerische Zeitschrift für Psychologie und ihre Anwendungen*, 38(3), 190–199.

Hafner-Burton, E. M., Hughes, D. A. & Victor, D. G. (2013). The cognitive revolution and the political psychology of elite decision making. *Perspectives on Politics*, 11(2), 368–386. https://doi.org/10.1017/S1537592713001084

Haines, S. J., Randall, S. E., Terrett, G., Busija, L., Tatangelo, G., McLennan, S. N., Rose, N. S., Kliegel, M., Henry, J. D. & Rendell, P. G. (2020). Differences in time-based task characteristics help to explain the age-prospective memory paradox. *Cognition*, 202, 104305. https://doi.org/10.1016/j.cognition.2020.104305

Hall, J. W., Grossman, L. R. & Elwood, K. D. (1976). Differences in encoding for free recall vs. recognition. *Memory & Cognition*, 4(5), 507–513. https://doi.org/10.3758/BF03213211

Hameleers, M. (2022). Separating truth from lies: Comparing the effects of news media literacy interventions and fact-checkers in response to political misinformation in the US and Netherlands. *Information, Communication & Society*, 25(1), 110–126. https://doi.org/10.1080/1369118X.2020.1764603

Hänninen, R., Pajula, L., Korpela, V. & Taipale, S. (2023). Individual and shared digital repertoires – Older adults managing digital services. *Information, Communication & Society*, 26(3), 568–583. https://doi.org/10.1080/1369118X.2021.1954976

Harding-Zentrum (2023). Retrieved 22.08.2023, from https://www.hardingcenter.de/de

Harleß, E. (1861). Der Apparat des Willens. *Zeitschrift für Philosophie und philosophische Kritik*, 38(2), 50–73.

Hart, S. G. & Staveland, L. E. (1988). Development of NASA-TLX (Task Load Index): Results of empirical and theoretical research. In P. A. Hancock & N. Meshkati (Eds.) *Advances in Psychology* (Vol. 52, pp. 139–183). Elsevier. https://doi.org/10.1016/S0166-4115(08)62386-9

Hasher, L., Goldstein, D. & Toppino, T. (1977). Frequency and the conference of referential validity. *Journal of Verbal Learning and Verbal Behavior*, 16(1), 107–112. https://doi.org/10.1016/S0022-5371(77)80012-1

Heemskerk, J., Zandbergen, R., Maessen, J. G., Greve, J. W. M. & Bouvy, N. D. (2006). Advantages of advanced laparoscopic systems. *Surgical Endoscopy and Other Interventional Techniques*, 20(5), 730–733. https://doi.org/10.1007/s00464-005-0456-3

Hegdé, J. (2020). Deep learning can be used to train naïve, nonprofessional observers to detect diagnostic visual patterns of certain cancers in mammograms: A proof-of-principle study. *Journal of Medical Imaging*, 7(2), 022410. https://doi.org/10.1117/1.JMI.7.2.022410

Hembrooke, H. & Gay, G. (2003). The laptop and the lecture: The effects of multitasking in learning environments. *Journal of Computing in Higher Education*, 15, 46–64. https://doi.org/10.1007/BF02940852

Henrich, J., Heine, S. J. & Norenzayan, A. (2010a). Most people are not WEIRD. *Nature*, 466(7302), 29. https://doi.org/10.1038/466029a

Henrich, J., Heine, S. J. & Norenzayan, A. (2010b). The weirdest people in the world? *Behavioral and Brain Sciences*, 33(2–3), 61–83. https://doi.org/10.1017/S0140525X0999152X

Henry, J. D., Rendell, P. G., Kliegel, M. & Altgassen, M. (2007). Prospective memory in schizophrenia: Primary or secondary impairment? *Schizophrenia Research*, 95(1–3), 179–185. https://doi.org/10.1016/j.schres.2007.06.003

Herbart, J. F. (1825). *Psychologie als Wissenschaft: neu gegründet auf Erfahrung, Metaphysik, und Mathematik.* August Wilhelm Unzer.

Herbert, J. & Hayne, H. (2000). The ontogeny of long-term retention during the second year of life. *Developmental Science*, 3(1), 50–56. https://doi.org/10.1111/1467-7687.00099

Hering, A., Cortez, S. A., Kliegel, M. & Altgassen, M. (2014). Revisiting the age-prospective memory-paradox: The role of planning and task experience. *European Journal of Ageing*, 11(1), 99–106. https://doi.org/10.1007/s10433-013-0284-6

Herrmann, T. & Grabowski, J. (1994). *Sprechen: Psychologie der Sprachproduktion.* Spektrum.
Hess, T. M. (2005). Memory and aging in context. *Psychological Bulletin, 131*(3), 383–406. https://doi.org/10.1037/0033-2909.131.3.383
Hicks, J. L., Marsh, R. L. & Cook, G. I. (2005). Task interference in time-based, event-based, and dual intention prospective memory conditions. *Journal of Memory and Language, 53*(3), 430–444. https://doi.org/10.1016/j.jml.2005.04.001
Hitch, G. J. & Baddeley, A. D. (1976). Verbal reasoning and working memory. *The Quarterly Journal of Experimental Psychology, 28*(4), 603–621. https://doi.org/10.1080/14640747608400587
Hofer, F. & Schwaninger, A. (2005). Using threat image projection data for assessing individual screener performance. *WIT Transactions on the Built Environment, 82,* 417–426. https://doi.org/10.5167/uzh-97993
Hofer, M., Fries, S. & Grund, A. (2022). Zielkonflikte zwischen Lernen und Freizeit. In H. Reinders, D. Bergs-Winkels, A. Prochnow & I. Post (Eds.) *Empirische Bildungsforschung: Eine elementare Einführung* (pp. 769–787). Springer. https://doi.org/10.1007/978-3-658-27277-7_42
Hoffmann, E. R. & Chan, A. H. S. (2011). Alternative approaches to the design of four-burner stoves. *Ergonomics, 54*(9), 777–791. https://doi.org/10.1080/00140139.2011.597879
Hommel, B. (2011). The Simon effect as tool and heuristic. *Acta Psychologica, 136*(2), 189–202. https://doi.org/10.1016/j.actpsy.2010.04.011
Hommel, B., Müsseler, J., Aschersleben, G. & Prinz, W. (2001). The theory of event coding (TEC): A framework for perception and action planning. *Behavioral and Brain Sciences, 24*(5), 849–878 https://doi.org/10.1017/s0140525x01000103
Hornsey, M. J. & Fielding, K. S. (2017). Attitude roots and Jiu Jitsu persuasion: Understanding and overcoming the motivated rejection of science. *American Psychologist, 72*(5), 459–473. https://doi.org/10.1037/a0040437
Howe, M. L. & Courage, M. L. (1993). On resolving the enigma of infantile amnesia. *Psychological Bulletin, 113*(2), 305–326. https://doi.org/10.1037/0033-2909.113.2.305
Huber, O. (2019). *Das psychologische Experiment: Eine Einführung.* Hogrefe.
Huegli, D., Merks, S. & Schwaninger, A. (2020). Automation reliability, human-machine system performance, and operator compliance: A study with airport security screeners supported by automated explosives detection systems for cabin baggage screening. *Applied Ergonomics, 86,* 103094. https://doi.org/10.1016/j.apergo.2020.103094
Hughes, M. G., Griffith, J. A., Zeni, T. A., Arsenault, M. L., Cooper, O. D., Johnson, G., Hardy, J. H., Connelly, S. & Mumford, M. D. (2014). Discrediting in a message board forum: The effects of social support and attacks on expertise and trustworthiness. *Journal of Computer-Mediated Communication, 19*(3), 325–341. https://doi.org/10.1111/jcc4.12077
IfD-Allensbach (2023). *Anzahl der Personen in Deutschland, die Lotto oder Toto spielen.* Retrieved 12.10.2023, from https://de.statista.com/statistik/daten/studie/171170/umfrage/haeufigkeit-des-spielens-von-lotto-oder-toto/
Imhoff, R. & Lamberty, P. K. (2017). Too special to be duped: Need for uniqueness motivates conspiracy beliefs. *European Journal of Social Psychology, 47*(6), 724–734. https://doi.org/10.1002/ejsp.2265
Innocence Project (2023). *The Innocence Project.* Retrieved 11.04.2023, from https://www.innocenceproject.org/eyewitness-identification-reform/
Jacoby, L. L. (1978). On interpreting the effects of repetition: Solving a problem versus remembering a solution. *Journal of Verbal Learning and Verbal Behavior, 17*(6), 649–667. https://doi.org/10.1016/S0022-5371(78)90393-6
James, W. (1890). *The principles of psychology.* Henry Holt and Company. https://doi.org/10.1037/10538-000
Jamet, E., Gonthier, C., Cojean, S., Colliot, T. & Erhel, S. (2020). Does multitasking in the classroom affect learning outcomes? A naturalistic study. *Computers in Human Behavior, 106,* 106264. https://doi.org/10.1016/j.chb.2020.106264
Janczyk, M. (2023). Compatibility effects with touchless gestures. *Experimental Brain Research, 241*(3), 743–752. https://doi.org/10.1007/s00221-023-06549-1

Janczyk, M., Aßmann, M. & Grabowski, J. (2018). Oral versus written recall of long-term memory items: Replicating and extending the writing superiority effect across knowledge domains. *The American Journal of Psychology*, *131*(3), 263–272. https://doi.org/10.5406/amerjpsyc.131.3.0263

Janczyk, M., Giesen, C. G., Moeller, B., Dignath, D. & Pfister, R. (2023). Perception and action as viewed from the theory of event coding: A multi-lab replication and effect size estimation of common experimental designs. *Psychological Research*, *87*(4), 1012–1042. https://doi.org/10.1007/s00426-022-01705-8

Janczyk, M. & Kunde, W. (2020). Dual tasking from a goal perspective. *Psychological Review*, *127*(6), 1079–1096. https://doi.org/10.1037/rev0000222

Janczyk, M. & Lerche, V. (2019). A diffusion model analysis of the response-effect compatibility effect. *Journal of Experimental Psychology: General*, *148*(2), 237–251. https://doi.org/10.1037/xge0000430

Janczyk, M., Nolden, S. & Jolicoeur, P. (2015). No differences in dual-task costs between forced- and free-choice tasks. *Psychological Research*, *79*(3), 463–477. https://doi.org/10.1007/s00426-014-0580-6

Janczyk, M. & Pfister, R. (2020). *Inferenzstatistik verstehen. Von A wie Signifikanztest bis Z wie Konfidenzintervall* (Vol. 3). Springer.

Janczyk, M., Pfister, R. & Kunde, W. (2012). On the persistence of tool-based compatibility effects. *Zeitschrift für Psychologie*, *220*(1), 16–22. https://doi.org/10.1027/2151-2604/a000086

Janczyk, M., Pfister, R., Wallmeier, G. & Kunde, W. (2014). Exceptions to the PRP effect? A comparison of prepared and unconditioned reflexes. *Journal of Experimental Psychology: Learning, Memory, and Cognition*, *40*(3), 776–786. https://doi.org/10.1037/a0035548

Janczyk, M., Xiong, A. & Proctor, R. W. (2019). Stimulus-response and response-effect compatibility with touchless gestures and moving action effects. *Human Factors*, *61*(8), 1297–1314. https://doi.org/10.1177/0018720819831814

Janssen, S. M. J. & Murre, J. M. J. (2008). Reminiscence bump in autobiographical memory: Unexplained by novelty, emotionality, valence, or importance of personal events. *Quarterly Journal of Experimental Psychology*, *61*(12), 1847–1860. https://doi.org/10.1080/17470210701774242

Janssen, S. M. J., Rubin, D. C. & St. Jacques, P. L. (2011). The temporal distribution of autobiographical memory: Changes in reliving and vividness over the life span do not explain the reminiscence bump. *Memory & Cognition*, *39*(1), 1–11. https://doi.org/10.3758/s13421-010-0003-x

Jessen, F. & Froelich, L. (2018). ICD-11: Neurokognitive Störungen. *Fortschritte der Neurologie & Psychiatrie*, *86*(3), 172–177. https://doi.org/10.1055/s-0044-101607

Jiang, F., Jiang, Y., Zhi, H., Dong, Y., Li, H., Ma, S., Wang, Y., Dong, Q., Shen, H. & Wang, Y. (2017). Artificial intelligence in healthcare: Past, present and future. *Stroke and Vascular Neurology*, *2*(4), 230–243. https://doi.org/10.1136/svn-2017-000101

Johnson-Laird, P. N. (1983). *Mental models: Towards a cognitive science of language, inference, and consciousness* (Vol. 61). Harvard University Press. https://doi.org/10.2307/414498

Johnson-Laird, P. N. (2010). Mental models and human reasoning. *Proceedings of the National Academy of Sciences*, *107*(43), 18243–18250. https://doi.org/10.1073/pnas.1012933107

Jolley, D. & Douglas, K. M. (2017). Prevention is better than cure: Addressing anti-vaccine conspiracy theories. *Journal of Applied Social Psychology*, *47*(8), 459–469. https://doi.org/10.1111/jasp.12453

Jolley, D., Marques, M. D. & Cookson, D. (2022). Shining a spotlight on the dangerous consequences of conspiracy theories. *Current Opinion in Psychology*, *47*, 101363. https://doi.org/10.1016/j.copsyc.2022.101363

Jones, S., Livner, Å. & Bäckman, L. (2006). Patterns of prospective and retrospective memory impairment in preclinical Alzheimer's disease. *Neuropsychology*, *20*(2), 144–152. https://doi.org/10.1037/0894-4105.20.2.144

Jones-Jang, S. M., Mortensen, T. & Liu, J. (2021). Does media literacy help identification of fake news? Information literacy helps, but other literacies don't. *American Behavioral Scientist*, *65*(2), 371–388. https://doi.org/10.1177/0002764219869406

Jou, J. & Flores, S. (2013). How are false memories distinguishable from true memories in the Deese-Roediger-McDermott paradigm? A review of the findings. *Psychological Research*, 77(6), 671–686. https://doi.org/10.1007/s00426-012-0472-6

Kahn, R. S. & Keefe, R. S. E. (2013). Schizophrenia is a cognitive illness: Time for a change in focus. *JAMA Psychiatry*, 70(10), 1107–1112. https://doi.org/10.1001/jamapsychiatry.2013.155

Kahneman, D. (2011). *Thinking, fast and slow*. Macmillan.

Kahneman, D., Knetsch, J. L. & Thaler, R. H. (1990). Experimental tests of the endowment effect and the Coase theorem. *Journal of Political Economy*, 98(6), 1325–1348. https://doi.org/10.1086/261737

Kahneman, D., Knetsch, J. L. & Thaler, R. H. (1991). Anomalies: The endowment effect, loss aversion, and status quo bias. *Journal of Economic Perspectives*, 5(1), 193–206. https://doi.org/10.1257/jep.5.1.193

Kahneman, D., Slovic, P. & Tversky, A. (1982). *Judgment under uncertainty: Heuristics and biases*. Cambridge University Press. https://doi.org/10.1017/CBO9780511809477

Kahneman, D. & Tversky, A. (1988). Prospect theory: An analysis of decision under risk. In P. Gärdenfors & N. Sahlin (Eds.), *Decision, probability and utility: Selected readings* (pp. 183–214). Cambridge University Press. https://doi.org/10.1017/CBO9780511609220.014

Kämmer, J. E., Hautz, W. E., Herzog, S. M., Kunina-Habenicht, O. & Kurvers, R. H. J. M. (2017). The potential of collective intelligence in emergency medicine: Pooling medical students' independent decisions improves diagnostic performance. *Medical Decision Making*, 37(6), 715–724. https://doi.org/10.1177/0272989X17696998

Kane, M. J. & Engle, R. W. (2003). Working-memory capacity and the control of attention: The contributions of goal neglect, response competition, and task set to Stroop interference. *Journal of Experimental Psychology: General*, 132(1), 47–70. https://doi.org/10.1037/0096-3445.132.1.47

Kapur, N. (1999). Syndromes of retrograde amnesia: A conceptual and empirical synthesis. *Psychological Bulletin*, 125(6), 800–825. https://doi.org/10.1037/0033-2909.125.6.800

Karbach, J. (2020). Kognitives Altern. In T. Strobach (Ed.), *Kognitive Psychologie*. Kohlhammer.

Kassin, S. M., Dror, I. E. & Kukucka, J. (2013). The forensic confirmation bias: Problems, perspectives, and proposed solutions. *Journal of Applied Research in Memory and Cognition*, 2(1), 42–52. https://doi.org/10.1016/j.jarmac.2013.01.001

Kellen, D. & Klauer, K. C. (2015). Signal detection and threshold modeling of confidence-rating ROCs: A critical test with minimal assumptions. *Psychological Review*, 122(3), 542–557. https://doi.org/10.1037/a0039251

Kellen, D., Klauer, K. C. & Singmann, H. (2012). On the measurement of criterion noise in signal detection theory: The case of recognition memory. *Psychological Review*, 119(3), 457–479. https://doi.org/10.1037/a0027727

Kellen, D., Winiger, S., Dunn, J. C. & Singmann, H. (2021). Testing the foundations of signal detection theory in recognition memory. *Psychological Review*, 128(6), 1022–1050. https://doi.org/10.1037/rev0000288

Kendeou, P., Butterfuss, R., Kim, J. & Van Boekel, M. (2019). Knowledge revision through the lenses of the three-pronged approach. *Memory & Cognition*, 47(1), 33–46. https://doi.org/10.3758/s13421-018-0848-y

Kiesel, A., Johannsen, L., Koch, I. & Müller, H. (2022). *Handbook of human multitasking*. Springer. https://doi.org/10.1007/978-3-031-04760-2

Kim, H. & Song, H. (2014). Evaluation of the safety and usability of touch gestures in operating in-vehicle information systems with visual occlusion. *Applied Ergonomics*, 45(3), 789–798. https://doi.org/10.1016/j.apergo.2013.10.013

Klein, S. B. & Kihlstrom, J. F. (1986). Elaboration, organization, and the self-reference effect in memory. *Journal of Experimental Psychology: General*, 115(1), 26–38. https://doi.org/10.1037/0096-3445.115.1.26

Knauff, M. & Spohn, W. (2021). *The handbook of rationality*. MIT Press.

Koger, S. M. & Scott, B. A. (2007). Psychology and environmental sustainability: A call for integration. *Teaching of Psychology*, 34(1), 10–18. https://doi.org/10.1207/s15328023top3401_3

Kopelman, M. D. (1987). Amnesia: Organic and psychogenic. *The British Journal of Psychiatry*, *150*(4), 428–442. https://doi.org/10.1192/bjp.150.4.428

Koppel, J. (2013). The reminiscence bump for public events: A review of its prevalence and taxonomy of alternative age distributions. *Applied Cognitive Psychology*, *27*(1), 12–32. https://doi.org/10.1002/acp.2865

Koppel, J. & Berntsen, D. (2015). The peaks of life: The differential temporal locations of the reminiscence bump across disparate cueing methods. *Journal of Applied Research in Memory and Cognition*, *4*(1), 66–80. https://doi.org/10.1016/j.jarmac.2014.11.004

Kornblum, S. (1994). The way irrelevant dimensions are processed depends on what they overlap with: The case of Stroop- and Simon-like stimuli. *Psychological Research*, *56*(3), 130–135. https://doi.org/10.1007/BF00419699

Kornblum, S., Hasbroucq, T. & Osman, A. (1990). Dimensional overlap: Cognitive basis for stimulus-response compatibility – A model and taxonomy. *Psychological Review*, *97*(2), 253–270. https://doi.org/10.1037/0033-295x.97.2.253

Kornell, N. & Bjork, R. A. (2008). Learning concepts and categories: Is spacing the »enemy of induction«? *Psychological Science*, *19*(6), 585–592. https://doi.org/10.1111/j.1467-9280.2008.02127.x

Korsakoff, S. S. (1889). Psychic disorder in conjunction with multiple neuritis. (English translation with commentary). *Neurology*, *1955*(5), 394–406. https://doi.org/10.1212/wnl.5.6.394

Kruskal, W. & Mosteller, F. (1980). Representative sampling, IV: The history of the concept in statistics, 1895–1939. *International Statistical Review*, *48*(2), 169–195. https://doi.org/10.2307/1403151

Kuhlmann, B. G. (2019). Topical issue on strategy contributions to cognitive aging. *Open Psychology*, *1*(1), 317–322. https://doi.org/10.1515/psych-2018-0020

Kuhn, S. A. K., Lieb, R., Freeman, D., Andreou, C. & Zander-Schellenberg, T. (2022). Coronavirus conspiracy beliefs in the German-speaking general population: Endorsement rates and links to reasoning biases and paranoia. *Psychological Medicine*, *52*(16), 4162–4176. https://doi.org/10.1017/S0033291721001124

Kuklinski, J. H., Quirk, P. J., Jerit, J., Schwieder, D. & Rich, R. F. (2000). Misinformation and the currency of democratic citizenship. *The Journal of Politics*, *62*(3), 790–816. https://doi.org/10.1111/0022-3816.00033

Kukucka, J. (2018). Confirmation bias in the forensic sciences: Causes, consequences, and countermeasures. *The Psychology and Sociology of Wrongful Convictions: Forensic Science Reform*, 223–245.

Kunda, Z. (1990). The case for motivated reasoning. *Psychological Bulletin*, *108*(3), 480–498. https://doi.org/10.1037/0033-2909.108.3.480

Kunde, W. (2001). Response-effect compatibility in manual choice reaction tasks. *Journal of Experimental Psychology: Human Perception and Performance*, *27*(2), 387–394. https://doi.org/10.1037//0096-1523.27.2.387

Kunde, W., Müsseler, J. & Heuer, H. (2007). Spatial compatibility effects with tool use. *Human Factors*, *49*(4), 661–670. https://doi.org/10.1518/001872007X215737

Kunde, W., Pfister, R. & Janczyk, M. (2012). The locus of tool-transformation costs. *Journal of Experimental Psychology: Human Perception and Performance*, *38*(3), 703–714. https://doi.org/10.1037/a0026315

Kunde, W., Skirde, S. & Weigelt, M. (2011). Trust my face: Cognitive factors of head fakes in sports. *Journal of Experimental Psychology: Applied*, *17*(2), 110–127. https://doi.org/10.1037/a0023756

Kundel, H. L. & Nodine, C. F. (1975). Interpreting chest radiographs without visual search. *Radiology*, *116*(3), 527–532. https://doi.org/10.1148/116.3.527

Kurvers, R. H. J. M., Herzog, S. M., Hertwig, R., Krause, J., Carney, P. A., Bogart, A., Argenziano, G., Zalaudek, I. & Wolf, M. (2016). Boosting medical diagnostics by pooling independent judgments. *Proceedings of the National Academy of Sciences*, *113*(31), 8777–8782. https://doi.org/10.1073/pnas.1601827113

Kuzmiak, C. M., Cole, E., Zeng, D., Kim, E., Koomen, M., Lee, Y., Pavic, D. & Pisano, E. D. (2010). Comparison of image acquisition and radiologist interpretation times in a diagnostic mammography center. *Academic Radiology*, *17*(9), 1168–1174. https://doi.org/10.1016/j.acra.2010.04.018

Kvavilashvili, L., & Ellis, J. (1996). Varieties of intention: Some distinctions and classifications. In M. Brandimonte, G. O. Einstein, & M. A. McDaniel (Eds.), *Prospective memory: Theory and applications* (pp. 23–51). Lawrence Erlbaum Associates Publishers.

Kvavilashvili, L. & Rummel, J. (2020). On the nature of everyday prospection: A review and theoretical integration of research on mind-wandering, future thinking, and prospective memory. *Review of General Psychology*, *24*(3), 210–237. https://doi.org/10.1177/1089268020918843

Kyllonen, P. C. & Christal, R. E. (1990). Reasoning ability is (little more than) working-memory capacity?! *Intelligence*, *14*(4), 389–433. https://doi.org/10.1016/S0160-2896(05)80012-1

Lakens, D. (2022). Sample size justification. *Collabra: Psychology*, *8*(1). https://doi.org/10.1525/collabra.33267

Lau, W. W. F. (2017). Effects of social media usage and social media multitasking on the academic performance of university students. *Computers in Human Behavior*, *68*, 286–291. https://doi.org/10.1016/j.chb.2016.11.043

Lax, G. (2015). *Das »lineare Modell der Innovation« in Westdeutschland: Eine Geschichte der Hierarchiebildung von Grundlagen- und Anwendungsforschung nach 1945*. Nomos. https://books.google.de/books?id=J0-TrgEACAAJ

Lazer, D. M. J., Baum, M. A., Benkler, Y., Berinsky, A. J., Greenhill, K. M., Menczer, F., Metzger, M. J., Nyhan, B., Pennycook, G., Rothschild, D., Schudson, M., Sloman, S. A., Sunstein, C. R., Thorson, E. A., Watts, D. J. & Zittrain, J. L. (2018). The science of fake news. *Science*, *359*(6380), 1094–1096. https://doi.org/10.1126/science.aao2998

Lehrner, J., Kogler, S., Lamm, C., Moser, D., Klug, S., Pusswald, G., Dal-Bianco, P., Pirker, W. & Auff, E. (2015). Awareness of memory deficits in subjective cognitive decline, mild cognitive impairment, Alzheimer's disease and Parkinson's disease. *International Psychogeriatrics*, *27*(3), 357–366. https://doi.org/10.1017/S1041610214002245

Levy, J., Pashler, H. & Boer, E. (2006). Central interference in driving: Is there any stopping the psychological refractory period? *Psychological Science*, *17*(3), 228–235. https://doi.org/10.1111/j.1467-9280.2006.01690.x

Lewandowsky, S. (2021). Conspiracist cognition: Chaos, convenience, and cause for concern. *Journal for Cultural Research*, *25*(1), 12–35. https://doi.org/10.1080/14797585.2021.1886423

Lewandowsky, S., Cook, J., Ecker, U., Albarracín, D., Kendeou, P., Newman, E. J., Pennycook, G., Porter, E., Rand, D. G. & Rapp, D. N. (2020). *The debunking handbook 2020*. https://skepticalscience.com/debunking-handbook-2020-downloads-translations.html

Lewandowsky, S., Gignac, G. E. & Vaughan, S. (2013). The pivotal role of perceived scientific consensus in acceptance of science. *Nature Climate Change*, *3*(4), 399–404. https://doi.org/10.1038/Nclimate1720

Lewandowsky, S., Jetter, M. & Ecker, U. K. H. (2020). Using the president's tweets to understand political diversion in the age of social media. *Nature Communications*, *11*(1), 5764. https://doi.org/10.1038/s41467-020-19644-6

Lewandowsky, S., Stritzke, W. G. K., Freund, A. M., Oberauer, K. & Krueger, J. I. (2013). Misinformation, disinformation, and violent conflict: From Iraq and the »War on Terror« to future threats to peace. *American Psychologist*, *68*(7), 487–501. https://doi.org/10.1037/a0034515

Lewandowsky, S. & Yesilada, M. (2021). Inoculating against the spread of islamophobic and radical-islamist disinformation. *Cognitive Research: Principles and Implications*, *6*(1), 57. https://doi.org/10.1186/s41235-021-00323-z

Li, K. Z. H. & Downey, R. I. (2022). Multitasking in healthy aging and neurodegeneration: Experimental findings and health-related applications In A. Kiesel, L. Johannsen, I. Koch & H. Müller (Eds.), *Handbook of human multitasking* (pp. 431–478). Springer. https://doi.org/10.1007/978-3-031-04760-2_11

Lien, M.-C., Ruthruff, E. & Johnston, J. C. (2006). Attentional limitations in doing two tasks at once: The search for exceptions. *Current Directions in Psychological Science*, *15*(2), 89–93. https://doi.org/10.1111/j.0963-7214.2006.00413.x

Liesefeld, H. R., Krummenacher, J. & Müller, H. J. (angekündigt). Aufmerksamkeit. In J. Müsseler & M. Rieger (Eds.), *Allgemeine Psychologie, 4. Auflage.* Springer.

Liesefeld, H. R., Liesefeld, A. M. & Müller, H. J. (2021). Attentional capture: An ameliorable side-effect of searching for salient targets. *Visual Cognition, 29*(9), 600–603. https://doi.org/10.1080/13506285.2021.1925798

Liesefeld, H. R. & Müller, H. J. (2020). A theoretical attempt to revive the serial/parallel-search dichotomy. *Attention, Perception & Psychophysics, 82*(1), 228–245. https://doi.org/10.3758/s13414-019-01819-z

Liesefeld, H. R. & Müller, H. J. (2021). Modulations of saliency signals at two hierarchical levels of priority computation revealed by spatial statistical distractor learning. *Journal of Experimental Psychology: General, 150*(4), 710–728. https://doi.org/10.1037/xge0000970

Lilienfeld, S. O., Lynn, S. J. & Lohr, J. M. (2015). *Science and pseudoscience in clinical psychology, 2nd ed.* The Guilford Press.

Loftus, E. F., Miller, D. G. & Burns, H. J. (1978). Semantic integration of verbal information into a visual memory. *Journal of Experimental Psychology: Human Learning and Memory, 4*(1), 19–31. https://doi.org/10.1037/0278-7393.4.1.19

Loftus, E. F. & Palmer, J. C. (1974). Reconstruction of automobile destruction: An example of the interaction between language and memory. *Journal of Verbal Learning and Verbal Behavior, 13*(5), 585–589. https://doi.org/10.1016/S0022-5371(74)80011-3

Lord, C. G., Ross, L. & Lepper, M. R. (1979). Biased assimilation and attitude polarization: The effects of prior theories on subsequently considered evidence. *Journal of Personality and Social Psychology, 37*(11), 2098–2109. https://doi.org/10.1037/0022-3514.37.11.2098

Lundeberg, M. A. & Fox, P. W. (1991). Do laboratory findings on test expectancy generalize to classroom outcomes? *Review of Educational Research, 61*(1), 94–106. https://doi.org/10.2307/1170668

Lustig, C., Hasher, L., & Zacks, R. T. (2007). Inhibitory deficit theory: Recent developments in a »new view« In D. S. Gorfein & C. M. MacLeod (Eds.), *Inhibition in cognition* (pp. 145–162). American Psychological Association. https://doi.org/10.1037/11587-008

Lynch, J. G. & Zauberman, G. (2007). Construing consumer decision making. *Journal of Consumer Psychology, 17*(2), 107–112. https://doi.org/10.1016/S1057-7408(07)70016-5

Mace, J. H. (2004). Involuntary autobiographical memories are highly dependent on abstract cuing: The Proustian view is incorrect. *Applied Cognitive Psychology, 18*(7), 893–899. https://doi.org/10.1002/acp.1020

Mack, A. & Rock, I. (1998). Inattentional blindness: Perception without attention. *Visual Attention, 8*(01). https://doi.org/10.7551/mitpress/3707.001.0001

MacLeod, C. M. (1991). Half a century of research on the Stroop effect: An integrative review. *Psychological Bulletin, 109*(2), 163–203. https://doi.org/10.1037/0033-2909.109.2.163

MacLeod, C. M. (2011). I said, you said: The production effect gets personal. *Psychonomic Bulletin & Review, 18*(6), 1197–1202. https://doi.org/10.3758/s13423-011-0168-8

MacLeod, C. M. & Bodner, G. E. (2017). The production effect in memory. *Current Directions in Psychological Science, 26*(4), 390–395. https://doi.org/10.1177/0963721417691356

Maertens, R., Roozenbeek, J., Basol, M. & Linden, S. v. d. (2021). Long-term effectiveness of inoculation against misinformation: Three longitudinal experiments. *Journal of Experimental Psychology: Applied, 27*(1), 1–16. https://doi.org/10.1037/xap0000315

Malmberg, K. J., Raaijmakers, J. G. W. & Shiffrin, R. M. (2019). 50 years of research sparked by Atkinson and Shiffrin (1968). *Memory & Cognition, 47*(4), 561–574. https://doi.org/10.3758/s13421-019-00896-7

Marksteiner, T., Ask, K., Reinhard, M. A. & Granhag, P. A. (2011). Asymmetrical skepticism towards criminal evidence: The role of goal-and belief-consistency. *Applied Cognitive Psychology, 25*(4), 541–547. https://doi.org/10.1002/acp.1719

May, K. E. & Elder, A. D. (2018). Efficient, helpful, or distracting? A literature review of media multitasking in relation to academic performance. *International Journal of Educational Technology in Higher Education, 15*(1), 1–17. https://doi.org/10.1186/s41239-018-0096-z

McAdams, D. P. (2001). The psychology of life stories. *Review of General Psychology, 5*(2), 100–122. https://doi.org/10.1037/1089-2680.5.2.100

McDaniel, M. A., Kowitz, M. D. & Dunay, P. K. (1989). Altering memory through recall: The effects of cue-guided retrieval processing. *Memory & Cognition*, *17*(4), 423–434. https://doi.org/10.3758/Bf03202614

McDaniel, M. A. & Scullin, M. K. (2010). Implementation intention encoding does not automatize prospective memory responding. *Memory & Cognition*, *38*(2), 221–232. https://doi.org/10.3758/MC.38.2.221

McDaniel, M. A., Shelton, J. T., Breneiser, J. E., Moynan, S. & Balota, D. A. (2011). Focal and nonfocal prospective memory performance in very mild dementia: A signature decline. *Neuropsychology*, *25*(3), 387–396. https://doi.org/10.1037/a0021682

McDaniel, M. A., Waddill, P. J. & Einstein, G. O. (1988). A contextual account of the generation effect: A three-factor theory. *Journal of Memory and Language*, *27*(5), 521–536. https://doi.org/10.1016/0749-596X(88)90023-X

McDermott, L. M. & Ebmeier, K. P. (2009). A meta-analysis of depression severity and cognitive function. *Journal of Affective Disorders*, *119*(1–3), 1–8. https://doi.org/10.1016/j.jad.2009.04.022

McEvoy, C. L., Nelson, D. L. & Komatsu, T. (1999). What is the connection between true and false memories? The differential roles of interitem associations in recall and recognition. *Journal of Experimental Psychology: Learning, Memory, and Cognition*, *25*(5), 1177–1194. https://doi.org/10.1037//0278-7393.25.5.1177

McFarland, C. P. & Vasterling, J. J. (2018). Prospective memory in depression: Review of an emerging field. *Archives of Clinical Neuropsychology*, *33*(7), 912–930. https://doi.org/10.1093/arclin/acx118

Medalia, A. & Lim, R. W. (2004). Self-awareness of cognitive functioning in schizophrenia. *Schizophrenia Research*, *71*(2–3), 331–338. https://doi.org/10.1016/j.schres.2004.03.003

Melby-Lervåg, M., Redick, T. S. & Hulme, C. (2016). Working memory training does not improve performance on measures of intelligence or other measures of »far transfer«: Evidence from a meta-analytic review. *Perspectives on Psychological Science*, *11*(4), 512–534. https://doi.org/10.1177/1745691616635612

Mele, A. R. (1997). Real self-deception. *Behavioral and Brain Sciences*, *20*(1), 91–102. https://doi.org/10.1017/s0140525x97000034

Mendes, M., Schwaninger, A. & Michel, S. (2013). Can laptops be left inside passenger bags if motion imaging is used in X-ray security screening? *Frontiers in Human Neuroscience*, *7*, 654. https://doi.org/10.3389/fnhum.2013.00654

Meyer, G. (1936). The effect of recall and recognition on the examination set in classroom situations. *Journal of Educational Psychology*, *27*(2), 81–99. https://doi.org/10.1037/h0059333

Micallef, N., Avram, M., Menczer, F. & Patil, S. (2021). Fakey: A game intervention to improve news literacy on social media. *Proceedings of the ACM on Human-Computer Interaction*, *5*(1), 1–27. https://doi.org/10.1145/3449080

Middlebrooks, C. D., Murayama, K. & Castel, A. D. (2017). Test expectancy and memory for important information. *Journal of Experimental Psychology: Learning, Memory, and Cognition*, *43*(6), 972–985. https://doi.org/10.1037/xlm0000360

Mijović-Prelec, D. & Prelec, D. (2010). Self-deception as self-signalling: A model and experimental evidence. *Philosophical Transactions of the Royal Society B: Biological Sciences*, *365*(1538), 227–240. https://doi.org/10.1098/rstb.2009.0218

Miller, G. A. (1956). The magical number seven, plus or minus two: Some limits on our capacity for processing information. *Psychological Review*, *63*(2), 81–97. https://doi.org/10.1037/h0043158

Miller, G. A. (2003). The cognitive revolution: A historical perspective. *Trends in Cognitive Sciences*, *7*(3), 141–144. https://doi.org/10.1016/s1364-6613(03)00029-9

Mitroff, S. R. & Biggs, A. T. (2014). The ultra-rare-item effect: Visual search for exceedingly rare items is highly susceptible to error. *Psychological Science*, *25*(1), 284–289. https://doi.org/10.1177/0956797613504221

Mitroff, S. R., Biggs, A. T. & Cain, M. S. (2015). Multiple-target visual search errors: Overview and implications for airport security. *Policy Insights from the Behavioral and Brain Sciences*, *2*(1), 121–128. https://doi.org/10.1177/2372732215601111

Modirrousta-Galian, A. & Higham, P. A. (2023). Gamified inoculation interventions do not improve discrimination between true and fake news: Reanalyzing existing research with receiver operating characteristic analysis. *Journal of Experimental Psychology: General, 152*(9), 2411–2437. https://doi.org/10.1037/xge0001395

Monteiro, T., Vasconcelos, M. & Kacelnik, A. (2013). Starlings uphold principles of economic rationality for delay and probability of reward. *Proceedings of the Royal Society B: Biological Sciences, 280*(1756), 20122386. https://doi.org/10.1098/rspb.2012.2386

Monteiro, T. S., Beets, I. A., Boisgontier, M. P., Gooijers, J., Pauwels, L., Chalavi, S., King, B., Albouy, G. & Swinnen, S. P. (2017). Relative cortico-subcortical shift in brain activity but preserved training-induced neural modulation in older adults during bimanual motor learning. *Neurobiology of Aging, 58*, 54–67.

Morris, C. D., Bransford, J. D. & Franks, J. J. (1977). Levels of processing versus transfer appropriate processing. *Journal of Verbal Learning and Verbal Behavior, 16*(5), 519–533. https://doi.org/10.1016/S0022-5371(77)80016-9

Moscovici, S. (1987). The conspiracy mentality. In C. F. Graumann, S. Moscovici, (Eds.) *Changing conceptions of conspiracy* (pp. 151–169). Springer. https://doi.org/10.1007/978-1-4612-4618-3_9

Mosier, K. L. & Manzey, D. (2020). Humans and automated decision aids: A match made in heaven? In M. Mouloua & P. A. Hancock (Eds.), *Human performance in automated and autonomous systems: Current theory and methods* (pp. 19–42). CRC Press. https://doi.org/10.14279/depositonce-10992

Mullen, M. K. (1994). Earliest recollections of childhood: A demographic analysis. *Cognition, 52*(1), 55–79. https://doi.org/10.1016/0010-0277(94)90004-3

Müller, S., Roche, F. & Manzey, D. (2019). Attitude indicator format: How difficult is the transition between different reference systems? *Aviation Psychology and Applied Human Factors, 9*(2), 95–105. https://doi.org/10.1027/2192-0923/a000168

Müller, S., Sadovitch, V. & Manzey, D. (2018). Attitude indicator design in primary flight display: Revisiting an old issue with current technology. *The International Journal of Aerospace Psychology, 28*(1–2), 46–61. https://doi.org/10.1080/24721840.2018.1486714

Mulligan, N. W. & Picklesimer, M. (2016). Attention and the testing effect. *Journal of Experimental Psychology: Learning, Memory, and Cognition, 42*(6), 938–950. https://doi.org/10.1037/xlm0000227

Munawar, K., Kuhn, S. K. & Haque, S. (2018). Understanding the reminiscence bump: A systematic review. *PLoS One, 13*(12), e0208595. https://doi.org/10.1371/journal.pone.0208595

Müsseler, J. & Skottke, E.-M. (2011). Compatibility relationships with simple lever tools. *Human Factors, 53*(4), 383–390. https://doi.org/10.1177/0018720811408599

Muthukrishna, M. & Henrich, J. (2019). A problem in theory. *Nature Human Behaviour, 3*(3), 221–229. https://doi.org/10.1038/s41562-018-0522-1

Nadarevic, L., Reber, R., Helmecke, A. J. & Köse, D. (2020). Perceived truth of statements and simulated social media postings: An experimental investigation of source credibility, repeated exposure, and presentation format. *Cognitive Research: Principles and Implications, 5*(1), 56. https://doi.org/10.1186/s41235-020-00251-4

Narushima, M., Liu, J. & Diestelkamp, N. (2018). Lifelong learning in active ageing discourse: Its conserving effect on wellbeing, health and vulnerability. *Ageing & Society, 38*(4), 651–675. https://doi.org/10.1017/S0144686x16001136

National Academies of Sciences, Engineering & Medicine (2020). *The endless frontier: The next 75 years in science.* The National Academies Press. https://doi.org/10.17226/25990

Naveh-Benjamin, M., Craik, F. I. M., Guez, J. & Dori, H. (1998). Effects of divided attention on encoding and retrieval processes in human memory: Further support for an asymmetry. *Journal of Experimental Psychology: Learning, Memory, and Cognition, 24*(5), 1091–1104. https://doi.org/10.1037/0278-7393.24.5.1091

Navon, D. & Miller, J. (2002). Queuing or sharing? A critical evaluation of the single-bottleneck notion. *Cognitive Psychology, 44*(3), 193–251. https://doi.org/10.1006/cogp.2001.0767

Neisser, U. (1967). *Cognitive psychology.* Appleton-Century-Crofts.

Nelson, K. (1993). The psychological and social origins of autobiographical memory. *Psychological Science*, *4*(1), 7–14. https://doi.org/10.1111/j.1467-9280.1993.tb00548.x

Neuroskeptic (2012). The nine circles of scientific hell. *Perspectives on Psychological Science*, *7*(6), 643–644. https://doi.org/10.1177/1745691612459519

Newell, B. R., Lagnado, D. A. & Shanks, D. R. (2022). *Straight choices: The psychology of decision making*. Psychology Press. https://doi.org/10.4324/9781003289890

Neyman, J. (1992). On the two different aspects of the representative method: The method of stratified sampling and the method of purposive selection. In S. Kotz & N. L. Johnson (Eds.), *Breakthroughs in statistics: Methodology and distribution* (pp. 123–150). Springer New York. https://doi.org/10.1007/978-1-4612-4380-9_12

Neys, W. D. (2006). Dual processing in reasoning: Two systems but one reasoner. *Psychological Science*, *17*(5), 428–433. https://doi.org/10.1111/j.1467-9280.2006.01723.x

Noyes, E., Phillips, P. J. & O'Toole, A. J. (2017). What is a super-recogniser? In E. Noyes, P. J. Phillips & A. J. O'Toole (eds.). *Face processing: Systems, disorders and cultural Differences* (pp. 173–201). Nova Science Publishers Inc.

Nyhan, B. & Reifler, J. (2010). When corrections fail: The persistence of political misperceptions. *Political Behavior*, *32*(2), 303–330. https://doi.org/10.1007/s11109-010-9112-2

Oaksford, M. & Hall, S. (2016). On the source of human irrationality. *Trends in Cognitive Sciences*, *20*(5), 336–344. https://doi.org/10.1016/j.tics.2016.03.002

Oberauer, K. & Lewandowsky, S. (2019). Addressing the theory crisis in psychology. *Psychonomic Bulletin & Review*, *26*(5), 1596–1618. https://doi.org/10.3758/s13423-019-01645-2

Oberauer, K., Lewandowsky, S., Awh, E., Brown, G. D. A., Conway, A., Cowan, N., Donkin, C., Farrell, S., Hitch, G. J., Hurlstone, M. J., Ma, W. J., Morey, C. C., Nee, D. E., Schweppe, J., Vergauwe, E. & Ward, G. (2018). Benchmarks for models of short-term and working memory. *Psychological Bulletin*, *144*(9), 885–958. https://doi.org/10.1037/bul0000153

Oberauer, K., Lewandowsky, S., Farrell, S., Jarrold, C. & Greaves, M. (2012). Modeling working memory: An interference model of complex span. *Psychonomic Bulletin & Review*, *19*(5), 779–819. https://doi.org/10.3758/s13423-012-0272-4

OECD (2002). *Frascati manual 2002*. https://doi.org/10.1787/9789264199040-en

OECD (2015). *Frascati manual 2015*. https://doi.org/10.1787/9789264239012-en

OECD (2018). *Frascati-Handbuch 2015*. https://doi.org/10.1787/9789264291638-de

Open Science Collaboration (2015). Estimating the reproducibility of psychological science. *Science*, *349*(6251), aac4716. https://doi.org/10.1126/science.aac4716

Ophir, E., Nass, C. & Wagner, A. D. (2009). Cognitive control in media multitaskers. *Proceedings of the National Academy of Sciences*, *106*(37), 15583–15587. https://doi.org/doi:10.1073/pnas.0903620106

Ordemann, G. J., Opper, J. & Davalos, D. (2014). Prospective memory in schizophrenia: A review. *Schizophrenia Research*, *155*(1–3), 77–89. https://doi.org/10.1016/j.schres.2014.03.008

Pashler, H. (1994). Dual-task interference in simple tasks: Data and theory. *Psychological Bulletin*, *116*(2), 220–244. https://doi.org/10.1037/0033-2909.116.2.220

Pashler, H. & Harris, C. R. (2012). Is the replicability crisis overblown? Three arguments examined. *Perspectives on Psychological Science*, *7*(6), 531–536. https://doi.org/10.1177/1745691612463401

Pashler, H., Kang, S. H. K. & Ip, R. Y. (2013). Does multitasking impair studying? Depends on timing. *Applied Cognitive Psychology*, *27*(5), 593–599. https://doi.org/10.1002/acp.2919

Pashler, H., McDaniel, M., Rohrer, D. & Bjork, R. (2008). Learning styles: Concepts and evidence. *Psychological Science in the Public interest*, *9*(3), 105–119. https://doi.org/10.1111/j.1539-6053.2009.01038.x

Payne, J. W., Bettman, J. R. & Johnson, E. J. (1988). Adaptive strategy selection in decision-making. *Journal of Experimental Psychology: Learning, Memory, and Cognition*, *14*(3), 534–552. https://doi.org/10.1037/0278-7393.14.3.534

Paynter, J., Luskin-Saxby, S., Keen, D., Fordyce, K., Frost, G., Imms, C., Miller, S., Trembath, D., Tucker, M. & Ecker, U. (2019). Evaluation of a template for countering misinformation-Real-world Autism treatment myth debunking. *PLoS One*, *14*(1), e0210746. https://doi.org/10.1371/journal.pone.0210746

Pennycook, G., Cannon, T. D. & Rand, D. G. (2018). Prior exposure increases perceived accuracy of fake news. *Journal of Experimental Psychology: General, 147*(12), 1865–1880. https://doi.org/10.1037/xge0000465

Pennycook, G., Epstein, Z., Mosleh, M., Arechar, A. A., Eckles, D. & Rand, D. G. (2021). Shifting attention to accuracy can reduce misinformation online. *Nature, 592*(7855), 590–595. https://doi.org/10.1038/s41586-021-03344-2

Pennycook, G. & Rand, D. G. (2019). Lazy, not biased: Susceptibility to partisan fake news is better explained by lack of reasoning than by motivated reasoning. *Cognition, 188*, 39–50. https://doi.org/10.1016/j.cognition.2018.06.011

Petersen-Brown, S., Lundberg, A. R., Ray, J. E., Dela Paz, I. N., Riss, C. L. & Panahon, C. J. (2019). Applying spaced practice in the schools to teach math vocabulary. *Psychology in the Schools, 56*(6), 977–991. https://doi.org/10.1002/pits.22248

Pfeiffer, T. & Czech, T. (2001). Working memory limitation as a source of confusion in the abstract THOG task. *Psychological Research, 65*(4), 279–288. https://doi.org/10.1007/s004260100060

Pfister, R. & Janczyk, M. (2012). Harleß' apparatus of will: 150 years later. *Psychological Research, 76*(5), 561–565. https://doi.org/10.1007/s00426-011-0362-3

Pfister, R., Kiesel, A. & Melcher, T. (2010). Adaptive control of ideomotor effect anticipations. *Acta Psychologica, 135*(3), 316–322. https://doi.org/10.1016/j.actpsy.2010.08.006

Pfister, R. & Kunde, W. (2013). Dissecting the response in response-effect compatibility. *Experimental Brain Research, 224*(4), 647–655. https://doi.org/10.1007/s00221-012-3343-x

Pillemer, D. B. (2001). Momentous events and the life story. *Review of General Psychology, 5*(2), 123–134. https://doi.org/10.1037/1089-2680.5.2.123

Popper, K. R. (1959). *The logic of scientific discovery*. Hutchinson.

Previc, F. H. & Ercoline, W. R. (1999). The ›outside-in‹ attitude display concept revisited. *The International Journal of Aviation Psychology, 9*(4), 377–401. https://doi.org/10.1207/s15327108ijap0904_5

Proctor, R. W. & Vu, K.-P. L. (2002). Mixing location-irrelevant and location-relevant trials: Influence of stimulus mode on spatial compatibility effects. *Memory & Cognition, 30*(2), 281–293. https://doi.org/10.3758/bf03195289

Projekt: Fehlurteil und Wiederaufnahme (2023). Retrieved 11.04.2023, from https://www.wiederaufnahme.com/

Proust, M. (2000). *In search of lost time, (Vol. III): The Guermantes way*. Modern Library. https://doi.org/10.2307/j.ctv7cjw5h

Raat, E. M., Farr, I., Wolfe, J. M. & Evans, K. K. (2021). Comparable prediction of breast cancer risk from a glimpse or a first impression of a mammogram. *Cognitive Research: Principles and Implications, 6*(1), 72. https://doi.org/10.1186/s41235-021-00339-5

Raat, E. M., Kyle-Davidson, C. & Evans, K. K. (2023). Using global feedback to induce learning of gist of abnormality in mammograms. *Cognitive Research: Principles and Implications, 8*(1), 3. https://doi.org/10.1186/s41235-022-00457-8

Ramsey, F. P. (1929/1990). Philosophical papers. In D. H. Mellor (Ed.) *Philosophical papers*, Cambridge University Press.

Rasmussen, A. S. & Berntsen, D. (2009). The possible functions of involuntary autobiographical memories. *Applied Cognitive Psychology, 23*(8), 1137–1152. https://doi.org/10.1002/acp.1615

Ratcliff, R. (1978). A theory of memory retrieval. *Psychological Review, 85*(2), 59–108. https://doi.org/10.1037/0033-295X.85.2.59

Rau, M. A., Aleven, V. & Rummel, N. (2013). Interleaved practice in multi-dimensional learning tasks: Which dimension should we interleave? *Learning and Instruction, 23*, 98–114. https://doi.org/10.1016/j.learninstruc.2012.07.003

Recarte, M. A. & Nunes, L. M. (2000). Effects of verbal and spatial-imagery tasks on eye fixations while driving. *Journal of Experimental Psychology: Applied, 6*(1), 31–43. https://doi.org/10.1037/1076-898x.6.1.31

Reimer, B. (2009). Impact of cognitive task complexity on drivers' visual tunneling. *Transportation Research Record, 2138*(1), 13–19. https://doi.org/10.3141/2138-03

Rendell, P. G. & Craik, F. I. M. (2000). Virtual week and actual week: Age-related differences in prospective memory. *Applied Cognitive Psychology, 14*(7), S43-S62. https://doi.org/10.1002/acp.770

Renkewitz, F. & Heene, M. (2019). The replication crisis and open science in psychology. *Zeitschrift für Psychologie, 227*(4), 233–236. https://doi.org/10.1027/2151-2604/a000389

Rice, S., Keller, D., Trafimow, D. & Sandry, J. (2010). Retention of a time pressure heuristic in a target identification task. *Journal of General Psychology, 137*(3), 239–255. https://doi.org/10.1080/00221309.2010.484447

Ridderinkhof, K. R. (2002). Activation and suppression in conflict tasks: Empirical clarification through distributional analyses. In W. Prinz & B. Hommel (Eds.), *Common mechanisms in perception and action. Attention and performance XIX* (pp. 494–519). Oxford University Press.

Rieger, T. & Manzey, D. (2022a). Human performance consequences of automated decision aids: The impact of time pressure. *Human Factors, 64*(4), 617–634. https://doi.org/10.1177/0018720820965019

Rieger, T. & Manzey, D. (2022b). Understanding the impact of time pressure and automation support in a visual search task. *Human Factors*. https://doi.org/10.1177/00187208221111236

Ripoll, H., Kerlirzin, Y., Stein, J.-F. & Reine, B. (1995). Analysis of information processing, decision making, and visual strategies in complex problem solving sport situations. *Human Movement Science, 14*(3), 325–349. https://doi.org/10.1016/0167-9457(95)00019-O

Ripp, T. & Röer, J. P. (2022). Systematic review on the association of COVID-19-related conspiracy belief with infection-preventive behavior and vaccination willingness. *BMC Psychology, 10*(1), 66. https://doi.org/10.1186/s40359-022-00771-2

Risko, E. F. & Gilbert, S. J. (2016). Cognitive offloading. *Trends in Cognitive Sciences, 20*(9), 676–688. https://doi.org/10.1016/j.tics.2016.07.002

Rivers, M. L. & Dunlosky, J. (2021). Are test-expectancy effects better explained by changes in encoding strategies or differential test experience? *Journal of Experimental Psychology: Learning, Memory, and Cognition, 47*(2), 195–207. https://doi.org/10.1037/xlm0000949

Roediger, H. L. & Karpicke, J. D. (2006). Test-enhanced learning: Taking memory tests improves long-term retention. *Psychological Science, 17*(3), 249–255. https://doi.org/10.1111/j.1467-9280.2006.01693.x

Roediger, H. L. & McDermott, K. B. (1995). Creating false memories: Remembering words not presented in lists. *Journal of Experimental Psychology: Learning, Memory, and Cognition, 21*(4), 803–814. https://doi.org/10.1037/0278-7393.21.4.803

Rohrer, D., Dedrick, R. F., Hartwig, M. K. & Cheung, C.-N. (2020). A randomized controlled trial of interleaved mathematics practice. *Journal of Educational Psychology, 112*(1), 40–52. https://doi.org/10.1037/edu0000367

Rohrer, D., Dedrick, R. F. & Stershic, S. (2015). Interleaved practice improves mathematics learning. *Journal of Educational Psychology, 107*(3), 900–908. https://doi.org/10.1037/edu0000001

Roozenbeek, J. & Van der Linden, S. (2020). Breaking harmony square: A game that »inoculates« against political misinformation. *The Harvard Kennedy School Misinformation Review, 1*(8). https://doi.org/10.37016/mr-2020-47

Roscoe, S. N. (1968). Airborne displays for flight and navigation. *Human Factors, 10*(4), 321–332. https://doi.org/10.1177/001872086801000402

Rosenthal, R. & Jacobson, L. (1966). Teachers' expectancies: Determinants of pupils' IQ gains. *Psychological Reports, 19*(1), 115–118. https://doi.org/10.2466/pr0.1966.19.1.115

Rothman, K. J., Gallacher, J. E. & Hatch, E. E. (2013). Why representativeness should be avoided. *International Journal of Epidemiology, 42*(4), 1012–1014. https://doi.org/10.1093/ije/dys223

Rowland, C. A. (2014). The effect of testing versus restudy on retention: A meta-analytic review of the testing effect. *Psychological Bulletin, 140*(6), 1432–1463. https://doi.org/10.1037/a0037559

Rubin, D. C. & Berntsen, D. (2003). Life scripts help to maintain autobiographical memories of highly positive, but not highly negative, events. *Memory & Cognition, 31*(1), 1–14. https://doi.org/10.3758/bf03196077

Rubin, D. C., Boals, A. & Berntsen, D. (2008). Memory in posttraumatic stress disorder: Properties of voluntary and involuntary, traumatic and nontraumatic autobiographical memories in people with and without posttraumatic stress disorder symptoms. *Journal of Experimental Psychology: General, 137*(4), 591–614. https://doi.org/10.1037/a0013165

Rubin, D. C. & Schulkind, M. D. (1997a). The distribution of autobiographical memories across the lifespan. *Memory & Cognition, 25*(6), 859–866. https://doi.org/10.3758/bf03211330

Rubin, D. C. & Schulkind, M. D. (1997b). Distribution of important and word-cued autobiographical memories in 20-, 35-, and 70-year-old adults. *Psychology and Aging, 12*(3), 524–535. https://doi.org/10.1037//0882-7974.12.3.524

Rummel, J., Danner, D. & Kuhlmann, B. G. (2019). The short version of the Metacognitive Prospective Memory Inventory (MPMI-s): Factor structure, reliability, validity, and reference data. *Measurement Instruments for the Social Sciences, 1*, 1–8. https://doi.org/10.1186/s42409-019-0008-6

Rummel, J. & Kvavilashvili, L. (2023). Current theories of prospective memory and new directions for theory development. *Nature Reviews Psychology, 2*(1), 40–54. https://doi.org/10.1038/s44159-022-00121-4

Rummel, J., Snijder, J.-P. & Kvavilashvili, L. (2022). Prospective memories in the wild: Predicting memory for intentions in natural environments. *Memory & Cognition, 51*(5), 1061–1075. https://doi.org/10.3758/s13421-022-01379-y

Sala, G., Aksayli, N. D., Tatlidil, K. S., Gondo, Y. & Gobet, F. (2019). Working memory training does not enhance older adults' cognitive skills: A comprehensive meta-analysis. *Intelligence, 77*, 101386. https://doi.org/10.1016/j.intell.2019.101386

Salthouse, T. A. (2016). *Theoretical perspectives on cognitive aging*. Psychology Press.

Sana, F., Weston, T. & Cepeda, N. J. (2013). Laptop multitasking hinders classroom learning for both users and nearby peers. *Computers & Education, 62*, 24–31. https://doi.org/10.1016/j.compedu.2012.10.003

Sanders, A. F. (1990). Issues and trends in the debate on discrete vs. continuous processing of information. *Acta Psychologica, 74*(2–3), 123–167. https://doi.org/10.1016/0001-6918(90)90004-Y

Santos-Lozano, A., Pareja-Galeano, H., Sanchis-Gomar, F., Quindós-Rubial, M., Fiuza-Luces, C., Cristi-Montero, C., Emanuele, E., Garatachea, N., & Lucia, A. (2016). Physical Activity and Alzheimer Disease: A Protective Association. *Mayo Clinic Proceedings, 91*(8), 999–1020. https://doi.org/10.1016/j.mayocp.2016.04.024

Sauer, J. D., Palmer, M. A. & Brewer, N. (2019). Pitfalls in using eyewitness confidence to diagnose the accuracy of an individual identification decision. *Psychology, Public Policy, and Law, 25*(3), 147–165. https://doi.org/10.1037/law0000203

Sauerland, M., Krix, A. C., van Kan, N., Glunz, S. & Sak, A. (2014). Speaking is silver, writing is golden? The role of cognitive and social factors in written versus spoken witness accounts. *Memory & Cognition, 42*(6), 978–992. https://doi.org/10.3758/s13421-014-0401-6

Sauerland, M. & Sporer, S. L. (2011). Written vs. spoken eyewitness accounts: Does modality of testing matter? *Behavioral Sciences & the Law, 29*(6), 846–857. https://doi.org/10.1002/bsl.1013

Savader, S. J., Lillemoe, K. D., Prescott, C. A., Winick, A. B., Venbrux, A. C., Lund, G. B., Mitchell, S. E., Cameron, J. L. & Osterman Jr, F. A. (1997). Laparoscopic cholecystectomy-related bile duct injuries: A health and financial disaster. *Annals of Surgery, 225*(3), 268–273. https://doi.org/10.1097/00000658-199703000-00005

Scarf, D., Gross, J., Colombo, M. & Hayne, H. (2013). To have and to hold: Episodic memory in 3- and 4-year-old children. *Developmental Psychobiology, 55*(2), 125–132. https://doi.org/10.1002/dev.21004

Schacter, D. L. (1999). The seven sins of memory: Insights from psychology and cognitive neuroscience. *American Psychologist, 54*(3), 182–203. https://doi.org/10.1037//0003-066x.54.3.182

Schacter, D. L. (2002). *The seven sins of memory: How the mind forgets and remembers*. Houghton, Mifflin and Company..

Schacter, D. L. (2021). *The seven sins of memory: How the mind forgets and remembers (updated edition)*. Houghton Mifflin Harcourt.

Schacter, D. L. (2022a). Memory sins in applied settings: What kind of progress? *Journal of Applied Research in Memory and Cognition*, *11*(4), 445–460. https://doi.org/10.1037/mac0000078

Schacter, D. L. (2022b). The seven sins of memory: An update. *Memory*, *30*(1), 37–42. https://doi.org/10.1080/09658211.2021.1873391

Schacter, D. L. & Squire, L. R. (1996). Searching for memory: The brain, the mind and the past. *Nature*, *382*(6591), 503–503.

Schlagman, S. & Kvavilashvili, L. (2008). Involuntary autobiographical memories in and outside the laboratory: How different are they from voluntary autobiographical memories? *Memory & Cognition*, *36*(5), 920–932. https://doi.org/10.3758/mc.36.5.920

Schmid, P. & Betsch, C. (2019). Effective strategies for rebutting science denialism in public discussions. *Nature Human Behaviour*, *3*(9), 931–939. https://doi.org/10.1038/s41562-019-0632-4

Schmidt, F. L. & Hunter, J. E. (1998). The validity and utility of selection methods in personnel psychology: Practical and theoretical implications of 85 years of research findings. *Psychological Bulletin*, *124*(2), 262–274. https://doi.org/10.1037/0033-2909.124 2.262

Schmidt, S. R. (1983). The effects of recall and recognition test expectancies on the retention of prose. *Memory & Cognition*, *11*(2), 172–180. https://doi.org/10.3758/bf03213472

Schnitzspahn, K. M., Kvavilashvili, L. & Altgassen, M. (2020). Redefining the pattern of age-prospective memory-paradox: New insights on age effects in lab-based, naturalistic, and self-assigned tasks. *Psychological Research*, *84*(5), 1370–1386. https://doi.org/10.1007/s00426-018-1140-2

Schumacher, E. H., Seymour, T. L., Glass, J. M., Fencsik, D. E., Lauber, E. J., Kieras, D. E. & Meyer, D. E. (2001). Virtually perfect time sharing in dual-task performance: Uncorking the central cognitive bottleneck. *Psychological Science*, *12*(2), 101–108. https://doi.org/10.1111/1467-9280.00318

Schwaighofer, M., Fischer, F. & Bühner, M. (2015). Does working memory training transfer? A meta-analysis including training conditions as moderators. *Educational Psychologist*, *50*(2), 138–166. https://doi.org/10.1080/00461520.2015.1036274

Schwaninger, A. (2006). Threat image projection: Enhancing performance? *Aviation Security International*, 36–41 https://doi.org/10.26041/fhnw-2096

Schwartz, A. & Bergus, G. (2008). *Medical decision making: A physician's guide*. Cambridge University Press.

Schwieren, J., Barenberg, J. & Dutke, S. (2017). The testing effect in the psychology classroom: A meta-analytic perspective. *Psychology Learning & Teaching*, *16*(2), 179–196. https://doi.org/10.1177/1475725717695149

Seabrook, R., Brown, G. D. A. & Solity, J. E. (2005). Distributed and massed practice: From laboratory to classroom. *Applied Cognitive Psychology*, *19*(1), 107–122. https://doi.org/10.1002/acp.1066

Shadish, W. R., Cook, T. D. & Campbell, D. T. (2002). *Experimental and quasi-experimental designs for generalized causal inference*. Houghton, Mifflin and Company.

Shaffer, L. H. (1965). Choice reaction with variable S-R mapping. *Journal of Experimental Psychology*, *70*(3), 284–288. https://doi.org/10.1037/h0022207

Shelton, J. T., Lee, J. H., Scullin, M. K., Rose, N. S., Rendell, P. G. & McDaniel, M. A. (2016). Improving prospective memory in healthy older adults and individuals with very mild Alzheimer's disease. *Journal of the American Geriatrics Society*, *64*(6), 1307–1312. https://doi.org/10.1111/jgs.14134

Sherman, D. K. & Cohen, G. L. (2002). Accepting threatening information: Self-Affirmation and the reduction of defensive biases. *Current Directions in Psychological Science*, *11*(4), 119–123. https://doi.org/10.1111/1467-8721.00182

Shtulman, A. & Valcarcel, J. (2012). Scientific knowledge suppresses but does not supplant earlier intuitions. *Cognition*, *124*(2), 209–215. https://doi.org/10.1016/j.cognition.2012.04.005

Sibi, S., Ayaz, H., Kuhns, D. P., Sirkin, D. M. & Ju, W. (2016, 19–22 June 2016). Monitoring driver cognitive load using functional near infrared spectroscopy in partially autonomous cars. *IEEE Intelligent Vehicles Symposium* (IV). https://www.wendyju.com/publications/0397.pdf

Sim, I., Gorman, P., Greenes, R. A., Haynes, R. B., Kaplan, B., Lehmann, H. & Tang, P. C. (2001). Clinical decision support systems for the practice of evidence-based medicine. *Journal of the American Medical Informatics Association*, 8(6), 527–534. https://doi.org/10.1136/jamia.2001.0080527

Simcock, G. & Hayne, H. (2002). Breaking the barrier? Children fail to translate their preverbal memories into language. *Psychological Science*, 13(3), 225–231. https://doi.org/10.1111/1467-9280.00442

Simon, H. A. (1956). Rational choice and the structure of the environment. *Psychological Review*, 63(2), 129–138. https://doi.org/10.1037/h0042769

Simon, J. R. & Rudell, A. P. (1967). Auditory S-R compatibility: The effect of an irrelevant cue on information processing. *Journal of Applied Psychology*, 51(3), 300–304. https://doi.org/10.1037/h0020586

Simon, J. R. & Small Jr, A. M. (1969). Processing auditory information: Interference from an irrelevant cue. *Journal of Applied Psychology*, 53(5), 433–435. https://doi.org/10.1037/h0028034

Simons, D. J. & Chabris, C. F. (1999). Gorillas in our midst: Sustained inattentional blindness for dynamic events. *Perception*, 28(9), 1059–1074. https://doi.org/10.1068/p281059

Simons, D. J. & Schlosser, M. D. (2017). Inattentional blindness for a gun during a simulated police vehicle stop. *Cognitive Research: Principles and Implications*, 2(1), 37. https://doi.org/10.1186/s41235-017-0074-3

Simons, D. J., Shoda, Y. & Lindsay, D. S. (2017). Constraints on generality (COG): A proposed addition to all empirical papers. *Perspectives on Psychological Science*, 12(6), 1123–1128. https://doi.org/10.1177/1745691617708630

Skinner, B. F. (1999). *Cumulative record: Definitive edition.* BF Skinner Foundation.

Slamecka, N. J. & Graf, P. (1978). The generation effect: Delineation of a phenomenon. *Journal of Experimental Psychology: Human Learning and Memory*, 4(6), 592–604. https://doi.org/10.1037/0278-7393.4.6.592

Society for Medical Decision Making (2023). *Definition of medical decision making.* Retrieved 22.08.2023, from https://smdm.org/hub/page/definition-of-medical-decision-making/about

Smith, G. E. (1997). J. J. Thomson and the electron: 1897–1899: An introduction. *The Chemical Educator*, 2(6), 1–42. https://doi.org/10.1007/s00897970149a

Smith, M. J. (1967). *Error and variation in diagnostic radiology.* C.C. Thomas.

Snodgrass, J. G. & Corwin, J. (1988). Pragmatics of measuring recognition memory: Applications to dementia and amnesia. *Journal of Experimental Psychology: General*, 117(1), 34–50. https://doi.org/10.1037//0096-3445.117.1.34

Southwell, B. G., Niederdeppe, J., Cappella, J. N., Gaysynsky, A., Kelley, D. E., Oh, A., Peterson, E. B. & Chou, W.-Y. S. (2019). Misinformation as a misunderstood challenge to public health. *American Journal of Preventive Medicine*, 57(2), 282–285. https://doi.org/10.1016/j.amepre.2019.03.009

Spelke, E., Hirst, W. & Neisser, U. (1976). Skills of divided attention. *Cognition*, 4(3), 215–230. https://doi.org/10.1016/0010-0277(76)90018-4

Sperling, G. (1960). The information available in brief visual presentations. *Psychological Monographs: General and Applied*, 74, 1–29. https://doi.org/10.1037/h0093759

Stanislaw, H. & Todorov, N. (1999). Calculation of signal detection theory measures. *Behavior Research Methods, Instruments, & Computers*, 31(1), 137–149. https://doi.org/10.3758/BF03207704

Stanley, M. L., Henne, P., Iyengar, V., Sinnott-Armstrong, W. & De Brigard, F. (2017). I'm not the person I used to be: The self and autobiographical memories of immoral actions. *Journal of Experimental Psychology: General*, 146(6), 884–895. https://doi.org/10.1037/xge0000317

Stanovich, K. E. (2009). *What intelligence tests miss: The psychology of rational thought.* Yale University Press.

Stanovich, K. E. (2013). Why humans are (sometimes) less rational than other animals: Cognitive complexity and the axioms of rational choice. *Thinking & Reasoning, 19*(1), 1–26. https://doi.org/10.1080/13546783.2012.713178

Stanovich, K. E. & West, R. F. (1998). Individual differences in rational thought. *Journal of Experimental Psychology: General, 127*(2), 161–188. https://doi.org/10.1037/0096-3445.127.2.161

Starbuck, W. H. (2016). 60th anniversary essay: How journals could improve research practices in social science. *Administrative Science Quarterly, 61*(2), 165–183. https://doi.org/10.1177/0001839216629644

Stasielowicz, L. (2022). Who believes in conspiracy theories? A meta-analysis on personality correlates. *Journal of Research in Personality, 98*, 104229. https://doi.org/10.1016/j.jrp.2022.104229

Steffens, K. (2015). Competences, learning theories and MOOCs: Recent developments in lifelong learning. *European Journal of Education, 50*(1), 41–59. https://doi.org/10.1111/ejed.12102

Steffens, M. S., Dunn, A. G., Wiley, K. E. & Leask, J. (2019). How organisations promoting vaccination respond to misinformation on social media: A qualitative investigation. *BMC Public Health, 19*(1), 1348. https://doi.org/10.1186/s12889-019-7659-3

Steindorf, L., Pink, S., Rummel, J. & Smallwood, J. (2023). When there is noise on Sherlock Holmes: Mind wandering increases with perceptual processing difficulty during reading and listening. *Cognitive Research: Principles and Implications, 8*(1), 31. https://doi.org/10.1186/s41235-023-00483-0

Steinmayr, R. & Spinath, B. (2009). The importance of motivation as a predictor of school achievement. *Learning and Individual Differences, 19*(1), 80–90. https://doi.org/10.1016/j.lindif.2008.05.004

Stock, A. & Stock, C. (2004). A short history of ideo-motor action. *Psychological Research, 68*(2–3), 176–188. https://doi.org/10.1007/s00426-003-0154-5

Stojanov, A. & Halberstadt, J. (2020). Does lack of control lead to conspiracy beliefs? A meta-analysis. *European Journal of Social Psychology, 50*(5), 955–968. https://doi.org/10.1002/ejsp.2690

Stokes, D. E. (1997). *Pasteur's quadrant: Basic science and technological innovation.* Brookings Institution Press.

Stopford, C. L., Thompson, J. C., Neary, D., Richardson, A. M. T. & Snowden, J. S. (2012). Working memory, attention and executive function in Alzheimer's disease and frontotemporal dementia. *Cortex, 48*(4), 429–446. https://doi.org/10.1016/j.cortex.2010.12.002

Straughn, S. M., Gray, R. & Tan, H. Z. (2009). To go or not to go: Stimulus-response compatibility for tactile and auditory pedestrian collision warnings. *IEEE Transactions on Haptics, 2*(2), 111–117. https://doi.org/10.1109/TOH.2009.15

Strayer, D. L., Biondi, F. & Cooper, J. M. (2017). Dynamic workload fluctuations in driver/non-driver conversational DYADS. *Driving Assessment Conference, 9.* https://doi.org/10.17077/drivingassessment.1659

Strayer, D. L., Castro, S. C. & McDonnell, A. S. (2022). The multitasking motorist. In A. Kiesel, L. Johannsen, I. Koch, H. Müller (Eds.) *Handbook of human multitasking* (pp. 399–430). Springer.

Strayer, D. L., Cooper, J. M., & Drews, F. A. (2004). What do drivers fail to see when conversing on a cell phone? *Proceedings of the Human Factors and Ergonomics Society Annual Meeting, 48*(19), 2213–2217. https://doi.org/10.1177/154193120404801902

Strayer, D. L. & Johnston, W. A. (2001). Driven to distraction: Dual-task studies of simulated driving and conversing on a cellular telephone. *Psychological Science, 12*(6), 462–466. https://doi.org/10.1111/1467-9280.00386

Strayer, D. L., Turrill, J., Cooper, J. M., Coleman, J. R., Medeiros-Ward, N & Biondi, F. (2015). Assessing cognitive distraction in the automobile. *Human Factors, 57*(8), 1300–1324. https://doi.org/10.1177/0018720815575149

Strobach, T. & Karbach, J. (2016). *Cognitive training: An overview of features and applications.* Springer.

Stroebe, W., Gadenne, V. & Nijstad, B. A. (2018). Do our psychological laws apply only to college students?: External validity revisited. *Basic and Applied Social Psychology*, *40*(6), 384–395. https://doi.org/10.1080/01973533.2018.1513362

Stroop, J. R. (1992). Studies of interference in serial verbal reactions. *Journal of Experimental Psychology: General*, *121*(1), 15. https://doi.org/10.1037/h0054651

Susilo, T. & Duchaine, B. (2013). Advances in developmental prosopagnosia research. *Current Opinion in Neurobiology*, *23*(3), 423–429. https://doi.org/10.1016/j.conb.2012.12.011

Sutton, R. T., Pincock, D., Baumgart, D. C., Sadowski, D. C., Fedorak, R. N. & Kroeker, K. I. (2020). An overview of clinical decision support systems: Benefits, risks, and strategies for success. *NPJ Digital Medicine*, *3*(1), 17. https://doi.org/10.1038/s41746-020-0221-y

Swets, J. A. (1964). *Signal detection and recognition by human observers*. Wiley.

Swire, B., Ecker, U. K. H. & Lewandowsky, S. (2017). The role of familiarity in correcting inaccurate information. *Journal of Experimental Psychology: Learning, Memory, and Cognition*, *43*(12), 1948–1961. https://doi.org/10.1037/xlm0000422

Telford, C. W. (1931). The refractory phase of voluntary and associative responses. *Journal of Experimental Psychology*, *14*(1), 1–36. https://doi.org/10.1037/h0073262

Ten Brinke, L. F., Best, J. R., Chan, J. L. C., Ghag, C., Erickson, K. I., Handy, T. C. & Liu-Ambrose, T. (2020). The effects of computerized cognitive training with and without physical exercise on cognitive function in older adults: An 8-week randomized controlled trial. *The Journals of Gerontology: Series A*, *75*(4), 755–763. https://doi.org/10.1093/gerona/glz115

Thaler, R. H. & Sunstein, C. R. (2003). Libertarian paternalism. *American Economic Review*, *93*(2), 175–179. https://doi.org/10.1257/000282803321947001

Thalmayer, A. G., Toscanelli, C. & Arnett, J. J. (2021). The neglected 95 % revisited: Is American psychology becoming less American? *American Psychologist*, *76*(1), 116–129. https://doi.org/10.1037/amp0000622

The National Registry of Exonerations (2023). Retrieved 11.04.2023, from https://www.law.umich.edu/special/exoneration/Pages/about.aspx

Theeuwes, J. (1991). Cross-dimensional perceptual selectivity. *Perception & Psychophysics*, *50*(2), 184–193. https://doi.org/10.3758/bf03212219

Theeuwes, J. (1992). Perceptual selectivity for color and form. *Perception & Psychophysics*, *51*(6), 599–606. https://doi.org/10.3758/bf03211656

Theeuwes, J. (2004). Top-down search strategies cannot override attentional capture. *Psychonomic Bulletin & Review*, *11*(1), 65–70. https://doi.org/10.3758/bf03206462

Thompson, S. A., Graham, K. S., Patterson, K., Sahakian, B. J. & Hodges, J. R. (2002). Is knowledge of famous people disproportionately impaired with patients with early and questionable Alzheimer's disease? *Neuropsychology*, *16*(3), 344–358. https://doi.org/10.1037//0894-4105.16.3.344

TILT (2023). Retrieved 18.08.2023, from https://www.getbadnews.com/en

Tombu, M. & Jolicœur, P. (2003). A central capacity sharing model of dual-task performance. *Journal of Experimental Psychology: Human Perception and Performance*, *29*(1), 3–18. https://doi.org/10.1037//0096-1523.29.1.3

Tombu, M. & Jolicœur, P. (2004). Virtually no evidence for virtually perfect time-sharing. *Journal of Experimental Psychology: Human Perception and Performance*, *30*(5), 795–810. https://doi.org/10.1037/0096-1523.30.5.795

Trope, Y. & Bassok, M. (1982). Confirmatory and diagnosing strategies in social information gathering. *Journal of Personality and Social Psychology*, *43*(1), 22–34. https://doi.org/10.1037/0022-3514.43.1.22

Tuddenham, W. J. (1962). Visual search, image organization, and reader error in roentgen diagnosis: Studies of the psychophysiology of roentgen image perception memorial fund lecture. *Radiology*, *78*(5), 694–704. https://doi.org/10.1148/78.5.694

Tully, M., Vraga, E. K. & Bode, L. (2020). Designing and testing news literacy messages for social media. *Mass Communication and Society*, *23*(1), 22–46. https://doi.org/10.1080/15205436.2019.1604970

Tulving, E. (1972). Episodic and semantic memory. In E. Tulving & W. Donaldson (Eds.), *Organization of memory*. Academic Press..

Tversky, A. (1969). Intransitivity of preferences. *Psychological Review*, 76(1), 31–48. https://doi.org/10.1037/h0026750

Tversky, A. (1973). On the psychology of prediction. *Psychological Review*, 80(4), 237–251. https://doi.org/10.1037/H0034747

Tversky, A. & Kahneman, D. (1973). Availability: A heuristic for judging frequency and probability. *Cognitive Psychology*, 5(2), 207–232. https://doi.org/10.1016/0010-0285(73)90033-9

Tversky, A. & Kahneman, D. (1974). Judgment under uncertainty: Heuristics and biases: Biases in judgments reveal some heuristics of thinking under uncertainty. *Science*, 185(4157), 1124–1131. https://doi.org/10.1126/science.185.4157.1124

Tversky, A. & Kahneman, D. (1981). The framing of decisions and the psychology of choice. *Science*, 211(4481), 453–458. https://doi.org/10.1126/science.7455683

Tversky, A. & Kahneman, D. (1989). Rational choice and the framing of decisions. In B. Karpak & S. Zionts (Eds.) *Multiple criteria decision making and risk analysis using microcomputers* (pp. 81–126). Springer. https://doi.org/10.1007/978-3-642-74919-3_4

Ulrich, R., Erdfelder, E., Deutsch, R., Strauß, B., Brüggemann, A., Hannover, B., Tuschen-Caffier, B., Kirschbaum, C., Blickle, G., Möller, J. & Rief, W. (2016). Inflation von falsch-positiven Befunden in der psychologischen Forschung: Mögliche Ursachen und Gegenmaßnahmen. *Psychologische Rundschau*, 57(3), 163–174. https://doi.org/10.1026/0033-3042/a000296

Ulrich, R. & Miller, J. (2020). Questionable research practices may have little effect on replicability. *eLife*, 9, e58237. https://doi.org/10.7554/eLife.58237

Underwood, B. J. (1957). Interference and forgetting. *Psychological Review*, 64(1), 49–60. https://doi.org/10.1037/h0044616

Unkelbach, C., Koch, A., Silva, R. R. & Garcia-Marques, T. (2019). Truth by repetition: Explanations and implications. *Current Directions in Psychological Science*, 28(3), 247–253. https://doi.org/10.1177/0963721419827854

Unkelbach, C. & Speckmann, F. (2021). Mere repetition increases belief in factually true COVID-19-related information. *Journal of Applied Research in Memory and Cognition*, 10(2), 241–247. https://doi.org/10.1016/j.jarmac.2021.02.001

Unsworth, N. (2016). Working memory capacity and recall from long-term memory: Examining the influences of encoding strategies, study time allocation, search efficiency, and monitoring abilities. *Journal of Experimental Psychology: Learning, Memory, and Cognition*, 42(1), 50–61. https://doi.org/10.1037/xlm0000148

Uscinski, J., Enders, A., Klofstad, C., Seelig, M., Drochon, H., Premaratne, K. & Murthi, M. (2022). Have beliefs in conspiracy theories increased over time? *PLoS One*, 17(7), e0270429. https://doi.org/10.1371/journal.pone.0270429

Usher, J. A. & Neisser, U. (1993). Childhood amnesia and the beginnings of memory for four early life events. *Journal of Experimental Psychology: General*, 122(2), 155–165. https://doi.org/10.1037/0096-3445.122.2.155

Van Bavel, J. J., Baicker, K., Boggio, P. S., Capraro, V., Cichocka, A., Cikara, M., Crockett, M. J., Crum, A. J., Douglas, K. M., Druckman, J. N., Drury, J., Dube, O., Ellemers, N., Finkel, E. J., Fowler, J. H., Gelfand, M., Han, S., Haslam, S. A., Jetten, J., . . . Willer, R. (2020). Using social and behavioural science to support COVID-19 pandemic response. *Nature Human Behaviour*, 4(5), 460–471. https://doi.org/10.1038/s41562-020-0884-z

Van Bavel, J. J., Mende-Siedlecki, P., Brady, W. J. & Reinero, D. A. (2016). Contextual sensitivity in scientific reproducibility. *Proceedings of the National Academy of Sciences*, 113(23), 6454–6459. https://doi.org/10.1073/pnas.1521897113

Van Bavel, J. J. & Pereira, A. (2018). The partisan brain: An identity-based model of political belief. *Trends in Cognitive Sciences*, 22(3), 213–224. https://doi.org/10.1016/j.tics.2018.01.004

Van der Linden, S., Leiserowitz, A., Rosenthal, S. & Maibach, E. (2017). Inoculating the public against misinformation about climate change. *Global Challenges*, 1(2), 1600008. https://doi.org/10.1002/gch2.201600008

Van der Schuur, W. A., Baumgartner, S. E., Sumter, S. R. & Valkenburg, P. M. (2015). The consequences of media multitasking for youth: A review. *Computers in Human Behavior*, 53, 204–215. https://doi.org/10.1016/j.chb.2015.06.035

van Deursen, A. J. A. M. & van Dijk, J. A. G. M. (2011). Internet skills and the digital divide. *New Media & Society*, *13*(6), 893–911. https://doi.org/10.1177/1461444810386774

Van Prooijen, J. W. & Douglas, K. M. (2017). Conspiracy theories as part of history: The role of societal crisis situations. *Memory Studies*, *10*(3), 323–333. https://doi.org/10.1177/1750698017701615

Van Prooijen, J. W. (2017). Why education predicts decreased belief in conspiracy theories. *Applied Cognitive Psychology*, *31*(1), 50–58. https://doi.org/10.1002/acp.3301

Van Prooijen, J. W. & Douglas, K. M. (2018). Belief in conspiracy theories: Basic principles of an emerging research domain. *European Journal of Social Psychology*, *48*(7), 897–908. https://doi.org/10.1002/ejsp.2530

van Vugt, M., Griskevicius, V. & Schultz, P. W. (2014). Naturally green: Harnessing stone age psychological biases to foster environmental behavior. *Social Issues and Policy Review*, *8*(1), 1–32. https://doi.org/10.1111/sipr.12000

Vellani, V., Zheng, S., Ercelik, D. & Sharot, T. (2023). The illusory truth effect leads to the spread of misinformation. *Cognition*, *236*, 105421. https://doi.org/10.1016/j.cognition.2023.105421

Virlics, A. (2013). Investment decision making and risk. *Procedia Economics and Finance*, *6*, 169–177. https://doi.org/10.1016/S2212-5671(13)00129-9

Vlasceanu, M. & Coman, A. (2022). The impact of social norms on health-related belief update. *Applied Psychology: Health and Well-Being*, *14*(2), 453–464. https://doi.org/10.1111/aphw.12313

Vojdanoska, M., Cranney, J. & Newell, B. R. (2010). The testing effect: The role of feedback and collaboration in a tertiary classroom setting. *Applied Cognitive Psychology*, *24*(8), 1183–1195. https://doi.org/10.1002/acp.1630

Von Hippel, W. & Trivers, R. (2011). The evolution and psychology of self-deception. *Behavioral and Brain Sciences*, *34*(1), 1–56. https://doi.org/10.1017/S0140525X10001354

Von Neumann, J. & Morgenstern, O. (1944). *Theory of games and economic behavior*. Princeton University Press.

Vosoughi, S., Roy, D. & Aral, S. (2018). The spread of true and false news online. *Science*, *359*(6380), 1146–1151. https://doi.org/10.1126/science.aap9559

Wagenmakers, E.-J. & Brown, S. (2007). On the linear relation between the mean and the standard deviation of a response time distribution. *Psychological Review*, *114*(3), 830–841. https://doi.org/10.1037/0033-295X.114.3.830

Wagner, G. (2020): *Wissenschaftliche Irrtümer in Serie*. Retrieved 09.04.2024, from https://www.faz.net/aktuell/karriere-hochschule/hoersaal/repikationskrise-wissenschaftliche-irrtuemer-in-serie-16715100.html

Walch, M., Lange, K., Baumann, M. & Weber, M. (2015). Autonomous driving: Investigating the feasibility of car-driver handover assistance. *Proceedings of the 7th International Conference on Automotive User Interfaces and Interactive Vehicular Applications*, Nottingham, United Kingdom. https://doi.org/10.1145/2799250.2799268

Walter, N. & Murphy, S. T. (2018). How to unring the bell: A meta-analytic approach to correction of misinformation. *Communication Monographs*, *85*(3), 423–441. https://doi.org/10.1080/03637751.2018.1467564

Wason, P. C. (1960). On the failure to eliminate hypotheses in a conceptual task. *Quarterly Journal of Experimental Psychology*, *12*(3), 129–140. https://doi.org/10.1080/17470216008416721

Wason, P. C. (1968). Reasoning about a rule. *Quarterly Journal of Experimental Psychology*, *20*(3), 273–281. https://doi.org/10.1080/14640746808400161

Watson, J. B. (1913). Psychology as the behaviorist views it. *Psychological Review*, *20*(2), 158–177. https://doi.org/10.1037/h0074428

Weber, E. U. (2017). Breaking cognitive barriers to a sustainable future. *Nature Human Behaviour*, *1*(1). https://doi.org/10.1038/s41562-016-0013

Weicker, J., Villringer, A. & Thöne-Otto, A. (2016). Can impaired working memory functioning be improved by training? A meta-analysis with a special focus on brain injured patients. *Neuropsychology*, *30*(2), 190–212. https://doi.org/10.1037/neu0000227

Weigelt, M., Güldenpenning, I., Steggemann-Weinrich, Y., Alhaj Ahmad Alaboud, M. & Kunde, W. (2017). Control over the processing of the opponent's gaze direction in basketball experts. *Psychonomic Bulletin & Review*, 24(3), 828–834. https://doi.org/10.3758/s13423-016-1140-4

Welford, A. T. (1952). The psychological refractory period and the timing of high-speed performance – A review and a theory. *British Journal of Psychology*, 43(1), 2–19. https://doi.org/10.1111/j.2044-8295.1952.tb00322.x

Westermann, R. (2017). *Methoden psychologischer Forschung und Evaluation. Grundlagen, Gütekriterien und Anwendungen*. Kohlhammer.

Westmacott, R., Freedman, M., Black, S. E., Stokes, K. A. & Moscovitch, M. (2004). Temporally graded semantic memory loss in Alzheimer's disease: Cross-sectional and longitudinal studies. *Cognitive Neuropsychology*, 21(2–4), 353–378. https://doi.org/10.1080/02643290342000375

Whitley, J., Bernard E. & Kite, M. E. (2018). *Principles of research in behavioral science*. Routledge.

Whitten, W. B. & Leonard, J. M. (1981). Directed search through autobiographical memory. *Memory & Cognition*, 9(6), 566–579. https://doi.org/10.3758/Bf0320235

WHO (2011). Mobile phone use: A growing problem of driver distraction. Retrieved 24.06.2023, from https://www.who.int/publications/i/item/mobile-phone-use-a-growing-problem-of-driver-distraction

Wicherts, J. M., Veldkamp, C. L. S., Augusteijn, H. E. M., Bakker, M., van Aert, R. C. M. & van Assen, M. A. L. M. (2016). Degrees of freedom in planning, running, analyzing, and reporting psychological studies: A checklist to avoid p-hacking. *Frontiers in Psychology*, 7. https://doi.org/10.3389/fpsyg.2016.01832

Wickens, C. D. (1984). Processing resources and attention, varieties of attention. In R. Parasuraman & D. Davis (Eds.) *Varieties of attention* (pp. 63–101). Academic Press.

Wickens, C. D. (2003). Aviation displays. In P. S. Tsang & M. A. Vidulich (Eds.), *Principles and practice of aviation psychology* (pp. 147–200). Lawrence Erlbaum Associates Publishers.

Wickens, C. D., Sandry, D. L. & Vidulich, M. (1983). Compatibility and resource competition between modalities of input, central processing, and output. *Human Factors*, 25(2), 227–248. https://doi.org/10.1177/001872088302500209

Wickens, C. D., Vidulich, M. & Sandry-Garza, D. (1984). Principles of SCR compatibility with spatial and verbal tasks: The role of display-control location and voice-interactive display-control interfacing. *Human Factors*, 26(5), 533–543. https://doi.org/10.1177/001872088402600505

Wienrich, C. & Janczyk, M. (2011). Absence of attentional capture in parallel search is possible: A failure to replicate attentional capture in a non-singleton target search task. *Attention, Perception & Psychophysics*, 73(7), 2044–2052. https://doi.org/10.3758/s13414-011-0183-x

Willingham, D. T., Hughes, E. M. & Dobolyi, D. G. (2015). The scientific status of learning styles theories. *Teaching of Psychology*, 42(3), 266–271. https://doi.org/10.1177/0098628315589505

Wilson, A. & Ross, M. (2003). The identity function of autobiographical memory: Time is on our side. *Memory*, 11(2), 137–149. https://doi.org/10.1080/741938210

Wixted, J. T. (2007). Dual-process theory and signal-detection theory of recognition memory. *Psychological Review*, 114(1), 152–176. https://doi.org/10.1037/0033-295X.114.1.152

Wixted, J. T. & Wells, G. L. (2017). The relationship between eyewitness confidence and identification accuracy: A new synthesis. *Psychological Science in the Public interest*, 18(1), 10–65. https://doi.org/10.1177/1529100616686966

Wolf, M., Krause, J., Carney, P. A., Bogart, A. & Kurvers, R. H. J. M. (2015). Collective intelligence meets medical decision-making: The collective outperforms the best radiologist. *PLoS One*, 10(8), e0134269. https://doi.org/10.1371/journal.pone.0134269

Wolfe, J. M. (2010). Visual search. *Current Biology*, 20(8), 346–349. https://doi.org/10.1016/j.cub.2010.02.016

Wolfe, J. M. (2021). Guided Search 6.0: An updated model of visual search. *Psychonomic Bulletin & Review*, 28(4), 1060–1092. https://doi.org/10.3758/s13423-020-01859-9

Wolfe, J. M. (2023). *Join us in Pasteur's quadrant as Psychonomics launches a new journal*. Psychonomic Society. https://www.psychonomic.org/page/crpipasteurs

Wolfe, J. M., Alaoui Soce, A. & Schill, H. M. (2017). How did I miss that? Developing mixed hybrid visual search as a ›model system‹ for incidental finding errors in radiology. *Cognitive Research: Principles and Implications*, 2(1), 35. https://doi.org/10.1186/s41235-017-0072-5

Wolfe, J. M., Horowitz, T. S. & Kenner, N. M. (2005). Rare items often missed in visual searches. *Nature*, 435(7041), 439–440. https://doi.org/10.1038/435439a

Wolfe, J. M., Horowitz, T. S., Van Wert, M. J., Kenner, N. M., Place, S. S. & Kibbi, N. (2007). Low target prevalence is a stubborn source of errors in visual search tasks. *Journal of Experimental Psychology: General*, 136(4), 623–638. https://doi.org/10.1037/0096-3445.136.4.623

Worldbank (2023). Open knowledge repository beta. Retrieved 21.08.2023, from https://openknowledge.worldbank.org/home

Xiong, A. & Proctor, R. W. (2015). Referential coding of steering-wheel button presses in a simulated driving cockpit. *Journal of Experimental Psychology: Applied*, 21(4), 418–428. https://doi.org/10.1037/xap0000060

Yamaguchi, M. & Proctor, R. W. (2006). Stimulus-response compatibility with pure and mixed mappings in a flight task environment. *Journal of Experimental Psychology: Applied*, 12(4), 207–222. https://doi.org/10.1037/1076-898X.12.4.207

Yamaguchi, M. & Proctor, R. W. (2010). Compatibility of motion information in two aircraft attitude displays for a tracking task. *The American Journal of Psychology*, 123(1), 81–92. https://doi.org/10.5406/amerjpsyc.123.1.0081

Yanko, M. R. & Spalek, T. M. (2014). Driving with the wandering mind: The effect that mind-wandering has on driving performance. *Human Factors*, 56(2), 260–269. https://doi.org/10.1177/0018720813495280

Yin, R. K. (1969). Looking at upside-down faces. *Journal of Experimental Psychology*, 81(1), 141–145. https://doi.org/10.1037/h0027474

Yurtsever, E., Lambert, J., Carballo, A. & Takeda, K. (2020). A survey of autonomous driving: Common practices and emerging technologies. *IEEE Access*, 8, 58443–58469. https://doi.org/10.1109/Access.2020.2983149

Zaval, L., Markowitz, E. M. & Weber, E. U. (2015). How will I be remembered? Conserving the environment for the sake of one's legacy. *Psychological Science*, 26(2), 231–236. https://doi.org/10.1177/0956797614561266

Stichwortverzeichnis

A

Abduktionsschluss 99
Abrufphase 38, 39, 42
Abruftest 39, 48, 89
- Abruftest nach Hinweis 39
- freier Abruftest 39, 44
- serieller Abruftest 39, 42
Academy of Engineering 11
Academy of Medicine 11
Allais-Paradoxon 102
Als-ob-Modell 100, 104
Alternative Fakten 14
- pseudowissenschaftliche Aussage 14, 15
- unwissenschaftliche Aussage 15
Alzheimer-Erkrankung 62
Amnesie 52, 61
- anterograd 61
- frühkindlich 52
- retrograd 61
Ankerheuristik 107
Antezedenz 95–97
Antwortkriterium 42
Antworttendenz 40, 41, 43
Anwendungsforschung 7–9, 11, 13, 32, 123
- reine Anwendungsforschung 10
APA 110
Arbeitsgedächtnis
- Arbeitsgedächtnisaufgabe 62
- Arbeitsgedächtniskapazität 27, 32, 44, 48, 99, 108, 109, 111
- Arbeitsgedächtnisleistung 32
- Arbeitsgedächtnistest 42
Attentional Capture 70
Aufgabenüberlappungsexperiment 72
Augenzeugengedächtnis 44, 56, 59
Augenzeugengedächtnisleistung 39
Autobiographisches Gedächtnis 49, 50
Automation 92
Automatische Route 66
Autonomes Fahren 125

B

Behavioristische Sichtweise 34
Besitztumseffekt 106
Bestätigungsfehler 96
- forensisch 119
Blockierung 57

C

Cognitive Reflection Test 112

D

Darstellungsarten 77
Debunking 115, 116
Deduktiv-logisches Schließen 95
Deep Neural Network 82
Denkfehler 94, 101, 108, 114
Desinformation 110
DFG 8
DGPs 12
Diskriminationsleistung 41–43
Doppelaufgabe 54, 71, 72, 88
- Doppelaufgabenbedingung 71, 89–92
- Einzelaufgabenbedingung 71, 91
Doppelblindstudie 28
Dresdener Frühstücksaufgabe 55
DRM-Paradigma 40

E

Echtes Experiment 26
Effiziente Suche *siehe* Pop-Out Suche
Elaboration 29, 46, 47, 49, 113
Empirische Bildungsforschung 45
Enkodierung 38, 42, 48, 51, 61, 88
Enkodierungsphase 38
Entscheidungsforschung 95, 119, 120
Entscheidungskriterium 69
Erinnerungsleistung 38, 47, 58, 86, 88
Erwartungsnutzen 95, 100, 103, 118
Experimentelle Entwicklung 11

F

Fake News 110–112, 115
Falschalarm 40, 43
Falschalarm-Rate 41, 43
Fehlentscheidung 121
Fehler 1. Art 22
Fehler 2. Art 22
Fehlerhafte Zuschreibung 58
Fehlinformation 58, 109–116
Flugzeugarmatur-Darstellungsarten
- »Moving horizon«-Darstellung 78, 79
- »Moving plane«-Darstellung 78, 79
Fulcrum-Effekt 76

G

Gedächtnis in Lehr-Lern-Kontexten 44
Gedächtnisleistung 17, 29, 31, 34, 35, 37–40, 45–48, 55, 59, 60, 62, 63
Gedächtnisspur 40, 41
Gedächtnisstörungen 60
Gedächtnissubsystem
- Arbeitsgedächtnis 37, 42, 54, 62, 72, 99, 107
- Kurzzeitgedächtnis 35–37, 44, 48
- Langzeitgedächtnis 37, 38, 44, 48, 54, 59, 60, 113
- sensorischer Register 35
- Ultrakurzzeitgedächtnis 35
Gedächtnistraining 60
Gedankliche Abwesenheit 57
Gepäckkontrolle 81, 84, 85
Geteilte Aufmerksamkeit 71
Gorilla-Studie 68
Grade Point Average 85, 86
Grenznutzenprinzip 103
Grundlagenforschung 7–14, 23, 24, 30, 123, 126
- anwendungsorientiert 10, 11, 13, 14, 32

H

Hand-Hebel-Beziehung 77
Handlungsauswahl 64
Heuristik 92–94, 101, 107, 108
Hypothese
- Alternativhypothese 18, 22, 23
- Haupthypothese 29
- Hilfshypothesen 29
- Kausalhypothese 18
- Nullhypothese 18, 21–23
- Unterschiedshypothesen 17

- Veränderungshypothesen 17
- Zusammenhangshypothesen 17

I

Ideomotorik 64, 66
Ideomotorischer Ansatz 66
Illusorischer Wahrheitseffekt 111, 112
Implementierungsintention 55, 56
Inattentional Blindness 68, 83, 91
Induktionsschluss 98
Ineffiziente Suche *siehe* Serielle Suche
Innocence Project 56
Interferenz
- proaktiv 42
- retroaktiv 42, 61
Invarianzaxiom 101, 102
Inversions-Effekt 82
Irrglaube 109, 116

J

Juristische Entscheidung 119

K

Kern des Abnormalen 81
Kognitive Verzerrung 109, 119, 120, 125
Kognitive Wende 12, 34, 35
Kognitiver Geizhals 107, 108, 111, 116
Kompatibilitätseffekt 64, 65, 73
- »element-level«-Kompatibilität 65
- Reaktions-Effekt-Kompatibilität 67, 68, 77, 80
- »set-level«-Kompatibilität 65
- Stimulus-Reaktions-Kompatibilität 65, 67, 73, 80
Kompatibilitätsphänomen
- Effekt-bezogen 76
- Stimulus-bezogen 73
Konditionale Wahlaufgabe 95–97, 99
Konfundierung 27
Konjunktionssuche 69, 70
Konklusionsaufhebung *siehe* Modus Tollens
Konsolidierungsphase 38
Kontrollierte Route 66
Konzeptuelle Replikation 29
Korrekte Zurückweisung 41
Korrelationsstudie 25
Kriteriumslernen 38
Kritisch-logisches Denken 114
Kritischer Rationalismus 17
Künstliche Intelligenz 125

L

Langzeitgedächtnis
- episodisches Gedächtnis 37
- semantisches Gedächtnis 37

Lerneffekt
- Elaborationseffekt 46
- Generierungseffekt 46
- Intervalleffekt 45
- Produktionseffekt 46
- Testformaterwartungseffekt 48
- Testungseffekt 47, 48, 88, 89
- Verschachtelungseffekt 46

Lernleistung 28, 29, 45–47, 49
Lerntyp 15, 49
Linda-Problem   *siehe* Verknüpfungs-Fehlschluss
Logisches Schließen 94, 99

M

Manipulation 19, 21, 26, 27, 29
- experimentelle Manipulation 86
- innerhalb der Versuchspersonen 19, 21, 23
- kritische Manipulation 82, 87
- zwischen Versuchspersonen 19

Manipulation check 29
Matching 27
Medical Research Council 14
Mentale Werkzeugkiste 108
Merkmalssuche 69, 70
Methode der wichtigen Lebensereignisse 52, 53
Modus ponens 96
Modus tollens 96, 98
Multitasking 49, 64, 71, 73, 77, 85, 87, 89, 91, 92
- Multitasking im Bildungskontext 85
- Multitasking im Straßenverkehr 89

N

National Academy of Sciences 11
Nationale Akademie der Wissenschaften 12
NSF 8
Nudging 125

O

OECD 8
Ökologische Rationalität 108

Open Science Framework 24
Opportunitätskosten 15

P

p-Wert 22
Parallele Suche   *siehe* Pop-Out Suche
Persistenz 58, 96
Placebo-Gruppe 27
Pop-out Suche 69
Populationsparameter 28, 31
Prämissensetzung   *siehe* Modus ponens
Präregistrierung 24
Prävalenzeffekt 69
Prävalenzfehler 106
Prävalenzrate 98
Prebunking 114, 116
Primary flight display 79
Probabilistische Entscheidungssituationen 97
Produktionenregel 121
Prosopagnosie 60
Prospect Theory 103–106
Prospektives Gedächtnis 44, 53
- Implementierungsintention 62
Proust-Effekt 53
PRP-Effekt 72, 90
PRP-Experimente   *siehe* Aufgabenüberlappungsexperiment
Prüfgröße   *siehe* t-Wert

Q

Quasi-Experiment 26

R

Radiologie 70, 73, 80, 81, 83, 84
Rahmungseffekt 102–104
randomisiert 19, 20, 25, 26, 28, 102
Rationale Entscheidung 100, 118
Rationalität 94, 97, 99, 100, 110
Reaktionsvorteil 75
Reaktionszeit 19, 23, 29, 66, 67, 74, 80, 90, 91
Recovery-Aufgabe 79
- Reversal Errors 79
Reflektionseffekt 105
Rehearsal 36
Reiz-Reaktions-Lernen 35
Reizwort-Methode 51–53
Rekognitionsgedächtnis 41
Rekognitionsleistung 40, 41
Rekognitionstest 39–43, 48, 59, 60, 86, 87

159

Reminiszenzhügel 51, 52
Replikationskrise 15
Repräsentativität der Stichprobe 30, 32
Repräsentativitätsheuristik 107, 120
Ressource Sharing Modell 73
Retentionsintervall 38, 39, 42, 44, 59
Rezenzeffekt 51
Risikoaversion 106
Risikoneigung 105, 106
Root Mean Square Deviation 79
Rosenthal-Effekt 28
Rückschaufehler 108

S

SAGE 12
Satisfaction of Search *siehe* Subsequent Search Misses
selbstreferentielles Gedächtnissystem 50
Selbsttäuschung 109, 110, 112
Selektive Aufmerksamkeit 68, 80
Sensitivität 69
Sensomotorischer Ansatz 64
Serielle Suche 69
Setgröße 69
Sicherheitseffekt 104
Signalentdeckungstheorie 40–43, 60
Signifikantes Ergebnis 22
Simon-Effekt 66, 75, 80
- Simon-Kompatibilität 77, 80
Situationsbewusstsein 89
Social Media Multitasking 85
Society for Medical Decision Making 120
Stichproben
- abhängig 17, 19, 20
- unabhängig 19, 20
Stichprobenarten
- altersstratifizierte Stichprobe 32
- anfallende Stichprobe 31
- einfache Zufallsstichprobe 31
- Gesamtstichprobe 31, 32
- stratifizierte Stichprobe 32
- Teilstichprobe 32
Stimulus Onset Asynchrony 72, 73, 90
Störvariablen 26, 27, 29, 30
Stroop-Aufgabe 66
Subsequent Search Misses 70, 83–85
Suggestibilität 58
Super-Recognizer 60

T

t-Test 21
- für abhängige Stichproben 21
- für unabhängige Stichproben 21

t-Verteilung 21, 23
t-Wert 21, 23
- kritischer t-Wert 21–23
Teststärke 22–24, 32
Teststatistik *siehe* t-Wert
Theorie der rationalen Entscheidung 100
Threat Image Projection 84
Tracking-Aufgabe 79
Transfereffekt
- ferner Transfereffekt 124
- naher Transfereffekt 124
Transitivität 101, 109
Transitivitätsaxiom 101
Treffer 41, 43
Treffer-Rate 41–43

U

Unabhängigkeit 102, 109
Unabhängigkeitsaxiom 101, 102

V

Validitätsart 25, 28, 29
- Augenscheinvalidität 29
- externe Validität 29, 30, 120
- interne Validität 25, 26, 29–31
- Konstruktvalidität 28, 29
- Schlussfolgerungsvalidität 25
Variable
- abhängig 17–19, 21, 25–27, 29
- unabhängig 17, 20, 25, 26, 29
Varianzanalyse 24
Verfügbarkeitsheuristik 107, 110, 120
Vergänglichkeit 57
Vergessenskurve 35
Verknüpfungs-Fehlschluss 106
Verpasser 41, 42
Verschwörungsmentalität 116–118
Versuchsplan 19, 20, 25
- experimenteller Versuchsplan 17, 18
- korrelativer Versuchsplan 17
- längsschnittlicher Versuchsplan 18
- quasi-experimenteller Versuchsplan 17
Verzerrungs-Schneeballeffekt 120
Vier Quadranten 9, 123
- Bohr-Quadrant 9
- Edison-Quadrant 10, 13
- Pasteur-Quadrant 10, 13, 45, 123
- Quadranten der naiven Neugierde 10
Vierfelderschema 106
Virtuelle Woche 55
Visual tunneling 91
Visuelle Suche 64, 68–70, 73, 80, 84

W

Weisheit der Vielen 121
Wenn-Dann-Satz *siehe* Produktionenregel
Wissenschaftsrat 12

Z

Zufallsbefund 81, 83
Zwei-Quellen-Erklärung 97
Zwei-Systeme-Annahme
– System 1 107–109
– System 2 107–109